Gwendal Châton

CALMANN-LÉVY, ÉDITEUR ENGAGÉ

Défendre l'antitotalitarisme dans la guerre froide des idées (1945-1995)

CALMANN LÉVY

CALMANN LÉVY
ÉDITEUR DEPUIS 1836

COUVERTURE
Maquette : Olo'

Photographies :
Arendt : © Archiv Barbara Niggl Radloff /
Münchner Stadtmuseum, Sammlung Fotografie
Aron : © Sophie Bassouls / Sygma via Getty Images
Koestler : © Mark Gerson Photography. All rights reserved 2024 /
Bridgeman Images
Sperber : © Louis Monier/ Gamma-Rapho via Getty Images

ISBN : 978-2-7021-8745-6

« Tu comprends, sur cette terre,
il y a quelque chose d'effroyable,
c'est que tout le monde a ses raisons. »
Octave dans *La Règle du jeu*, de Jean RENOIR (1939)

SOMMAIRE

INTRODUCTION

REPLONGER DANS LA GUERRE FROIDE DES IDÉES

« La conclusion d'une histoire du passé,
c'est l'événement connu.
Mais la conclusion d'une histoire du présent,
c'est une certaine volonté d'action. »
Raymond ARON, 1951.

En ces temps de désenchantement démocratique, il est courant de considérer que les idées n'ont plus leur place en politique, que le « jeu » politique a remplacé les « enjeux », que la compétition a étouffé les convictions. Et pourtant, à échéances régulières, l'imprévu qui caractérise ce domaine central de l'existence nous rappelle à l'évidence : « les idées comptent[1] ». Mais qu'est-ce à dire ? Tout simplement que l'être humain y trouve l'une des sources de son action et que si l'on veut expliquer cette dernière il est impossible de faire l'impasse sur l'analyse des valeurs, des idéologies, des conceptions du monde[2]. Ce précepte

1. Pierre Hassner et Justin Vaïsse, *Washington et le monde. Dilemmes d'une superpuissance*, Paris, Autrement, 2003, p. 5.
2. Robert Dahl, *Polyarchie : Participation et opposition*, Bruxelles, Presses de l'université de Bruxelles, 2016 (1971).

ne fut peut-être jamais aussi vrai qu'au XXe siècle : siècle « de fer et de feu », cet « âge des extrêmes[3] » fut aussi le siècle des idéologies. Et la victoire sur l'Allemagne nazie, en 1945, ne mit pas fin à leur affrontement : entre l'Ouest capitaliste et libéral et l'Est collectiviste et marxiste, la guerre a continué pendant presque cinq décennies. On assista ainsi, interdit ou satisfait, à ce qui doit bien être qualifié comme une « guerre froide des idées[4] ».

Il est courant de l'étudier à partir des grands auteurs ayant intégré le « canon », des ouvrages théoriques les plus marquants ou encore des revues intellectuelles qui s'y sont impliquées en répondant, chacune à sa manière, à l'impératif sartrien d'engagement[5]. Ce livre tentera de renouveler l'approche de cette période en prenant pour site d'observation une maison d'édition : Calmann-Lévy, l'un des tout premiers éditeurs français et cela depuis sa création en 1836. Lorsque s'est ouvert « le temps de l'engagement », cet éditeur qui a longtemps été peu politisé, ou de manière discrète, a en effet décidé de choisir son camp. Il s'est pour cela appuyé sur des intellectuels devenus antitotalitaristes afin de défendre

3. Éric J. Hobsbawm, *L'Âge des extrêmes. Histoire du court XXe siècle*, Bruxelles, Complexe, 1999.

4. Je remercie Gildas Renou de m'avoir permis de lui voler cette expression.

5. Concernant les revues, cf. par exemple Anna Boschetti, *Sartre et* Les Temps Modernes. *Une entreprise intellectuelle*, Paris, Éditions de Minuit, 1985 ; Frédérique Matonti, *Intellectuels communistes. Essai sur l'obéissance politique. La Nouvelle Critique (1967-1980)*, Paris, La Découverte, 2005 ; Goulven Boudic, *Esprit, 1944-1982. Métamorphoses d'une revue*, Paris, Éditions de l'IMEC, 2005 ; Gwendal Châton, *La Liberté retrouvée. Une histoire intellectuelle des revues aroniennes* Contrepoint *et* Commentaire, thèse pour le doctorat en science politique, Université Rennes 1, 2006.

la liberté contre une doctrine et une pratique – le communisme – perçues comme une menace. «Liberté de l'esprit»: tel est le nom dont se pare significativement la grande collection d'essais politiques, dirigée pendant plus de trente ans par Raymond Aron, qu'a abrité cet éditeur résolument engagé, après 1945, dans la guerre froide des idées.

Les idées politiques défendues par cette maison d'édition constitueront l'objet de ce livre: on les abordera principalement par l'étude de la collection dirigée par Aron, qui est l'une de ses collections-phares et sa collection la plus «politique»[6], sans néanmoins s'interdire quelques excursions dans le reste du catalogue de Calmann-Lévy. Ce dernier atteste du statut particulier, dans la production générale de Calmann-Lévy, de la collection d'intervention politique dirigée par Raymond Aron. Elle est singulière, et cela pour trois raisons: sa longévité, le volume des livres publiés et le caractère «engagé» de la plupart des titres. L'autre collection politique de l'éditeur, «Questions d'actualité», qui a été lancée en 1959, demeure beaucoup moins insérée dans le débat idéologique[7]. Il convient également de mentionner la collection «Diaspora», créée plus tardivement en 1971 et confiée à Roger Errera, qui a accueilli des essais devenus des ouvrages de référence

6. Sur l'histoire de l'objet «collection», cf. l'ouvrage pionnier d'Isabelle Olivero, *L'Invention de la collection. De la diffusion de la littérature et des savoirs à la formation du citoyen au XIXe siècle*, Paris, Éditions de l'IMEC/Éditions de la MSH, 1999.

7. Quelques titres portent, cependant, sur les questions stratégiques. Il est vrai qu'Aron y joue un rôle en conseillant l'éditeur, à sa demande, sur le choix de certains ouvrages: cf. Catalogue Calmann-Lévy, 1988, p. V.

consacrés à l'histoire et la culture du monde juif[8]. Mais si l'on veut comprendre comment la maison d'édition est intervenue dans les débats de la guerre froide, c'est bien sur la collection d'Aron qu'il faut focaliser son attention.

Curieusement, l'engagement de Calmann-Lévy, *via* cette collection et le reste de son catalogue, n'a jamais été étudié : il y avait là un vide à combler. Et il a fallu, pour cela, replonger dans des débats oubliés. Qui se souvient encore de Michel Collinet, de Vannevar Bush, de Salvador de Madariaga ou de Vance Packard ? Qui lit encore James Burnham, Aneurin Bevan, John K. Galbraith ou Raymond Ruyer ? Peu de monde, assurément, en ce début de XXIe siècle. Et pourtant ces auteurs, tous publiés par Calmann-Lévy, ont été jadis importants dans le débat intellectuel et politique français, européen et transatlantique. Ils ont permis d'analyser le soviétisme, de critiquer le marxisme, d'orienter la politique étrangère, d'alimenter le débat stratégique, d'analyser les forces et les faiblesses des sociétés modernes : en un mot, ils ont permis le déploiement d'un « antitotalitarisme libéral » qui prit, après-guerre, la forme d'un anticommunisme militant. L'anticommunisme est bien, en effet, le fil rouge de cette entreprise, portée par une sorte d'intellectuel collectif, de défense des sociétés qualifiées de « libérales ».

De cet engagement, ce livre voudrait fournir une histoire tout à la fois intellectuelle, politique et sociale qui prendra la forme d'un « roman vrai[9] ». Histoire intellectuelle tout

8. Cette collection réunit une trentaine d'ouvrages, dont *Vichy et les Juifs*, de Michael Marrus et Robert Paxton, *Sur l'antisémitisme*, de Hannah Arendt, *Le Messianisme juif*, de Gershom Scholem, ou encore *L'Histoire du sionisme*, de Walter Laqueur.

9. Paul Veyne, *Comment on écrit l'histoire*, Paris, Seuil, 1971.

d'abord, car elle assume la nécessité de reconstituer les visions du monde des acteurs engagés dans ce combat pour les valeurs libérales, ce terme devant d'ailleurs faire l'objet d'un examen méticuleux pour en comprendre les multiples significations. Histoire politique ensuite, car ces visions du monde se sont élaborées « en contexte » : les soubresauts des événements conduisent les acteurs à s'adapter, en permanence, aux évolutions du rapport de force réglant les échanges des deux blocs se faisant front, ce qui modifie leur intention[10]. Histoire sociale enfin, car ce combat est étroitement dépendant de conditions matérielles, celles du monde de l'édition, mais plus largement celles du monde intellectuel français du second XXe siècle. Sur ce point, le recours aux archives – et notamment l'utilisation des correspondances – a été particulièrement précieux pour comprendre les ressorts les plus concrets de la vie intellectuelle ainsi que les mouvements tactiques composant la stratégie, menée par les éditions Calmann-Lévy, sur le grand échiquier de la guerre froide des idées[11].

Cette histoire de l'antitotalitarisme libéral, fondée sur l'engagement politique d'une maison d'édition française, n'en sera pas pour autant étroitement hexagonale. Car Calmann-Lévy est, comme beaucoup d'autres maisons d'édition, vecteur d'une circulation internationale des idées.

---

10. L'approche sera donc « contextualiste », au sens donné à ce mot par Quentin Skinner. Pour une application éloquente, cf. Quentin Skinner, *Hobbes et la conception républicaine de la liberté*, Paris, A. Michel, 2009.

11. Cette histoire sociale a été rendue possible par l'exploitation de deux fonds d'archives, celui de Calmann-Lévy et celui de Raymond Aron, ainsi que par la réalisation d'entretiens. On trouvera les références de ces sources primaires dans la bibliographie en fin de volume.

Si cette maison est d'abord le lieu de diffusion de textes produits dans un contexte national spécifique, elle est aussi un *support* de traduction permettant de diffuser ces textes au-delà des frontières, et surtout un *site* de traduction, permettant d'importer des livres jugés importants. Cette question ne va pas d'ailleurs sans produire des mécompréhensions, puisque «les textes circulent sans leur contexte[12]» de production : toute traduction doit donc être comprise à partir de son contexte de réception. À partir de là, de multiples questions surgissent. Quelles étaient les thématiques de cet antitotalitarisme libéral ? Quels en étaient les principaux auteurs ? Quels étaient ses réseaux ? Quels étaient ses canaux de diffusion ? Quelles en furent les conditions de possibilité ? Le contexte l'a-t-il contraint à évoluer ? Et si oui, dans quelles directions ? On tentera de répondre à ces interrogations à partir de l'étude de l'histoire de Calmann-Lévy, une maison d'édition engagée.

Ce livre vise donc à étudier la guerre froide autrement, à prendre à nouveau au sérieux des débats aujourd'hui oubliés, à cheminer au cœur des choix, des errances parfois, d'intellectuels travaillant au service non pas de leurs seuls intérêts, mais aussi de valeurs et de conceptions du monde. Les approches qui se veulent «réalistes», mais qui refusent de prendre en compte la variable «idées» comme une variable indépendante sont le fait de faux réalistes qui négligent un pan de la réalité. Les idées, les valeurs,

12. Pierre Bourdieu, «Les conditions sociales de la circulation internationale des idées», *Actes de la recherche en sciences sociales*, 2002, n° 145, p. 4. Pour une application récente de ce type d'approche «par le bas», cf. Mathieu Hauchecorne, *La Gauche américaine en France. La réception de John Rawls et des théories de la justice, 1971-2010*, Paris, CNRS éditions, 2019.

les horizons d'attente en font pleinement partie. Ce livre n'en sera pas pour autant une histoire des vainqueurs, une histoire de ceux « qui ne se trompèrent point » alors même qu'ils étaient « les dominés de leur époque[13] ». Il s'agit non pas de tresser des lauriers, mais plutôt d'utiliser une porte d'entrée inédite afin de pénétrer dans la trame concrète de la vie intellectuelle du second XXe siècle, une vie intellectuelle surpolitisée plutôt qu'autonome, polarisée plutôt que consensuelle, violente plutôt que pacifiée.

Ce projet répond-il à une passion similaire à celle d'un antiquaire qui aime admirer des vieilleries ? Est-elle aussi peu fructueuse que celle consistant à étudier des auteurs devenus des « bibelots d'époque », pour reprendre la formule – aussi célèbre qu'irrévérencieuse – appliquée à Machiavel par Paul Veyne[14] ? Plus globalement, l'histoire des idées politiques revendiquée dans ce livre présente-t-elle aussi peu d'intérêt, comme le disent parfois ses critiques, qu'une promenade dans un cimetière ? Il est permis d'en douter, tant les événements politiques récents, marqués par le retour des guerres classiques faites à coups de milliers d'obus, de tranchées et de fantassins, comme par la montée en puissance d'idéologies de gauche et de droite hostiles à la démocratie libérale, rappellent étrangement les années les plus chaudes de la guerre froide. Replonger dans la guerre froide des idées n'apparaît pas, à cette lumière crue, aussi inactuel que beaucoup ont voulu – où veulent encore – le croire. Car cette histoire du passé est aussi, en un sens, une histoire du présent.

13. Christophe Bouillaud, « Grémion (Pierre), *Intelligence de l'anticommunisme* », *Politix*, vol. 9, n° 36, 1996, p. 195-198.

14. Paul Veyne, « Préface », dans Nicolas Machiavel, *Le Prince*, Paris, Gallimard, 1980.

I

LE TEMPS DE L'ENGAGEMENT : KOESTLER ET ARON

En 1945, la maison d'édition Calmann-Lévy est confrontée à une situation très spécifique en raison de son « aryanisation » sous Vichy : il s'agit pour cet ancien fleuron de l'édition française de renaître et de se réinventer. Car l'empire fondé en 1836 par la famille Calmann-Lévy, déjà fragilisé à la fin des années 1930, sort de la guerre profondément ébranlé et considérablement affaibli. Dans les années si particulières qui suivent la Libération, durant lesquelles il s'agit pour le pays de « refaire la France », les frères Robert et Pierre Calmann-Lévy s'emploient à redonner à leur maison la place centrale qui était la sienne au début du siècle. Dans le contexte intellectuel et politique, particulièrement brûlant, des années qui séparent la victoire sur Hitler de la mort de Staline, en 1953, les deux frères vont prendre des initiatives afin de relancer leur entreprise, l'une d'entre elles consistant à abandonner une certaine distance à l'égard de la politique pour répondre à l'impératif d'engagement martelé par Jean-Paul Sartre.

Les frères Calmann-Lévy, héritiers d'une maison d'édition qui a publié le meilleur de la littérature française du XIXe siècle, ont été contraints de s'exiler à Londres pour fuir la France de Vichy : d'autres membres de leur famille, comme leur cousin, le banquier Michel Propper, connurent la déportation et moururent dans les camps nazis[1]. Si leurs aînés penchaient du côté du monarchisme et entretenaient un conservatisme discret, ils se sont quant à eux engagés derrière le leader de la France libre. Revenus en France à la Libération, ils doivent remettre sur pied une entreprise affaiblie et dénaturée par les profiteurs de guerre. Mais ils entendent également participer au relèvement français en soutenant le combat contre le communisme, dans un pays où le débat idéologique lui est plutôt favorable : à cet égard, Calmann-Lévy partage un combat commun avec d'autres éditeurs, sorte d'associés rivaux, comme Plon ou encore les toutes jeunes Éditions de la Table ronde. C'est en prenant en compte ce contexte que s'éclaire le choix consistant à créer une collection d'essais politiques et à la confier à Raymond Aron. Les frères Calmann-Lévy l'ont rencontré à Londres, où il était lui aussi engagé dans la France libre. Et dans les années d'après-guerre, celui qui était promis en 1939 à une carrière universitaire s'affirme comme le porte-étendard, dans le Paris libéré, d'un courant antitotalitaire qui défend un anticommunisme de combat[2].

Cet anticommunisme constitue alors un positionnement avant tout réactif : il s'agit de faire barrage, dans l'urgence, à ce qui est perçu comme une menace existentielle pour les sociétés occidentales, l'URSS déployant une

1. *Cf.* l'arbre généalogique de la famille Calmann-Lévy dans Jean-Yves Mollier, *Les Éditions Calmann-Lévy, de la Belle Époque à la Seconde Guerre mondiale. Un demi-siècle au service de la littérature*, Paris, Calmann-Lévy, 2023.

2. Cf. François Dosse, *La Saga des intellectuels français, 1944-1989*, tome 1, *À l'épreuve de l'histoire (1944-1968)*, et tome 2, *L'Avenir en miettes (1968-1989)*, Paris, Gallimard, 2018.

stratégie expansionniste et le Parti communiste confortant son ancrage dans la société française. Mais la coagulation à laquelle correspond la création de la collection «Liberté de l'esprit», en 1947, c'est-à-dire aux heures les plus chaudes de la guerre froide, va entraîner, au-delà du combat anticommuniste, la nécessité pour ce courant antitotalitaire de se doter d'une identité définie positivement et qualifiée progressivement de «libérale». En ce sens, ce chapitre permet d'assister aux premiers pas de l'élaboration en acte d'une identité politique qui ne se figera qu'ultérieurement dans un syntagme: l'antitotalitarisme libéral. Mais avant de rendre compte du lancement de cette collection, il faut rappeler la situation singulière de Calmann-Lévy à la Libération.

1. UN ÉDITEUR À LA CROISÉE DES CHEMINS

Si l'on scrute le paysage de l'édition en 1945, Calmann-Lévy est sans conteste l'une des plus anciennes maisons du secteur. Créée en 1836, elle a publié la fine fleur des écrivains français durant tout le XIXe siècle: ainsi de Stendhal, Balzac, Gérard de Nerval, Baudelaire, Dumas père et fils, Flaubert, George Sand, Lamartine, Théophile Gautier ou encore Prosper Mérimée. Son identité est alors essentiellement construite sur ce pôle «littéraire», ce qui tend à l'éloigner de la politique, même s'il est notable qu'elle publie également de grands noms de la pensée libérale et conservatrice comme Alexis de Tocqueville (notamment *L'Ancien Régime et la Révolution*), François Guizot, Sainte-Beuve ou encore Ernest Renan, dont elle a obtenu les droits sur l'ensemble de son œuvre. À la fin du XIXe siècle, Calmann-Lévy s'est illustrée par une audace commerciale qui a durablement marqué les esprits : l'invention par Michel Lévy du lointain ancêtre du Livre de Poche, le livre à 1 franc, qui visait à – et a permis de – toucher les masses de lecteurs produites par l'école de la IIIe République et ses « hussards noirs ». À cette époque, elle est généralement considérée comme la toute première maison d'édition française[3].

Durant la première partie du XXe siècle, la maison est dirigée par Georges Calmann-Lévy, un grand bourgeois converti au catholicisme qui est aussi un monarchiste convaincu. Son père, Kalmus, dit « Calmann » Lévy, avait soutenu le général Boulanger, et ses frères, Paul et Gaston, sont comme lui de fervents orléanistes : Georges est en effet proche du duc de Guise. Sans être marquée politiquement, la maison d'édition demeure néanmoins, si l'on s'en tient aux opinions affichées fièrement par ses dirigeants, une entreprise clairement située « du côté des forces conservatrices de la société[4] ». Cette famille de Juifs en quête d'assimilation est d'ailleurs fière d'exhiber sa réussite en menant grand train : l'historien Jean-Yves Mollier, auteur de deux livres sur cette maison d'édition, explique que « le château de Georges Calmann et ses chasses à courre avec piqueurs étaient célèbres dans l'entre-deux-guerres, tout comme les dîners offerts par Gaston Calmann-Lévy à ses hôtes parisiens jusqu'à son décès, en 1948, où chacun des douze convives avait un serveur en livrée à la française derrière son fauteuil[5] ».

3. Jean-Yves Mollier, *Michel et Calmann Lévy ou la naissance de l'édition moderne, 1836-1891*, Paris, Calmann-Lévy, 1984.

4. Jean-Yves Mollier, *Une autre histoire de l'édition*, Paris, La Fabrique, 2015, p. 256.

5. *Ibid.*, p. 263.

Bien qu'ils y soient déjà parvenus en partie, ils témoignent ainsi de leur désir d'appartenance à la bonne société parisienne.

Nul doute, donc, que ces grands bourgeois se situent du côté du parti de l'ordre plutôt que des forces et des mouvements progressistes. Jean-Yves Mollier observe par ailleurs que cet aspect est de plus en plus visible, durant l'entre-deux-guerres, dans le catalogue de ses collections. Les années 1920 et 1930 correspondent ainsi à l'accentuation d'une inflexion conservatrice entamée dès le début du siècle: «l'influence de Lucien Herr avait progressivement disparu. De même, les grands noms de la Sorbonne et de l'École pratique des hautes études ne se retrouvent plus dans les catalogues où seuls les *Souvenirs* d'Ernest Lavisse, un des deux directeurs de *La Revue de Paris* jusqu'à son décès, en 1922, ont été publiés en 1923», explique l'historien[6]. Dans les années 1930, la collection «Pour nos enfants» accueille des historiens de droite et même d'extrême droite comme Jacques Bainville: ce n'est certes pas la France de 1789 qui y est célébrée, plutôt celle de l'Ancien Régime. C'est aussi le cas avec la collection «Châteaux, décors de l'Histoire» qui publie également des auteurs cherchant essentiellement à faire revivre les grandes heures du passé monarchique plutôt qu'à célébrer les acquis de la Révolution.

Lorsque Georges Calmann meurt, en 1937, il est enterré, conformément à ses directives, selon le rite catholique; il s'est en effet converti à la religion dominante. C'est son frère Gaston, alors âgé de 73 ans, qui va désormais présider aux destinées de l'entreprise. Il est aidé par ses deux

6. Jean-Yves Mollier, *Les Éditions Calmann-Lévy, de la Belle Époque à la Seconde Guerre mondiale*, *op. cit.*, p. 244.

fils, Robert et Pierre, deux trentenaires respectivement nés en 1899 et 1903, qui sont entrés dans le métier pour se former et prendre la relève de la génération précédente : Calmann-Lévy est une maison d'édition familiale. Et leur tâche s'annonce ardue, puisqu'il s'agit de redynamiser une maison d'édition entrée, doucement, mais sûrement, en déclin. Les facteurs de ce déclin sont nombreux. L'éditeur a tout d'abord vendu, en 1928, *La Revue de Paris* qui était l'équivalent pour lui de la *NRF* de Gallimard : il s'est ainsi privé d'un laboratoire d'innovations et d'un précieux organe de prescription de ses publications. Mais les raisons principales du déclin sont d'ordre économique : les effets de la crise de 1929, qui frappent la France au début des années 1930, rendent la décennie difficile pour le secteur de l'édition. Jean-Yves Mollier note que Calmann-Lévy ne publie que 15 titres en 1937 et que « l'entreprise est menacée pour la première fois de son existence[7] ». En 1938, Pierre est chargé d'un dossier sur lequel reposent tous les espoirs de l'éditeur : il va négocier avec la LGF, une filiale d'Hachette, la naissance de la « collection Pourpre » qui intégrera bientôt Colette, François Mauriac et André Maurois. Ses débuts sont prometteurs et son impact sera décisif : elle est la matrice du « Livre de Poche », qui sera lancé après-guerre. Avec cette initiative, une reprise se fait sentir, mais elle sera stoppée net par le déclenchement du second conflit mondial.

Quand la guerre commence, Gaston Calmann-Lévy décide de rester à Paris où il demeurera, durant tout le conflit, dans des conditions difficiles : après être resté terré chez lui plusieurs années, il sera finalement interné à l'hospice des vieillards dépendants de l'hôpital

7. *Ibid.*, p. 261.

Rothschild en 1944 et son immense bibliothèque sera pillée par les nazis. Ses deux fils, quant à eux, sont mobilisés en 1939 dans les troupes françaises et partent vivre «la drôle de guerre». Le plus jeune, Pierre, est démobilisé en août 1940: il passe alors en zone libre, puis en Espagne avant d'être incarcéré un mois et demi dans les prisons franquistes. Se faisant passer pour un Canadien qui cherche à rejoindre Londres, il est transféré à Madrid, puis à Lisbonne, et finit par arriver dans la capitale britannique début mars 1943. Il prend immédiatement contact avec les forces de la France libre, qui l'affectent au Commissariat à la justice et à l'instruction, dirigé par René Cassin. Son frère aîné, Robert, ancien combattant de la Première Guerre mondiale durant laquelle il a servi comme pilote, est démobilisé en juillet 1940. Après être revenu aux côtés de son père, à Paris, il part pour le Portugal en novembre 1942, puis rejoint son frère à Londres en mars 1943. À partir de décembre 1943, les deux éditeurs sont chargés de la direction du bureau du livre du ministère des Affaires étrangères: ils ont pour mission de publier des ouvrages pouvant soutenir le moral des Français. Robert et Pierre Calmann-Lévy font à Londres des rencontres qui auront un impact décisif sur la suite de l'histoire: ainsi de Romain Gary, mais surtout d'Arthur Koestler et de Raymond Aron.

Durant toute cette période, les membres de la famille Calmann-Lévy sont dépossédés de leur propriété par le second statut des Juifs de juin 1941: leur entreprise, menacée dès juin 1940, avait été placée sous administration provisoire en janvier 1941[8]. La maison d'édition est

8. Pascal Fouché (dir.), *Histoire de l'édition française sous l'Occupation 1940-1944*, Paris, Éditions de l'IMEC, 2005.

« aryanisée » et victime d'appétits aux origines diverses, mais aux effets convergents. Confiée en mars 1941 par Otto Abetz à Louis Thomas, un écrivain de seconde zone qui entend profiter de l'Occupation, elle devient une vitrine de la collaboration sous un nouveau nom édifiant : « Aux Armes de France ». Par la suite, les autorités d'Occupation souhaitant disposer d'un contrôle plus étroit sur sa ligne éditoriale, elles remplacent Louis Thomas par Henry Jamet, un éditeur collaborationniste venu du maurrassisme, qui publie, sous le nom « Éditions Balzac », des livres de Brasillach et de Drieu La Rochelle[9]. Parallèlement, ce fleuron de l'édition, dont le catalogue en fait un trésor convoité en ces temps troublés de la France de Vichy, est aussi lorgné par des éditeurs concurrents. À l'issue de ces années troubles, le résultat de toutes ces péripéties est qu'au sortir de la guerre la maison Calmann-Lévy n'est plus que l'ombre d'elle-même.

2. LA RÉSURRECTION D'UNE MAISON D'ÉDITION

Lorsqu'en novembre 1945 Robert et Pierre recouvrent la cogérance provisoire de la société, tout est à reconstruire. Leur père, Gaston, est dorénavant trop âgé pour s'y atteler et les deux frères, déjà aux affaires depuis l'avant-guerre, entreprennent de faire renaître une maison d'édition déclassée. Ils redoublent d'efforts en créant de nouvelles collections et en recrutant des directeurs

9. Sur cette période, *cf.* Jean-Yves Mollier, « La maisons Calmann-Lévy sous l'Occupation », *Revue Alarmer*, juin 2023, disponible à l'adresse suivante : https://revue.alarmer.org/la-maison-calmann-levy-sous-loccupation-retour-sur-un-processus-daryanisation/.

littéraires : ainsi de Manès Sperber, qui est chargé de la collection « Traduit de », ou de Roger Gaillard, qui dirige « Masques et visages ». Ainsi également de la collection la plus politique de la maison, « Liberté de l'esprit », bientôt confiée à Raymond Aron. Mais le contexte n'est guère favorable et la réussite n'est pas assurée. Dans une situation économique difficile, marquée par une forte inflation et aggravée par une pénurie de papier, la chance va pourtant sourire aux éditeurs. Deux énormes succès de librairie viennent en effet opportunément renflouer les caisses et conforter les espoirs des frères Calmann-Lévy. Le premier est un livre politique : *Le Zéro et l'Infini*, d'Arthur Koestler, est publié en décembre 1945 ; le second n'est pas un livre politique au sens classique du terme : il s'agit du *Journal d'Anne Frank*, que l'éditeur publie en 1950. Mais avant de nous arrêter sur ces deux ouvrages, présentons celui qui jouera un rôle décisif dans leur publication : Manès Sperber.

Manès Sperber est un intellectuel autrichien qui a le même âge qu'Aron et qui est, comme lui, d'origine juive[10]. Né en Galicie, il a grandi à Vienne, où ses parents ont trouvé refuge pendant la Première Guerre mondiale. Sioniste dans sa jeunesse, il a été l'élève préféré du psychologue Alfred Adler, le grand rival de Sigmund Freud. Après son installation à Berlin en 1927, il s'est engagé durablement, durant une décennie, au sein du

10. Pour plus de détails, on peut se reporter à Mirjana Stancic, *Manès Sperber, Leben und Werk*, Stroemfelf Verlag, 2003. Cf. également Anne-Marie Corbin-Schuffels, *Manès Sperber : un combat contre la tyrannie (1934-1960)*, Berne, Peter Lang, 2001 ; Olivier Mannoni, *Manès Sperber, l'espoir tragique*, Paris, Albin Michel, 2004 ; ainsi que le collectif *Manès Sperber. Un parcours dans le siècle*, Paris, Éditions du Nadir, 1998.

Parti communiste allemand, ce qui a entraîné sa rupture avec Adler. La montée du nazisme l'oblige bientôt à s'exiler à Paris, en 1934, après un passage par la Yougoslavie où il a participé à des activités organisées par le Komintern. À Paris, il travaille avec Willi Münzenberg comme directeur de l'Institut international pour l'étude du fascisme[11]. Mais en 1937, à la suite des procès de Moscou, Sperber rompt définitivement avec le communisme. Peu de temps après, il rencontre Aron chez un ami commun important pour les deux hommes : André Malraux. Manès Sperber est donc un cas assez typique d'intellectuel juif s'étant engagé dans le communisme, avant de rompre avec le Parti et de se muer en l'un de ces « ex » devenus de farouches anticommunistes. Aron explique dans ses *Mémoires* que leur « amitié se forgea dans les années terribles de l'avant-guerre » et qu'elle s'est prolongée depuis « sans intermittence, sans faiblesse », faite d'un « même combat, contre le même ennemi », les deux hommes demeurant « unis de cœur même quand nos jugements ne coïncidaient pas »[12].

Exilé en Suisse en 1942, Sperber revient à Paris en 1945 où il travaille, avec Aron, dans l'éphémère cabinet de Malraux, ministre de l'Information durant deux mois. Sans position académique et dans le besoin, il voit comme une aubaine la proposition qui lui est faite de devenir conseiller éditorial chez Calmann-Lévy, d'autant que ce métier

11. Willi Münzenberg est un communiste allemand, cadre important de l'Internationale communiste, qui a joué un rôle décisif dans la propagande stalinienne, notamment en utilisant l'antifascisme pour attirer les intellectuels européens vers le compagnonnage de route avec les partis communistes.

12. Raymond Aron, *Mémoires. 50 ans de réflexion politique*, Paris, R. Laffont, 2010, p. 783.

lui laisserait la possibilité, en parallèle, de poursuivre son œuvre littéraire. C'est tout en dirigeant la fameuse collection «Traduit de», fondée en 1946, qu'il rédige sa trilogie composée d'*Et le buisson devint cendre* (1948), *Plus profond que l'abîme* (1950) et *La Baie perdue*[13] (1955). Cet anticommuniste de gauche, très critique vis-à-vis du gaullisme, est par ailleurs un ami proche d'Arthur Koestler: il le connaît depuis le milieu des années 1930, car il a participé avec lui à une revue antifasciste intitulée *Die Zukunft*[14]. Au fil des années 1950, Sperber devient une pièce maîtresse du dispositif éditorial mis en place par la maison Calmann-Lévy. Il va diriger la grande collection – par le nombre de titres publiés et la qualité des auteurs retenus – du domaine étranger de l'éditeur, un secteur qui est, dès ses origines, l'un des points forts de la maison d'édition[15]. Outre cette fonction, il devient au fil du temps conseiller éditorial, notamment dans le domaine politique. Avec Robert Calmann-Lévy et Raymond Aron, il participe aux décisions qui aboutissent à la fabrication du catalogue de la maison Calmann-Lévy. Mais avant cela, il est à l'origine des deux meilleures ventes de l'après-guerre, qui ont relancé la maison d'édition.

L'un de ses premiers succès est la publication du *Journal d'Anne Frank* en 1950. Apporté chez Calmann-Lévy par Manès Sperber et publié dans sa collection, ce livre va devenir l'un des best-sellers de l'après-guerre. Il

13. Trois ouvrages réédités en 2024 par la maison d'édition.

14. Jack Zipes, "Manès Sperber's Legacy for Peace in *Wie eine Träne im Ozean*", *The German Quarterly*, Spring, 1988, vol. 61, n° 2, p. 249-263.

15. Au début des années 1970, «Traduit de» compte plus d'une centaine de titres. La collection a révélé Hermann Hesse, Arthur Schnitzler, Joseph Roth ou encore Knut Hamsun.

sera également un *long-seller*: Calmann-Lévy en vendra des millions d'exemplaires en édition originale, puis en édition de poche. L'histoire de cet ouvrage est littéralement extraordinaire: il s'agit du journal intime d'une jeune fille allemande d'origine juive et réfugiée aux Pays-Bas. Elle l'a tenu pendant deux ans, de juin 1942 à août 1944, date de son arrestation et de sa déportation au camp de concentration de Bergen-Belsen. Ayant contracté le typhus, Anne Frank y trouvera la mort à 15 ans, mais son journal, récupéré pour partie et en morceaux par celle qui cachait sa famille dans l'annexe de sa maison, a été rendu à son père, Otto Frank. À l'issue d'un travail éditorial conséquent, afin de faire de tous les éléments épars un ensemble cohérent, ce dernier le fait publier en néerlandais en juin 1947, avec un modeste tirage de 3 000 exemplaires: il s'en est vendu depuis plus de 30 millions d'exemplaires dans le monde. Manès Sperber, qui découvre ce livre grâce à une amie néerlandaise, est immédiatement convaincu de son importance et il le recommande chaudement aux frères Calmann-Lévy. Avec sa publication, en 1950, Calmann-Lévy devient le premier éditeur étranger du livre, bientôt traduit en Allemagne, puis deux ans plus tard au Royaume-Uni et aux États-Unis. Vingt-cinq ans plus tard, Calmann-Lévy en aura vendu plus de 2 millions d'exemplaires[16].

---

16. Catalogue Calmann-Lévy, 1975.

Encadré n° 1 – Couverture de la première édition du *Journal d'Anne Frank* (1950)

Publié quant à lui dès 1945, *Le Zéro et l'Infini*, d'Arthur Koestler, est le premier grand roman anticommuniste traduit en français après-guerre : il faudra en effet attendre 1950 pour que Gallimard publie *1984*, de George Orwell. Les frères Calmann-Lévy ont rencontré Koestler à Londres pendant la guerre ; et c'est là que le projet de traduction de ce livre, paru en anglais chez Macmillan en 1940, est né. Il va prendre place dans la collection « Traduit de », de son ami Manès Sperber. À l'automne 1944, le projet paraît déjà bien engagé, au point que Robert Calmann-Lévy écrit à Koestler pour discuter du titre. Il lui fait alors part de ses doutes quant au titre proposé et lui indique qu'il préférerait un titre plus court : il propose *Roubachoff*, du nom du héros du roman[17]. Koestler réussit néanmoins à imposer sa proposition, qui sera finalement le titre retenu. Moins d'un mois après sa publication, au début de l'année 1946, 5 000 exemplaires sont déjà vendus, alors que la presse n'a pas encore eu le temps d'en parler. Le mois suivant, 10 000 exemplaires sont écoulés : l'éditeur sait déjà que ce sera un énorme succès. Robert Calmann-Lévy explique à Koestler que la critique des *Lettres françaises* est « magnifique » pour un « journal de tendances nettement communisantes[18] ». En ce début d'année 1946, la promotion du livre est en route et le succès qui s'annonce ouvre de nouvelles perspectives à la maison d'édition : elle vendra 450 000 exemplaires du livre en dix ans[19] et près de 900 000 en vingt-cinq ans[20]. Certains intellectuels de renom, comme François Furet, ont évoqué l'expérience marquante que constitua pour eux la lecture de cet ouvrage[21].

17. Lettre de Robert Calmann-Lévy à Arthur Koestler, 29 novembre 1944, Archives Calmann-Lévy, cote CL 4, c/c 176, n° 4, dossier « Arthur Koestler ».

18. Lettre de Robert Calmann-Lévy à Arthur Koestler, 4 février 1946, Archives Calmann-Lévy, cote CL 4, c/c 176, n° 4, dossier « Arthur Koestler ». La revue *Les Lettres françaises* est une publication littéraire créée en 1942 et liée au mouvement de résistance Front national. À partir de 1953, elle sera l'une des publications intellectuelles du PCF.

19. Gisèle Sapiro, « Les traductions littéraires. Entre démocratisation et inégalités », dans Olivier Bessard-Banquy (dir.), *Splendeurs et Misères de la littérature*, Paris, A. Colin, 2022.

20. Catalogue Calmann-Lévy, 1975.

21. François Furet, *Le Passé d'une illusion. Essai sur l'idée communiste au XX*e *siècle*, Paris, R. Laffont, 1995, p. 479.

Encadré n° 2 – Couverture de la première édition du *Zéro et l'Infini* (1945)

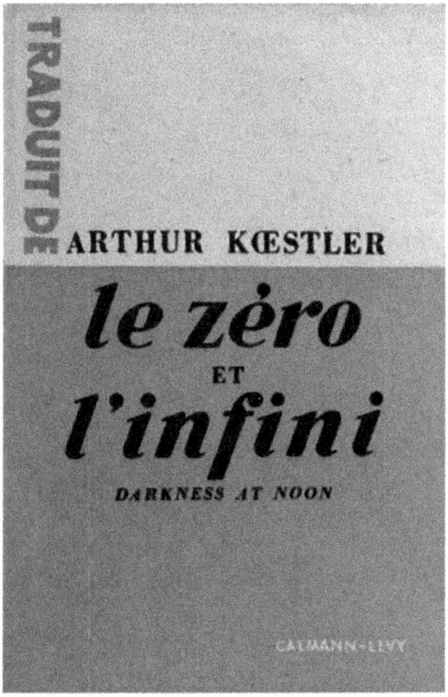

La parution du livre d'Arthur Koestler confère une coloration politique nouvelle à la maison d'édition. Non pas au sens d'une rupture avec les orientations politiques de la famille Calmann-Lévy, clairement ancrée à droite depuis toujours. Mais au sens d'un engagement politique désormais assumé et affiché. Jadis discrètement conservatrice, voilà dorénavant cette maison d'édition ouvertement anticommuniste. Et cela alors même que la guerre froide n'est pas encore une réalité : en 1946, l'Union soviétique n'est pas mise en cause comme elle le sera à partir de 1947[22], à la suite notamment du fameux procès Kravchenko[23]. C'est à cette époque que la France devient « un maillon important du réseau parallèle et non autorisé de circulation transnationale de la littérature critique des régimes de l'Est[24] ». Les événements de l'année 1947, sur lesquels nous reviendrons, susciteront d'ailleurs un regain d'intérêt pour le premier grand roman antistalinien d'après-guerre : Calmann-Lévy commande cette année-là un sixième tirage d'un livre déjà vendu à 130 000 exemplaires[25].

Par la suite, Koestler restera durablement un « auteur maison » : Robert Calmann-Lévy a réussi à le fidéliser en réservant la traduction du roman suivant, lui promettant un premier tirage de 20 000 exemplaires[26]. Koestler publiera par la suite plusieurs ouvrages chez Calmann-Lévy, dont certains prendront place dans la nouvelle

22. Jean-Yves Mollier, *Édition, presse et pouvoir en France au XXe siècle*, Paris, Fayard, 2008.

23. Viktor Kravchenko est un transfuge soviétique, auteur de *J'ai choisi la liberté*, livre publié à New York en 1946 et traduit en France en 1947. Accusé par *Les Lettres françaises* d'être un agent américain, il porte plainte, ce qui donne lieu à un procès rapidement centré sur la question des camps d'internement soviétiques. Sur le déroulement du procès, cf. Liora Israël, « Un procès du goulag au temps du goulag. L'affaire Kravchenko (1949) », *Critique internationale*, 2007/3, n° 36, p. 85-101.

24. Romain Ducoulombier, *Histoire du communisme au XXe siècle*, Paris, PUF, 2022.

25. Décompte de ventes, Archives Calmann-Lévy, cote CL 4, c/c 176, n° 4, dossier « Arthur Koestler ».

26. Lettre de Robert Calmann-Lévy à Arthur Koestler, 4 février 1946, Archives Calmann-Lévy, cote CL 4, c/c 176, n° 4, dossier « Arthur Koestler ».

collection confiée à Raymond Aron[27]. «Liberté de l'esprit» naît en effet en 1947 dans un champ intellectuel plongé, après sa déstructuration durant l'Occupation, dans une profonde reconfiguration produite à la fois par un changement de génération intellectuelle et par la recomposition politique générée par l'entrée dans la guerre froide. De fait, en donnant naissance à cette collection, les éditions Calmann-Lévy se tournent davantage «vers les réalités d'un monde dans lequel chacun devait se situer et s'engager[28]».

À peine trois mois après la publication du *Zéro et l'Infini*, en mars 1946, Pierre Calmann-Lévy adresse par courrier une proposition de contrat à Raymond Aron, la chose ayant visiblement fait l'objet d'une discussion préalable et l'intéressé ayant donné un accord de principe. Reste néanmoins à fixer les détails du contrat. L'éditeur lui donne, dans sa lettre d'engagement, du «cher ami» et il propose formellement à cet intellectuel prometteur– Aron a alors à peine 41 ans – qui vit pour l'essentiel d'une activité de journaliste *free-lance*, de diriger une collection «d'auteurs français ou étrangers[29]». La proposition précise que les ouvrages de cette collection, dont le nom reste alors à déterminer, porteront en couverture la mention «Collection dirigée par Raymond Aron». Aron pourra y publier «des romans, des essais littéraires, philosophiques ou artistiques», sachant que le choix lui appartiendra,

27. Citons par exemple *Croisade sans croix*, publié en 1946, et *La Tour d'Ezra*, publié en 1947.

28. Jean-Yves Mollier, *Les Éditions Calmann Lévy, de la Belle Époque à la Seconde Guerre mondiale*, *op. cit.*, p. 333.

29. Lettre de Pierre Calmann-Lévy à Raymond Aron, 15 mars 1946, Archives Raymond Aron non déposées à la BNF, dossier «Directeur de collection».

mais que la décision de publication sera toujours prise en accord avec l'éditeur. En outre, il doit accepter d'évaluer pour la maison d'édition des ouvrages n'entrant pas dans le cadre de la collection : il ferait ainsi fonction de lecteur pour les livres à dimension politique.

L'éditeur lui demande également, « en ce qui concerne les œuvres de la littérature étrangère », de viser à « la création d'un réseau de correspondants dans divers pays, particulièrement le Royaume-Uni, les États-Unis, l'Allemagne[30] », étant entendu qu'Aron doit réserver à Calmann-Lévy l'exclusivité de son activité de directeur de collection et de lecteur durant son contrat, prévu pour deux ans, avec reconduction tacite chaque année. Il s'agit bien sûr, pour Calmann-Lévy, de s'assurer de l'exclusivité des services d'un intellectuel en vue qui pourrait rapidement être sollicité par Gallimard ou par son principal concurrent à droite, Plon. Pour tout cela, Raymond Aron disposera d'un bureau et il touchera 30 000 francs par mois, auxquels s'ajouteront 2 % sur les ventes des auteurs français qu'il fera venir chez Calmann-Lévy en dehors de sa collection. La somme, qui passe à 40 000 francs en 1952, n'est pas ridicule, la dépense moyenne mensuelle d'une famille ouvrière de 4 personnes étant, en 1946, de 11 000 francs et le salaire minimum de 7 000 francs[31].

À cette date, Raymond Aron est un philosophe principalement connu pour la publication chez Gallimard juste avant la guerre de sa thèse, consacrée à la philosophie de

30. *Ibid.*

31. « Évolution des salaires et des traitements en 1947 », *Économie et statistique*, 1948, 3-2, p. 5.

l'histoire[32]. Venu de la gauche modérée, électeur du Front populaire bien que très sévère à l'égard de sa politique économique, engagé dans un dialogue critique avec le marxisme, il s'est exilé en 1940 à Londres, où il a commencé à développer son analyse du totalitarisme. Chargé d'animer la revue *La France libre*, Aron y a également affûté sa plume d'analyste des questions politiques et militaires. Revenu à Paris à la Libération, il a refusé de réintégrer le poste obtenu en 1939 à l'université de Toulouse et il n'a pas donné suite à la proposition d'une chaire de sociologie à Bordeaux – celle de Durkheim[33] – afin de rester à Paris, où il vit du journalisme et de l'enseignement. Sa situation professionnelle demeure donc très incertaine : il intervient à l'ENA et à Sciences Po, et s'il a brièvement écrit à *Point de vue*, où une série d'éditoriaux a fait de lui l'un des commentateurs politiques les plus remarqués du moment, il exerce désormais ses talents à *Combat*, avant de rejoindre bientôt *Le Figaro*. Anticommuniste virulent et incarnation d'un libéralisme qui a toujours peiné à exister en France, Aron s'affirme alors comme l'un des principaux éditorialistes politiques d'après-guerre.

Dans une lettre non datée, Aron accepte la proposition des frères Calmann-Lévy, mais tout en corrigeant deux points. Donnant lui aussi du « cher ami » à son interlocuteur, il commence alors par préciser ceci :

> Je vous remercie de votre proposition et accepte avec plaisir de travailler avec vous. […] J'accepte volontiers

32. Raymond Aron, *Introduction à la philosophie de l'histoire*, Paris, Gallimard, 1938.

33. Johan Heilbron, *La Sociologie française. Sociogenèse d'une tradition nationale*, Paris, CNRS Éditions, 2020, p. 140 et ss.

> de lire pour vous-même les livres qui ne figureront pas dans ma collection. Cependant, il va de soi que la lecture distincte de tous les manuscrits en français, anglais et allemand, susceptibles de vous parvenir, surtout si l'activité de votre maison d'édition s'étend, dépasserait les forces d'une seule personne. Nous avons décidé que la lecture des livres anglais courants ne m'incomberait pas. Pour le reste, l'expérience nous indiquera les livres qu'il est intéressant de me confier.

Ces précisions faites sur le périmètre de son activité de lecteur, il corrige ensuite un autre point :

> Aussi, je vous propose de modifier le point 6 de la manière suivante. La durée de notre accord est de deux ans pour ce qui concerne à la fois la collection et mon rôle de directeur littéraire. Cependant, tous les six mois, les termes précis de l'accord seront soumis à révision amicale pour tenir compte des modifications éventuelles de la situation économique et pour fixer mon activité de lecteur en fonction de vos envies et de mes possibilités, nous proportionnerons ma rétribution au temps que je vous fournirai[34].

Aron tient visiblement à fixer clairement les choses quant à son activité de lecteur, qu'il pressent comme potentiellement très accaparante. Il apparaît également soucieux de pouvoir renégocier régulièrement sa rémunération, dans un contexte économique qui évolue, il est vrai, très rapidement et qui est marqué par une forte inflation.

34. Lettre de Raymond Aron à Pierre Calmann-Lévy, s.d., Archives Raymond Aron non déposées à la BNF, dossier « Directeur de collection ».

À ce stade, les détails du contrat sont éclaircis et il reste à trouver un nom à la collection : ce sera « Liberté de l'esprit ». Ce choix est justifié dans la présentation de la collection rédigée par Raymond Aron quelque temps après son lancement. Elle s'ouvre sur le constat d'une pluralité des significations attribuées à l'idée de liberté[35] : « La liberté est un de ces mots qu'aucun parti n'abandonne volontiers à ses adversaires. Aussi sait-on moins que jamais ce qu'est la liberté dont tout le monde se réclame et que chacun revendique. » Mais cela ne rend pas impossible de distinguer les sociétés libres des sociétés opprimées. Et le critère est ici la réalité des libertés politiques : « Que tous les citoyens aient le droit de voter pour les candidats de leur choix, que les journaux expriment des opinions contradictoires, que les chefs soient critiqués et non acclamés, voilà des faits simples, difficilement discutables, qui permettent, semble-t-il, de reconnaître les régimes politiques de liberté. » Ce fait est pourtant contesté comme une fausse évidence par une partie des intellectuels de gauche qui dénoncent des libertés seulement « formelles » : « Illusion, vous répondront de profonds penseurs. Il s'agit là de libertés formelles, plus apparentes que réelles dont ne profitent que les privilégiés. Qu'importe au chômeur la multiplicité des opinions, des journaux, des partis ? Qu'importe à l'ouvrier le droit d'exprimer sans danger ses désirs et ses jugements ? Le prolétaire est esclave du capitaliste, quel que soit le camouflage sous lequel le capitaliste essaie de dissimuler cet esclavage. »

35. Le texte de cette présentation, non datée, est reproduit en annexe 1.

Et Aron de poursuivre en contestant l'opposition des «libertés formelles» et des «libertés réelles»: «Les hommes profitent inégalement des libertés que laissent les démocraties bourgeoises, on le reconnaîtra avec regret, mais sans réticences. *On ne nie pas l'insuffisance des libertés formelles, on met en doute que l'on puisse parler de liberté réelle, lorsque ces libertés formelles ont disparu*[36]. » La présence ou l'absence des libertés politiques est bien le critère permettant de distinguer les régimes politiques contemporains: «On dira que les sociétés ne sont pas libres qui interdisent de discuter l'essence de la liberté. Une classe, un parti, un pays qui prétend au monopole de la liberté et entend que la définition de ce mot soit soustraite à toute controverse est certainement exclu du camp de la liberté.» Les libertés politiques, par ailleurs, garantissent l'existence d'une authentique liberté de l'esprit: «L'esprit libre refuse les marchands de sommeil, pour reprendre l'expression d'Alain, comme les sociétés libres refusent une orthodoxie imposée par l'État. L'esprit libre n'est pas celui qui promène sur les choses et sur les êtres un regard indifférent. Il avoue franchement les valeurs qu'il respecte, il ne fait pas mystère de ses préférences, de ses affections et de son hostilité, mais il ne soumet pas les événements à une interprétation toute faite à l'avance.» Le premier signe de l'esprit libre, c'est donc de pouvoir s'émanciper de l'historicisme: «Il est assez sûr de sa volonté pour ne pas avoir besoin que le monde la confirme chaque jour. Il n'attend pas que l'Histoire ou quelque autre idole ancienne ou nouvelle lui donne raison.»

Enfin, Aron commente les accusations politiques visant la collection: «On a reproché à la collection d'être

36. C'est nous qui soulignons.

“orientée”. À coup sûr, elle est orientée si l'on entend par là que tous les auteurs appartiennent à une famille.» Mais comment qualifier cette famille ? Aron reste évasif et il n'évoque qu'indirectement le libéralisme : «Je ne songe pas, sous prétexte de libéralisme, à accueillir ceux qui refuseraient la discussion ou qui déformeraient les faits pour les plier à leur système.» Face à l'idéologie, Aron promeut – annonçant ainsi la fameuse conclusion de *L'Opium des intellectuels* – une forme de scepticisme : «Le fanatisme aveugle, mais le scepticisme n'est pas une condition de la liberté. Auguste Comte disait qu'il n'y a pas de grande intelligence sans générosité. Peut-être la suprême vertu, en notre siècle, serait-elle de regarder en face l'inhumanité sans perdre la foi dans les hommes.»

Le texte a été rédigé très soigneusement et les mots choisis ont leur importance. Le positionnement anticommuniste est suggéré sans ambiguïté, mais il n'est pas explicite, le terme n'étant pas employé. En outre, le mot libéralisme est lâché, bien que discrètement : c'est bien de lui que se revendique désormais Aron, dans une époque où la chose est plutôt rare. Rappelons ici qu'il a fréquenté la mouvance internationale libérale dès le colloque Lippmann de 1938[37], puis à Londres lors de son exil, bien qu'il prenne ses distances après-guerre avec la Société du

37. Organisé par Louis Rougier à Paris autour de Walter Lippmann, ce colloque a réuni les principales figures du libéralisme européen. Aron était le secrétaire de cet événement, souvent considéré comme l'acte de naissance du néolibéralisme. Cf. Serge Audier, *Le Colloque Lippmann. Aux origines du néo-libéralisme*, Lormont, Le Bord de l'eau, 2008, et du même auteur, plus récemment, *L'Invention du néo-libéralisme : histoire, concepts, controverses,* vol. 1, *Devant la crise du libéralisme : du colloque Lippmann à la Société du Mont-Pèlerin*, Lormont, Le Bord de l'eau, 2022.

Mont-Pèlerin, lancée par Friedrich Hayek afin de soutenir un renouveau du libéralisme[38]. Son libéralisme, à ce stade, passe par la réaffirmation de la liberté de l'esprit ainsi que par la défense des libertés politiques, et il est clair qu'il n'est plus le jeune philosophe socialisant de l'entre-deux-guerres. Ce texte annonce à la fois ce que sera l'horizon politique de la collection et de la maison d'édition : un libéralisme politique, valorisant la démocratie, sensible à la question économique, mais sans dogmatisme sur ce point, et cherchant à surplomber un clivage gauche-droite dans lequel Aron ne se reconnaît pas.

Encadré n° 3 – Nombre de titres publiés dans « Liberté de l'esprit » par an (1947-1983)

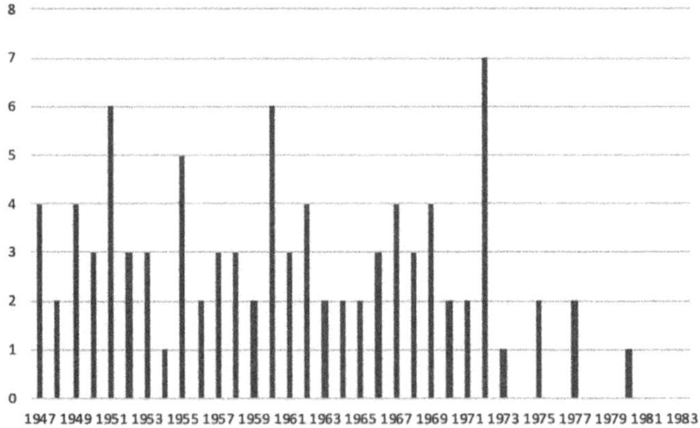

N.B. : la collection publie au total 91 titres

38. Cf. Serge Audier, *L'Invention du néolibéralisme. Histoire, concepts, controverses*, vol. 2, *Quel néolibéralisme ? Les « Pèlerins » en quête d'hégémonie*, Lormont, Le Bord de l'eau, 2023.

La collection «Liberté de l'esprit» publie ses quatre premiers titres en 1947[39], année qui marque le début de la guerre froide. Cette nouvelle configuration du système international contraint rapidement les intellectuels à se positionner du côté communiste ou du côté atlantiste, un positionnement «neutraliste» étant cependant préféré par beaucoup. Raymond Aron se range d'emblée dans le camp atlantiste. Et le débouché politique de son anticommunisme et de son rejet du parlementarisme dévoyé de la IVe République sera le gaullisme. Cette adhésion au mouvement gaulliste permet de comprendre que le nom de la collection d'Aron ait pu être repris par André Malraux lorsqu'il fonde une revue destinée à devenir l'organe intellectuel du gaullisme.

La chose est quelque peu étonnante, mais l'amitié qui unit Malraux et Aron depuis l'entre-deux-guerres, ainsi que leur engagement aux côtés du général de Gaulle, permet d'expliquer cet emprunt, alors même qu'il n'y a pas de liens forts entre les deux: le catalogue de la collection et les contributeurs de la revue ne sont pas superposables. En février 1949, un an après la fondation d'un parti gaulliste qui prend alors le nom de Rassemblement pour le peuple français (RPF), sort le premier numéro de *Liberté de l'esprit*, qui demeure chronologiquement la première revue antitotalitaire française.

Dirigée par un homme de gauche, Claude Mauriac, elle portera haut les couleurs du gaullisme et plus généralement de l'anticommunisme en agrégeant de grandes plumes, dont celle d'Aron qui lui donnera une vingtaine de textes avant qu'elle ne disparaisse, en juin 1953, un mois après le refus du général et du RPF de participer

39. On trouvera en annexe 2 l'ensemble du catalogue de la collection.

à la vie des institutions de la IVe République[40]. Revue importante ayant publié 41 numéros, dont certains intégraient les « bonnes feuilles » d'ouvrages publiés dans la collection d'Aron, *Liberté de l'esprit* demeure liée à un moment politique très spécifique et elle ne disposera pas du temps nécessaire pour se hisser au niveau de la *NRF*, des *Temps Modernes* ou d'*Esprit*. Après sa disparition, la collection abritée par Calmann-Lévy reste ainsi la seule à continuer à utiliser cette appellation. Mais revenons maintenant sur cet engagement gaulliste d'Aron, qui colore les débuts de sa collection tout en fournissant à Calmann-Lévy une nouvelle identité politique la rapprochant d'un certain bonapartisme[41].

3. DU GAULLISME DE GUERRE AU GAULLISME DE GUERRE FROIDE

L'année 1947, qui correspond au lancement de « Liberté de l'esprit », constitue à bien des égards une année décisive. Maints événements cruciaux la scandent. En France, des grèves importantes en janvier, la création du RPF en avril, la publication de *J'ai choisi la liberté*, de Kravchenko, et l'éviction des ministres communistes en mai, le premier gouvernement de la Troisième Force en novembre, des grèves insurrectionnelles pour clore l'année. Au plan international, l'échec de la conférence

40. Cf. Laurent Gardinier, « Liberté de l'esprit », dans Jacques Julliard et Michel Winock (dir.), *Dictionnaire des intellectuels français*, Seuil, 1996, et plus récemment Jeanyves Guérin, « *Liberté de l'esprit* : un mensuel gaulliste », *La Revue des revues*, 2017/1, n° 57, p. 79-94.

41. René Rémond, *Les Droites aujourd'hui*, Paris, Aubier-Montaigne, 2005.

de Moscou en avril, l'annonce du plan Marshall en juin, la formulation de la doctrine Jdanov en septembre, qui oppose le socialisme soviétique au capitalisme occidental. Mais c'est bien sûr la rupture des négociations sur l'Allemagne, actant l'impossibilité de trouver un compromis sur l'avenir institutionnel de ce pays désormais occupé, qui demeure l'événement le plus important, car il marque le début de la guerre froide. Les blocs sont désormais formés, la soviétisation de l'Europe centrale est en route, le fameux rideau de fer est théorisé par Winston Churchill. Pour Aron, c'est une année d'engagements multiples : il rompt avec Jean-Paul Sartre sur la question communiste[42], il rejoint *Le Figaro* après avoir hésité avec *Le Monde* et il entre au Conseil national du RPF. Entre 1947 et 1952 en effet, le jeune philosophe, jusque-là soucieux de marquer sa distance à l'égard des partis, s'est engagé aux côtés du général de Gaulle, « Liberté de l'esprit » publiant sur la période 22 titres. Ce faisant, Robert et Pierre Calmann-Lévy demeurent fidèles à leur allégeance des années de guerre.

Si Aron a critiqué avec sévérité, pendant la guerre, certains aspects du gaullisme[43], il considère que de Gaulle est le seul pouvant favoriser le relèvement du pays. C'est le « moment gaulliste » de Raymond Aron : en devenant un militant du RPF et un compagnon de route du gaullisme,

---

42. Rupture bientôt formalisée par des prises de position : cf. la « Lettre de Raymond Aron » publiée en novembre 1948 par *Les Temps Modernes* et en février 1949 dans *Liberté de l'esprit*, ainsi que la « Réponse à Jean-Paul Sartre » publiée dans la même revue en juin 1949.

43. Cf. par exemple Raymond Aron, « L'ombre des Bonaparte » (août 1943), repris dans *Chroniques de guerres : « La France libre », 1940-1945*, Paris, Gallimard, 1990.

il cède pour la première fois à la tentation de la politique. La chose ne cesse d'étonner, car tout semble rapprocher Aron de la Troisième Force[44]. Comment, dès lors, comprendre cet engagement ? Dans ses *Mémoires*, Aron fournit quatre explications : il a mauvaise conscience d'avoir trop durement critiqué de Gaulle pendant la guerre ; il pense qu'il est le seul à pouvoir opérer le changement de régime nécessaire, la IVe République étant à bout de souffle ; il souhaite accompagner la parlementarisation du gaullisme, au point qu'il songera même à se présenter aux élections législatives de 1951 ; surtout, il s'accorde avec l'anticommunisme du RPF, la lutte contre le communisme étant devenue pour lui le combat prioritaire. Sur plusieurs points importants cependant, Aron n'est clairement pas gaulliste : il soutient l'adhésion au Pacte atlantique, il est clairement proaméricain et il milite pour la réconciliation franco-allemande.

Encadré n° 4 – Liste des titres publiés dans « Liberté de l'esprit » de 1947 à 1952

L'Ère des organisateurs, James Burnham (1947)
Pour la domination mondiale, James Burnham (1947)
Vers l'empire du monde, Lucien Morice (1947)
L'Autre, Charles-Jean Odic (1947)

44. La Troisième Force est la coalition gouvernementale qui réunit, de mai 1947 à 1951, la Section française de l'internationale ouvrière (SFIO), l'Union démocratique et socialiste de la Résistance (UDSR), les radicaux, le Mouvement républicain populaire (MRP) et les modérés (la droite républicaine et les libéraux). Cette coalition soutient le nouveau régime de la IVe République contre l'opposition du Parti communiste et des gaullistes du Rassemblement du peuple français (RPF).

Dialogue aux enfers entre Machiavel et Montesquieu : ou la politique de Machiavel au XIXe siècle par un contemporain, Maurice Joly (1948)
La Tragédie du marxisme : du manifeste communiste à la stratégie totalitaire, Michel Collinet (1948)
La Colonisation française : du pacte colonial à l'Union française, Henri Brunschwig (1949)
Les Machiavéliens, défenseurs de la liberté, James Burnham (1949)
Les Américains, étude d'un caractère national, Geoffrey Gorer (1949)
L'Humanité doit choisir, Eugène-Marie Friedwald (1949)
Les Armes d'aujourd'hui et de demain, Vannevar Bush (1950)
Le Dieu des ténèbres, par Arthur Koestler, Ignazio Silone, Richard Wright, André Gide, Louis Fischer, Stephen Spender (1950)
Pour vaincre l'impérialisme soviétique, James Burnham (1950)
Bréviaire de la haine : le IIIe Reich et les juifs, Léon Poliakov (1951)
Défense de l'Europe : quelques problèmes de la guerre et de la paix, Basil Henry Liddell Hart (1951)
Essai sur les trahisons, André Thérive (1951)
La Jeunesse de Lénine, Bertram D. Wolfe (1951)
Lénine et Trotsky, Bertram D. Wolfe (1951)
Lénine, Trotsky, Staline, Bertram D. Wolfe (1951)
Portrait de l'Europe, Salvador de Madariaga (1952)
Pour vaincre la peur, Aneurin Bevan (1952)
La Diplomatie américaine, 1900-1950, George Kennan (1952)

Son engagement de 1947 le conduit à prononcer quelques conférences dans le cadre des activités du

RPF et à participer au «comité d'études» du parti, dont il expliquera avec ironie qu'il menait des travaux qui «portaient le plus souvent sur des questions d'actualité, travaux déjà dépassés au moment même où ils s'achevaient[45]». Mais c'est bien le rejet du communisme qui attire irrésistiblement Aron vers le RPF. Ainsi écrit-il dans *Le Figaro* en octobre 1947 qu'il n'y a plus qu'une seule question qui vaille: «l'Europe occidentale parviendra-t-elle à se relever, en dépit du veto de Moscou, ou sera-t-elle précipitée dans le chaos par l'agitation et le sabotage des partis communistes? Dans cette bataille où la France joue son existence, Léon Blum et le général de Gaulle, qu'ils le veuillent ou non, sont dans le même camp[46].» Aron a choisi le sien et il se reflétera dans les ouvrages publiés dans sa collection chez Calmann-Lévy pendant les six premières années de son existence.

Mais ce n'est pas la seule dimension du gaullisme qui l'aimante au RPF: il y a également sa volonté réformatrice affirmée dans le discours de Bayeux, où de Gaulle a développé sa vision des institutions, discours qui annonce la Constitution de 1958[47]. Deux semaines plus tard, à nouveau dans *Le Figaro*, Aron écrit que «le Rassemblement n'a pas de doctrine arrêtée, mais on lui devine une volonté, orientée peut-être à contresens de la pesanteur historique. À une époque où tout conspire à renforcer les partis de masses et les syndicats dictatoriaux, il s'en

45. Raymond Aron, *Mémoires. 50 ans de réflexion politique*, *op. cit.*, p. 310.

46. *Le Figaro*, 10 octobre 1947.

47. Brigitte Gaïti, *De Gaulle, prophète de la Ve République (1946-1962)*, Paris, Presses de Sciences Po, 1998.

prend aux uns et aux autres pour rendre une marge de liberté aux individus et à l'État. Pouvoir fort et citoyens libres, la formule garde un accent radical – pourvu que le premier terme n'écrase pas le second[48]. » Comme l'explique Jean-Claude Casanova, « Aron pense tout simplement qu'avec de Gaulle accédant au pouvoir le style de la politique changera certainement et qu'il existe aussi une bonne chance pour que les institutions soient enfin réformées[49] ».

En 1948, année du blocus de Berlin et du coup de Prague, mais aussi en France de la création du Rassemblement démocratique révolutionnaire[50], Aron publie chez Gallimard son premier essai majeur d'après-guerre : *Le Grand Schisme*. Il est accompagné, dans « Liberté de l'esprit », par la sortie du livre de Michel Collinet *La Tragédie du marxisme*[51]. Le livre d'Aron est un mélange d'analyse de la conjoncture et de prises de position en faveur du RPF. Et dans la pensée d'Aron c'est l'anticommunisme qui opère le lien entre l'interprétation du contexte international et le soutien à l'entreprise partisane gaulliste. Dès l'introduction, il s'y déclare anticommuniste par fidélité à « la tradition humaniste et égalitaire », ce qui ne l'empêche pas de se montrer lucide sur les motivations, différentes des siennes, de beaucoup d'anticommunistes dont il partage le combat[52]. Conscient du fait qu'« aucune cause n'est pure », il invite à critiquer

48. *Le Figaro*, 23 octobre 1947.
49. Jean-Claude Casanova, « De Gaulle et Aron », préface à *Aron et de Gaulle*, textes réunis et préfacés, Paris, Calmann-Lévy, 2022.
50. Bastien Amiel, *La Tentation partisane. Engagements intellectuels au seuil de la guerre froide*, Paris, CNRS éditions, 2023.
51. Sur ce livre, cf. *infra*, chapitre 3.
52. Raymond Aron, *Le Grand Schisme*, Paris, Gallimard, 1948, p. 8.

le stalinisme sans pour autant rejeter «l'idéal d'une humanité réconciliée avec elle-même»: il s'agit pour lui de dénoncer le communisme comme «technique d'action» et comme «ordre social qui [...] paraît trahir son propre idéal[53]». Aron tient ainsi à se démarquer explicitement d'un anticommunisme conservateur.

L'ouvrage est construit en quatre parties. La première introduit une définition, vouée à devenir célébrissime, du «schisme diplomatique» que représente la guerre froide: «paix impossible, guerre improbable». La deuxième, centrée sur le «schisme idéologique», entreprend une déconstruction de ce qu'Aron qualifie de «mystification communiste» en insistant sur «le mythe de la révolution» et «le mythe de la société sans classes»: on voit poindre les thèmes de *L'Opium des intellectuels*. La troisième constitue un essai d'interprétation de la situation française, caractérisée par un «schisme français» entre communistes et anticommunistes: cette partie prend la forme d'un plaidoyer en faveur du RPF, évolution du gaullisme de guerre sous l'effet de la menace soviétique. La dernière propose un programme de réformes politiques, économiques, sociales et intellectuelles. Aron plaide alors, dans le sillage du discours de Bayeux, pour la mise en place d'un nouveau régime:

> Restauration de l'État, stabilité du pouvoir exécutif, limitation des organismes professionnels, amélioration de la technique administrative et de la compétence économique, toutes ces réformes jointes, dont aucune n'est spectaculaire et aucune ne se suffit à elle-même, nous rapprocheraient de l'objectif: régime d'autorité

53. *Ibid.*, p. 9-10.

> modérée. L'État serait fort, mais non illimité. Partis et syndicats seraient libres, mais non tout-puissants. Le Parlement légiférerait et contrôlerait, il renoncerait à gouverner. L'économie serait orientée, mais non dirigée. Utopie ? Je me refuse à cet aveu d'impuissance qui nous acculerait à l'alternative du communisme ou du despotisme de droite[54].

Ce livre révèle clairement le désarroi qui est celui d'Aron sous la IVe République, ainsi que les espoirs qu'il place en un nouveau régime animé par le Général.

Sans s'engager dans l'analyse de la réception de cet ouvrage, relevons la recension mitigée donnée par Georges Bataille dans la revue *Critique*, qui est pourtant loin d'être hostile à Aron. Cette revue mensuelle, fondée en 1946 par Bataille, publie son premier numéro au mois de juin. Éditée à l'origine aux Éditions du Chêne, elle paraît chez Calmann-Lévy d'octobre 1947 à septembre 1949. Aron a eu les honneurs de la revue dès 1946 dans l'un des premiers numéros, Roland Caillois consacrant un article où il balance entre admiration à l'égard d'un penseur voulant « retrouver l'innocence de la pensée libérale » et critique de son pessimisme[55]. Il est en outre entré au comité de rédaction de la revue à l'été 1947 : peut-être est-ce lui, d'ailleurs, qui a favorisé son passage chez Calmann-Lévy. Toujours est-il qu'en septembre 1948 Bataille publie un article consacré au *Grand Schisme*. Il y développe l'idée d'une nécessaire « neutralité morale » face à l'opposition des blocs, qui appelle au préalable « le développement et

54. *Ibid.*, p. 323.

55. Roland Caillois, « La pensée politique de R. Aron », *Critique*, n° 5, octobre 1946, p. 437.

la prédominance *morale* dans le monde d'une conscience *neutre*[56] ». Qu'est-ce à dire ? Bataille définit en note de bas de page cette « conscience neutre » comme « le refus de toute action ». Si le propos est, comme souvent chez Bataille, volontiers contourné, la thèse centrale demeure claire : l'URSS possède une chance de se démocratiser, mais pour cela il faut que les États-Unis quittent leur posture guerrière. Manière propre à Bataille de justifier une position de type « neutraliste » qui est précisément celle contre laquelle Aron, aussi bien que Calmann-Lévy, fourbissent leurs armes.

En 1949, le traité de l'Atlantique Nord est signé. En 1950, c'est le début de la guerre de Corée et l'Europe s'affirme avec la déclaration Schuman : c'est aussi l'année où Aron réalise son premier voyage aux États-Unis. Aron est déterminé à s'engager encore davantage dans les luttes du forum : certains regardent d'ailleurs son engagement comme un dévouement excessif à la cause démocratique. Ainsi d'Eric Voegelin, qui lui écrit en 1951 ces lignes : « *The political situation has rather deteriorated since we lucubrated about it last summer. One can hardly know what might happen any day now. Have you considered your situation – and the possibility of removing yourself in time from mishaps? I do not believe in martyrdom for a political cause. If the dear old democrats don't want to fight, there is just nothing one can do about it*[57]. » Un mar-

56. Georges Bataille, « Du sens d'une neutralité morale dans la guerre russo-américaine », *Critique*, n° 28, septembre 1948, p. 838. Souligné par l'auteur.

57. Lettre d'Eric Voegelin à Raymond Aron, 2 janvier 1951, Archives Raymond Aron, BNF, cote NAF 28060, boîte 209. « La situation politique a plutôt empiré depuis notre conversation de l'été dernier. Impossible de savoir ce qu'il peut advenir d'un jour à l'autre.

tyr pour une cause politique perdue : voilà comment le philosophe autrichien, parti en exil aux États-Unis pour fuir le nazisme, perçoit Aron.

En 1951, Aron publie à nouveau chez Gallimard son deuxième grand essai politique intitulé *Les Guerres en chaîne*. Son ouvrage est construit en trois grandes parties. La première analyse la période 1914-1945 en insistant sur les transformations de la guerre par la technique, qui a rendu possibles des guerres mondiales qui furent des guerres totales. La deuxième partie s'intéresse au « carrefour de l'histoire » produit par la montée des États périphériques, l'avènement du stalinisme et l'entrée dans l'âge atomique. La troisième partie analyse en détail la guerre froide du point de vue géostratégique global d'abord, puis du point de vue de l'Europe. Aron y discute longuement les thèses de James Burnham et de George Kennan, deux auteurs qui occupent une place de choix dans sa collection chez Calmann-Lévy. C'est en effet à partir d'eux qu'il va construire sa propre position, qui prend la forme d'une ligne médiane en ce qu'elle est favorable à la fois au *containment* (défendu par Kennan) et à l'offensive idéologique anticommuniste (défendue par Burnham), sans que l'offensive militaire promue par ce dernier lui semble cependant réaliste[58].

Plus précisément, Aron propose une stratégie à plusieurs dimensions : offensive en ce qui concerne l'action psychologique et politique ; défensive sur le plan stratégique. Il

Avez-vous réfléchi à votre situation et à la possibilité de vous éviter des ennuis à temps ? Je ne crois pas au martyre pour une cause politique. Si ces bons vieux démocrates ne veulent pas se battre, on ne peut rien y faire. »

58. Cette question sera envisagée en détail dans les chapitres 2 et 3.

explique en effet que « la vraie victoire, pour l'Occident, serait d'arrêter le stalinisme d'abord, de l'affaiblir au point qu'il renonce à ses ambitions ultimes ensuite, *sans guerre hyperbolique*[59] ». Aron cherche néanmoins à éviter une interprétation faussée de sa position : il ne s'agit ni de scepticisme ni de passivité. De courage réfléchi plutôt : aussi écrit-il que « la technique moderne des combats condamne les rêves de croisades. Les bombes atomiques ne sont pas de bons moyens de répandre la liberté. Mais il reste vrai, aujourd'hui comme hier, à l'époque des B36 comme au temps des piques et des épées, que ceux-là seuls sauvegardent leur héritage qui sont prêts à le défendre. » La conclusion du livre dégage de ces analyses ce qui constitue à ses yeux l'enjeu principal. Il faut faire en sorte que la guerre limitée demeure le substitut d'une nouvelle guerre totale :

> Les peuples sont-ils déçus parce que nous n'avons à défendre en ce monde imparfait que des demi-vérités ? Je n'en suis pas sûr. La cause profonde du scepticisme est autre. La leçon des deux guerres a été retenue. Le déchaînement de la violence ne résout rien. L'Europe serait victime d'une guerre hyperbolique, quelle qu'en fût l'issue. Nous n'avons pas dissimulé cette antinomie des moyens et de la fin. Le but de l'Occident est et doit être de gagner la guerre limitée pour n'avoir pas à livrer la guerre totale. Il n'y parviendra pas s'il n'est pas animé d'une résolution inflexible, s'il ne croit pas en lui-même et en sa mission de liberté[60].

---

59. Raymond Aron, *Les Guerres en chaîne*, Paris, Gallimard, 1951, p. 310. Souligné par l'auteur.
60. *Ibid.*, p. 497.

L'année suivante signe la fin de ce «moment gaulliste». Mais en 1952, ce n'est pas Aron qui quitte le RPF: c'est ce dernier qui disparaît, entraînant la fin de ce compagnonnage de route. À cette date, la collection «Liberté de l'esprit» a réussi à s'ancrer dans un paysage politique et intellectuel profondément renouvelé. Et par l'engagement d'Aron au sein du Congrès pour la liberté de la culture, elle participe, comme plus largement Calmann-Lévy, de l'édification de réseaux anticommunistes transnationaux.

4. CALMANN-LÉVY ET LES RÉSEAUX ANTICOMMUNISTES TRANSNATIONAUX

Après 1945, Aron est un intellectuel dont la trajectoire connaît une véritable bifurcation en raison de son engagement anticommuniste: sa collaboration avec Calmann-Lévy témoigne de ce tournant et il est désormais étiqueté comme «penseur de droite», venu de la gauche. Tout concourt à ce qu'il soit perçu, comme un «apostat» ayant rejeté son ancienne foi progressiste pour rejoindre le camp de la réaction. On a vu précédemment que son analyse du contexte mondial conduisait Aron à appeler de ses vœux la mise en place d'une résistance à l'offensive idéologique communiste. Mais il faut examiner maintenant comment il a joint le geste à la parole. Car parallèlement à son engagement gaulliste au plan national, Aron va rapidement rejoindre l'«Internationale anticommuniste» que représente le Congrès pour la liberté de la culture. Et ce point est décisif, tant cet engagement va colorer durablement à la fois l'identité politique de la maison Calmann-Lévy et le catalogue de la collection «Liberté de l'esprit». Cet engagement permet en outre à Aron de satisfaire à l'une des clauses du contrat signé en 1946 : constituer un vaste réseau de correspondants étrangers, notamment au Royaume-Uni, aux États-Unis et en Allemagne.

La littérature consacrée au Congrès est souvent, notamment dans le monde anglo-saxon, étroitement focalisée sur la question de son financement par la CIA : on la voit alors comme une simple entreprise de propagande financée par les États-Unis[61]. Les travaux de Pierre Grémion ont montré qu'il s'agissait là d'une approche réductrice qui ne prend pas assez en compte l'autonomie des intellectuels qu'il fédère. Grâce à ses recherches, on dispose aujourd'hui d'une image plus complexe de ce dispositif au sein duquel Aron a vite joué un rôle central[62]. Mais il n'est pas le seul : on se souvient de l'importance, pour la relance de Calmann-Lévy, de la publication du livre d'Arthur Koestler *Le Zéro et l'Infini*. Or Koestler est très actif dans les réseaux qui vont converger et finir par donner naissance au Congrès : il y incarne d'ailleurs une « ligne dure », qui veut répondre à l'offensive communiste par une offensive libérale. C'est également le cas de James Burnham, qui sera abondamment traduit par Calmann-Lévy dans les premières années de la guerre froide. Ajoutons enfin que Manès Sperber y est

61. Pour une interprétation venant alimenter la thèse insistant sur le rôle de la CIA, cf. Giles Scott-Smith, *The Politics of Apolitical Culture. The Congress for Cultural Freedom, the CIA and post-war American Hegemony*, Londres et New York, Routledge, 2002, ainsi que plus récemment Sarah Miller Harris, *The CIA and the Congress for Cultural Freedom in the Early Cold War. The Limits of Making Common Cause*, New York, Routledge, 2017.

62. Pierre Grémion, *Intelligence de l'anticommunisme. Le Congrès pour la liberté de la culture à Paris, 1950-1975*, Paris, Fayard, 1995.

très présent au sein de son « aile gauche », d'orientation sociale-démocrate.

Après la publication de son roman, Koestler a participé à un ouvrage collectif qui a également connu à sa publication, en 1949, un fort retentissement : il s'agit de *The God that Failed. A Confession.* Conçu par Richard Crossman, professeur de littérature classique britannique qui vient d'être élu député travailliste aux Communes, il regroupe des textes de Koestler, Ignazio Silone, l'écrivain afro-américain Richard Wright, André Gide, Louis Fischer et Stephen Spender. Dans ce livre, tous ces « ex » se livrent à une « confession », c'est-à-dire une analyse des conditions de leur engagement communiste et de leur désengagement. Traduit par Calmann-Lévy sous le titre *Le Dieu des ténèbres* et publié l'année suivante dans la collection « Liberté de l'esprit », le livre est agrémenté d'une longue postface d'Aron. Pierre Grémion fait de ce livre la « charte intellectuelle[63] » du Congrès qui va bientôt naître officiellement, donnant ainsi une existence plus formelle à des réseaux intellectuels transnationaux alors en cours de cristallisation.

Le Congrès pour la liberté de la culture est officiellement lancé l'année de la publication de ce livre en France, en juin 1950, dans le lieu symbolique qu'est Berlin, un an après l'acquisition de la bombe atomique par l'URSS, le basculement de la Chine vers le communisme et dans le contexte dramatique du début de la guerre de Corée. L'affect qui domine alors, du côté des intellectuels participant à sa création, est clairement un sentiment d'urgence. On trouve au cœur de son dispositif initial trois auteurs qui seront publiés dans « Liberté de l'esprit » :

63. *Ibid.*, p. 92.

Arthur Koestler, alors très actif au sein des réseaux anticommunistes européens ; James Burnham, très actif de son côté aux États-Unis ; Salvador de Madariaga enfin, qui incarne la continuité avec la vieille tradition libérale européenne[64]. Lorsque le Congrès émerge, Aron suit la chose avec intérêt, mais aussi avec distance : il est associé à quelques réunions préparatoires, mais ce n'est que plus tard qu'il s'y investira véritablement, au point d'en devenir l'intellectuel de référence.

Au colloque fondateur, à Berlin, tous les participants sont d'accord sur l'objectif : il faut s'opposer au communisme et aux philocommunistes défendant une position « neutraliste ». Mais il n'existe pas, en revanche, d'accord sur les moyens à employer. Koestler et Burnham incarnent une « ligne dure », qui veut orienter l'action dans le sens d'une politique de confrontation directe, sur le plan intellectuel comme sur le plan militaire. La communication que prononce Burnham à Berlin ne laisse aucun doute sur ce point. Il y explique en effet ceci :

> Je ne suis pas contre la bombe atomique sans discrimination de circonstances. Je suis contre les bombes qui sont et seront stockées en Sibérie ou dans le Caucase en vue de détruire Paris, Londres, Rome, Bruxelles, Stockholm, New York, Chicago et Berlin, toute la civilisation occidentale. Et je suis aujourd'hui plus qu'hier pour ces autres bombes fabriquées à Los Alamos, Hanford, et Oak Bridge et stockées je ne sais où dans les montagnes Rocheuses ou les déserts américains[65].

64. Sur Madariaga, cf. *infra*, chapitre 4.
65. Cité dans Pierre Grémion, *Intelligence de l'anticommunisme*, *op. cit.*, p. 35.

D'autres, comme l'Allemand Richard Löwenthal et Raymond Aron, défendent une ligne plus modérée. C'est ce qu'explique Aron dans sa communication au colloque, où il prend position pour une «guerre limitée» afin d'éviter le désastre d'une «guerre totale». Au même moment, il publie dans «Liberté de l'esprit» *Les Armes d'aujourd'hui et de demain*, de l'une des figures du projet Manhattan : Vannevar Bush.

La manifestation de Berlin se clôt sur l'adoption d'un «manifeste aux hommes libres» en 14 points rédigés par Koestler à partir d'un premier jet de Manès Sperber – les deux hommes sont proches depuis la publication du *Zéro et l'Infini*. L'article 11 du texte explique que «la théorie et la pratique des États totalitaires sont la plus grande menace que l'humanité ait dû affronter au cours de son histoire» et le suivant que «l'indifférence et la neutralité envers une pareille menace constituent une trahison à l'égard des valeurs essentielles de l'humanité et une abdication de l'esprit libre». L'article 13, comme en écho au titre de la collection d'Aron, en appelle à «la défense de la liberté, la défense de l'esprit» ainsi qu'à la mise en œuvre de «solutions neuves et constructives pour les problèmes de notre temps[66]». Ce texte montre que l'intention des fondateurs du Congrès est de répliquer à l'offensive idéologique menée par les communistes, qui mettent en avant un combat pour la paix, tout en affirmant un positionnement libéral de centre gauche qui

66. On trouve le texte de ce manifeste dans François Chaubet, «La fondation du Congrès pour la liberté de la culture (juin 1950) et les luttes idéologiques de guerre froide entre libéralisme et communisme», *Parlement(s). Revue d'histoire politique*, 2019/1, n° 29, p. 13-29.

ne s'offusque aucunement de la mise en place de l'État providence. Pourtant, le Congrès est très vite considéré en France comme une créature au service de l'ennemi américain[67]. *L'Observateur*, qui est un puissant organe du neutralisme, l'évoque par exemple en juillet 1950 en parlant à son sujet des « quatre K » : Kongress, Kultur, Koestler et Korea. Le journal *L'Humanité* le voit comme un danger si grave qu'il justifie la publication, dans ses pages, du plan de la maison de l'auteur du *Zéro et l'Infini.*

Dans le sillage de la création du Congrès, un milieu politico-intellectuel où se côtoient Koestler, Malraux, Sperber, Aron et Burnham se consolide à Paris : on en trouve bien sûr la trace dans le catalogue de « Liberté de l'esprit », et plus largement dans la « ligne » qui est désormais celle de Calmann-Lévy. Aron signe rapidement le manifeste de Koestler, et c'est aussi le cas de journaux comme *Franc-Tireur*, de Georges Altman, *Combat* ou encore *Le Populaire* – des titres qui rendront souvent compte des livres publiés dans la collection d'Aron[68]. À cette époque, ce dernier plaide au sein du Congrès pour la création d'un hebdomadaire capable de s'opposer à *L'Observateur.* Koestler est pressenti pour le diriger, puis Aron et Sperber, mais Aron finit par renoncer et le projet n'aboutit finalement pas[69]. C'est une revue intellectuelle,

67. Philippe Roger, *L'Ennemi américain. Généalogie de l'antiaméricanisme français*, Paris, Seuil, 2002.

68. Issu de la Résistance lyonnaise, *Franc-Tireur* est un journal de gauche, mais anticommuniste. *Combat*, issu de la Résistance, est lui aussi sur cette ligne politique. *Le Populaire* est un journal socialiste, un temps dirigé par Léon Blum.

69. Nicolas Stenger, « The Difficult Emergence of an "Anti-Totalitarian" Journal in Post-War France: *Preuves* and the Congress

Preuves, qui est créée en 1951 par un communiste repenti, François Bondy, afin de porter la voix du Congrès[70].

Durant ses premières années d'existence, on observe un affaiblissement des *hard-liners* Koestler et Burnham au profit des modérés, bien représentés par le père du *containment* : George Kennan. Les choses bougent vite et Koestler est rapidement remplacé par l'Italien Ignazio Silone – un ex-communiste qui se définissait comme « socialiste sans parti » – comme inspirateur. Et ce fait correspond à un changement de ligne : d'une organisation conçue pour une confrontation avec les communistes, le Congrès devient un mouvement d'accueil pour les communistes déçus. Mécontent, Burnham finit par s'effacer, laissant ainsi vacant un espace qui sera bientôt occupé par Aron. Ce faisant, le Congrès conserve son anticommunisme libéral initial et il évite une évolution – c'était l'un des chemins possibles – vers un populisme de type maccarthyste.

Si par la suite, comme le note Grémion, Aron joue assez vite « un rôle croissant au sein de l'organisation[71] », c'est seulement en 1955, alors qu'il publie *L'Opium des intellectuels* chez Calmann-Lévy et qu'il fait son entrée à la Sorbonne, qu'il en devient la figure de proue. À cette date, si Aron apparaît très esseulé en France, il est incontestablement au cœur d'une entreprise mondiale de réplique idéologique au communisme, soucieux

---

for Cultural Freedom », *in* Giles Scott-Smith and Charlotte Lerg (dir.), *Campaigning Culture and the Global Cold War*, *op. cit.*, p. 93.

70. Preuves, *Une revue européenne à Paris*, présentation, choix de texte et notes de Pierre Grémion, postface de François Bondy, Paris, Julliard, 1989.

71. Pierre Grémion, *Intelligence de l'anticommunisme*, *op. cit.*, p. 161.

de favoriser une alliance des libéraux et des sociaux-démocrates contre un ennemi commun. Les liens entre Calmann-Lévy et le Congrès, avec comme intermédiaires Aron et secondairement Sperber, sont étroits. Après la parution de *L'Opium*, qui est l'un des plus grands succès de Calmann-Lévy dans les années 1950, Aron s'impose comme la figure intellectuelle centrale d'une vaste constellation transnationale dont la collection «Liberté de l'esprit» et la maison Calmann-Lévy sont des relais à destination du public français.

II

PRENDRE PARTI : « LE MOMENT BURNHAM »

En 1947, le lancement de « Liberté de l'esprit » par Calmann-Lévy correspond à son entrée dans la guerre froide. Après la phase de maturation du projet vient le moment de lui donner vie. La collection publie ses premiers titres durant une année qui constitue un tournant dans l'histoire des relations internationales, mais aussi dans l'histoire politique et intellectuelle française. L'affrontement des blocs accélère une recomposition politique rendue nécessaire par Vichy et l'incertitude de la Libération. Mais elle entre également en résonance avec une reconfiguration du monde intellectuel qui fait exploser les anciens repères, tout en provoquant une relève des générations. Après 1945 en effet, c'est toute une génération qui s'efface, poussée vers la sortie par la cohorte née autour de 1905, celle de Sartre et Aron. Et cela alors que le champ intellectuel subit l'effet polarisant du contexte géopolitique : l'opposition Est-Ouest se réfracte en son sein, obligeant chacun à prendre parti.

Pour Aron, il est temps d'assumer ce qui selon lui caractérise la politique : le moment est venu d'entrer dans une « mêlée confuse » qui ne propose que des

« combats douteux[1] ». En acceptant la proposition des frères Calmann-Lévy, il transforme son gaullisme de guerre en gaullisme de guerre froide. En 1947, qui est aussi l'année de son entrée au *Figaro* et de son adhésion au Rassemblement pour le peuple français, les couvertures des premiers titres de « Liberté de l'esprit » font leur apparition sur les étals des libraires. Si on laisse de côté un roman qui constitue une curiosité dans le catalogue de la collection, on constate que Calmann-Lévy y accueille un livre d'un auteur désormais oublié, Lucien Morice, évoquant avec optimisme l'horizon d'un « empire du monde » qui permettrait de pacifier les relations internationales[2]. Mais ce sont surtout deux ouvrages du philosophe américain James Burnham qui retiennent aujourd'hui l'attention.

Burnham est l'un des auteurs qui publieront le plus grand nombre de volumes dans la collection : cinq au total, et tous entre 1947 et 1953. Dans ce contexte, le fait qu'Aron publie un auteur défendant une position très offensive à l'égard de l'URSS est tout sauf indifférent. Celui qui se présente comme l'incarnation de la modération met en effet en avant l'un des esprits les plus « va-t-en-guerre » : il y a, autour de ce « moment Burnham », comme une énigme à déchiffrer. Se concentrer sur ce moment doit permettre de saisir l'élaboration, dans l'urgence, de l'identité antitotalitaire que portera Calmann-Lévy, mais aussi de comprendre quelle a été la stratégie de lancement d'une collection qui doit construire sa place

1. Raymond Aron, « En marge des combats douteux », *Politique étrangère*, 1979, 44-2, p. 193-203.

2. Lucien Morice, *Vers l'empire du monde*, Paris, Calmann-Lévy, 1947.

dans le débat intellectuel et politique. Le point d'ancrage de cette identité est l'anticommunisme, mais un anticommunisme qui ne doit pas se confondre avec une simple défense des privilégiés.

1. DÉPASSER LE MARXISME

James Burnham est l'auteur des deux premiers livres publiés par Calmann-Lévy dans la collection d'Aron : *L'Ère des organisateurs* et *Pour la domination mondiale.* Deux ans plus tard, en 1949, Aron récidive en publiant *Les Machiavéliens, défenseurs de la liberté.* En 1950, « Liberté de l'esprit » accueille un nouveau volume qui a pour titre *Pour vaincre l'impérialisme soviétique* et trois ans plus tard, « le moment Burnham » se clôt avec la publication de *Contenir ou libérer.* Comme l'explique Jean-Claude Casanova, « Aron s'était entiché de Burnham[3] ». Mais qui est donc cet auteur américain que les frères Calmann-Lévy estiment si important de faire connaître au public français ?

Burnham est un essayiste politique parfois présenté comme « le premier des néoconservateurs[4] ». Né comme Aron en 1905, dans une famille de riches industriels du rail, il a suivi un cursus élitaire à Princeton et Oxford. Il est ensuite devenu professeur de philosophie à l'université de New York. Au tournant des années 1930, Burnham s'est converti au communisme et il a commencé à militer

3. Entretien avec Jean-Claude Casanova, 15 septembre 2022.
4. Binoy Kampmark, « The first neo-conservative: James Burnham and the origins of a movement », *Review of International Studies*, n° 37 (4), octobre 2011, p. 1885-1902.

dans le Workers Party[5]. Mais autour de 1933, sous l'influence de Sidney Hook, il évolue vers le trotskisme. Burnham en vient rapidement à polémiquer avec Trotsky lui-même : il soutient contre lui la thèse selon laquelle l'URSS n'est pas un État ouvrier dégénéré, mais un collectivisme bureaucratique non conforme à l'intention communiste. Cela le conduit à rompre avec Trotsky en 1940 : Burnham est alors convaincu que le marxisme ne peut pas mener à un socialisme démocratique, mais seulement à un despotisme totalitaire. Reniant son ancienne foi, il commence alors une carrière d'intellectuel conservateur fondée sur la contestation du marxisme et la dénonciation du soviétisme.

Cette rupture est attestée par sa lettre de démission adressée au mois de mai 1940 au Comité national du Workers Party. Burnham y explique avoir été contraint de réviser ses convictions théoriques et politiques : « aucune terminologie ne me permet plus de me considérer, ou de permettre aux autres de me considérer, comme un marxiste[6] ». Il y annonce par ailleurs la thèse centrale de l'ouvrage qu'il est alors en train de rédiger : « Non seulement je crois qu'il est dénué de sens de dire que "le socialisme est inévitable" et faux de dire que le socialisme est "la seule alternative au capitalisme", mais je considère que, sur la base des éléments dont nous disposons actuellement, une nouvelle forme de société d'exploitation (ce que j'appelle la "société managériale")

5. Pour une biographie détaillée, cf. Daniel Kelly, *James Burnham and the Struggle for the World: A Life*, Wilmington, Del., ISI Books, 2002.

6. https://web.archive.org/web/20100314223236/http://www.marxists.org/history/etol/writers/burnham/1940/05/resignation.html.

est une alternative possible au capitalisme en étant un aboutissement plus probable de la période actuelle que le socialisme. »

Cette prophétie conduit Burnham à s'interroger sur la nature même du trotskisme, qui pourrait être, comme le stalinisme, une variante du fascisme : « le stalinisme doit être compris comme une manifestation des mêmes forces historiques générales dont le fascisme est une autre manifestation. Il y a encore un doute dans mon esprit quant à savoir si cette conclusion s'applique également au léninisme et au trotskisme[7]. » Burnham effectue alors un tournant qui le conduira toujours plus à droite de l'échiquier politique. Devenu un anticommuniste viscéral, il ira en effet jusqu'à soutenir le maccarthysme dans les années 1950 et à prôner un conservatisme de plus en plus accusé dans les décennies suivantes, notamment au sein de la *National Review*. Comme il l'analyse lucidement dans sa lettre de démission : « Je comprends, naturellement, que beaucoup d'entre elles [ses idées] ne sont pas "nouvelles" ou "originales", et qu'en soutenant certaines d'entre elles, je me trouve en très mauvaise compagnie. Cependant, je n'ai jamais été en mesure de juger de la vérité des croyances par le caractère moral de ceux qui les professent[8]. »

Pendant la guerre, Burnham travaille pour l'Office of Strategic Studies où il entre sur recommandation de George Kennan : cela ne manque pas de piquant, puisqu'il

7. *Idem.*

8. *Idem.* Sur sa pensée, cf. Samuel Francis, *Power and History. The Political Thought of James Burnham*, Lanham, University Press of America, 1984 et *James Burnham: Thinkers of Our Time*, London, Claridge Press, 1999.

bataillera contre ses thèses par la suite. Burnham y dirige une division semi-autonome baptisée «Guerre politique et psychologique». Il restera dans cette agence après la guerre, alors qu'elle deviendra la Central Intelligence Agency (CIA). Entre-temps, il publie en 1941 un livre intitulé *The Managerial Revolution*, qui connaît un grand succès: il a influencé Orwell et l'on en trouve la trace dans la construction de *1984*[9]. La traduction de ce livre est envisagée dès 1945: Calmann-Lévy demande à l'éditeur américain John Day un exemplaire pour la mettre sur le métier[10]. Elle est publiée au début de l'année 1947 sous le titre *L'Ère des organisateurs*. En publiant cet auteur, qu'il a découvert durant son exil à Londres, Aron a donc joué un rôle décisif dans l'importation en France de la thèse de «la révolution managériale[11]». Elle peut se résumer ainsi: les sociétés industrielles, capitalistes ou communistes, voient apparaître, sous l'effet du progrès technique, une «nouvelle classe» de managers qui viennent s'intercaler entre la bourgeoisie et le prolétariat. En outre, le monde tend à s'unifier progressivement sous l'effet d'une «révolution managériale» qui vient bousculer une opposition de classes jusque-là tenue pour irréductible. En ce sens, Burnham s'inscrit dans un mouvement visant à penser un phénomène nouveau

9. R. B. Reaves, «Orwell's "Second Thoughts on James Burnham" and 1984», *College Literature*, 1984, vol. 11, n° 1, p. 13-21.

10. Lettre à John Day Company, 14 septembre 1945, Archives Calmann-Lévy, cote CL 4, c/c 11, n° 2, dossier «James Burnham».

11. Joseph Romano, «James Burnham en France: l'import-export de la "révolution managériale" après 1945», *Revue française de science politique*, vol. 53, n° 2, avril 2003, p. 257-275.

baptisé «technocratie[12]», tout en alimentant la thèse de la «convergence» des sociétés industrielles du XXe siècle.

Comme le précise la présentation du livre, «si les événements survenus depuis lors ont infirmé certaines des sinistres prévisions qu'il contient, il n'en mérite pas moins d'être connu du public français». La nuance ne surprend pas le lecteur attentif d'Aron, qui a critiqué les prévisions de Burnham dès 1943 dans un article intitulé «Du pessimisme historique[13]». Sa position singulière, celle d'un importateur critique, doit être relevée, tant elle caractérisera durablement son attitude à l'égard de Burnham. L'avant-propos rédigé en 1946 pour l'édition française part du même constat: Burnham y admet que le déroulement des événements, depuis son écriture, en 1940, a infirmé certaines de ses prédictions. Mais s'il profite de l'occasion qui lui est donnée pour actualiser sa thèse, il la maintient dans ses grandes lignes. À ses yeux, une «révolution directoriale» est bien en route, le capitalisme étant en voie de disparition et le socialisme se faisant toujours attendre. Sur cette voie, l'URSS est clairement le pays le plus avancé et il prévoit un probable hégémonisme soviétique: «l'issue de la guerre semble, pour le moment, contredire ma prévision d'une

12. Delphine Dulong, «La technocratie (au) miroir des sciences sociales. La réflexion technocratique en France (1945-1960)» et Didier Renard, «Technocracy, ou la science contre l'économie. Un mouvement américain des années trente», dans Vincent Dubois et Delphine Dulong (dir.), *La Question technocratique. De l'invention d'une figure aux transformations de l'action publique*, Strasbourg, Presses universitaires de Strasbourg, 1999.

13. Raymond Aron, «Du pessimisme historique», repris dans *L'Homme contre les tyrans*, New York, Éditions de la Maison française, 1944.

organisation mondiale comportant trois super-États, Europe, Asie et Amérique», car «l'Union soviétique tend vers la domination d'un Empire eurasien unique». Et face à cette situation, «même la bombe atomique pourrait bien ne pas empêcher ce qui demeure l'évolution politique la plus naturelle»[14]. Le pessimisme de Burnham annonce les prises de position martiales des essais politiques publiés par la suite par Calmann-Lévy.

Le livre de Burnham est le premier titre de «Liberté de l'esprit»: on peut y voir un symbole. Et Aron a marqué un point en obtenant une préface de Léon Blum. Elle constitue visiblement un argument de vente de poids: un bandeau rouge, qui couvre près de la moitié de la couverture, la met en avant, le nom de Blum apparaissant dans une police plus grande que celle de l'auteur. Ce texte est cependant loin d'être un simple éloge. Si Blum s'accorde avec la thèse de Burnham selon laquelle la société capitaliste est condamnée, le point de désaccord tient à la victoire finale, nécessaire selon l'homme politique français, du socialisme. Blum développe alors une contre-argumentation subtile, consistant à affirmer au sujet de l'URSS qu'«*il est possible de détruire la propriété privée capitaliste sans avoir détruit le capitalisme*», c'est-à-dire «*en laissant subsister l'ensemble des rapports économiques et sociaux*» que la propriété privée avait engendrés[15].

Si l'on admet ce point, les régimes directoriaux ne sont rien d'autre qu'une étape intermédiaire entre le

14. James Burnham «Avant-Propos» (4 février 1946), dans *L'Ère des organisateurs*, Paris, Calmann-Lévy, 1947.

15. Léon Blum, «Préface», dans James Burnham, *L'Ère des organisateurs*, Paris, Calmann-Lévy, 1947, p. 17. Souligné par l'auteur.

capitalisme et le socialisme : Blum tente donc de prendre en compte les thèses de Burnham tout en désamorçant leur potentiel antisocialiste. Mais alors, quel élément faut-il introduire pour provoquer le passage de la société directoriale au socialisme authentique ? La démocratie, répond sans hésitation Blum, qui sera en mesure d'« extirper les résidus du capitalisme[16] ». La conclusion de l'homme du Front populaire est empreinte d'un optimisme sans failles : « Je crois qu'une fois la propriété privée du capitalisme éliminée [...] c'est sur le plan socialiste que se transporteraient les sociétés. Je crois que les sociétés "directoriales" qui pourraient émerger d'une période de transition et de confusion se dirigeraient plus ou moins rapidement vers le socialisme par l'effet d'une sorte de loi d'attraction démocratique. Peut-être, dans cette Russie soviétique, que M. James Burnham considère comme le modèle anticipé des régimes directoriaux, cette transition a-t-elle commencé à notre insu[17]. » Et Blum de terminer en remerciant Burnham de lui avoir permis de réenvisager ses certitudes, de donner plus de force à ses convictions socialistes et d'attirer son attention sur la question centrale du recrutement des élites. Le choix de cette préface est habile, car elle permet d'atténuer le conservatisme de Burnham et donc d'élargir le lectorat potentiel : Calmann-Lévy et Aron cherchent à donner corps à un anticommunisme qui, sans être de gauche, veille à ne pas se couper de la gauche.

16. *Ibid.*, p. 20.
17. *Idem.*

Encadré n° 5 – Couverture de la première édition de *L'Ère des organisateurs* (1947)

Le choix du préfacier n'est pas le seul élément qui atteste la volonté de la maison d'édition et du directeur de collection de faire de ce volume une sorte de tremplin. Aron se démène en effet pour faire parler du livre dans la presse. Le cœur de cette offensive éditoriale est l'entretien-fleuve publié dans *Le Figaro littéraire* du 10 janvier 1948 sous le titre « En causant avec James Burnham ». Aron y rend compte d'un échange qui s'est déroulé en décembre 1947 lors d'un voyage de Burnham à Paris. Il insiste d'emblée sur les objections formulées par Léon Blum dans sa préface, manière de mettre en discussion les thèses d'un auteur décrit comme « aussi réservé que ses idées passent pour agressives[18] ». À l'objection centrale de Blum, Burnham répond qu'elle lui semble contredite par les faits. Il prend alors l'exemple du « despotisme soviétique », qui s'explique non par la survie de la logique capitaliste, mais par la convergence de son passé et de son évolution « managériale ».

Burnham insiste ensuite sur le fait que « la société directoriale » pourra prendre différentes formes, « le régime totalitaire, russe ou allemand » – le terme est lâché – ne constituant que l'une de ses variantes. En luttant contre la pente « directoriale » ou « managériale », il ne s'agit donc pas simplement d'éviter une évolution vers le totalitarisme, mais plus globalement de « sauver ce que l'on peut sauver des valeurs démocratiques et humaines dans l'ère des organisateurs ». La fin de l'entretien évoque brièvement l'autre livre publié par Calmann-Lévy dans la collection d'Aron : *Pour la domination mondiale.* Le papier du *Figaro* n'en rend pas vraiment compte, l'entretien se terminant sur le constat suivant, posé par Aron au sujet d'un livre beaucoup plus « politique » : « Il fallut bien parler du Kominform et du plan Marshall, de la Troisième Force et du gaullisme. Mais je ne raconterai pas plus avant, car nous nous sommes demandé qui régnerait sur la France dans six mois et sur le monde dans dix ou vingt ans et nous avons reconnu que nous croyions, l'un et l'autre, plus à l'action qu'aux prophéties. »

Cet entretien vise clairement à amplifier une réception déjà abondante du livre de Burnham : Aron l'a commenté dès le 10 mai 1947 dans *Une semaine dans le monde*, Charles Bettelheim et Gilles Martinet dans la *Revue internationale*, Alfred Sauvy dans *Population*, Jean-Marie

18. « En causant avec James Burnham », *Le Figaro littéraire*, 10 janvier 1948. Les citations suivantes sont tirées de ce texte.

Domenach dans *Esprit*, Victor Leduc dans les *Cahiers du communisme* et l'on en trouve des comptes rendus dans la *Revue d'économie politique* et dans la *Revue de droit public*. Si *Le Monde* en publie de «bonnes feuilles» sous la forme d'une série, la *Revue socialiste* leur préfère la reprise de la préface de Blum. Et ce n'est pas tout: on peut lire des recensions par Jean de Fabrègues dans *La France catholique*, par Jean Rous dans *Franc-Tireur*, par Pierre Debray dans *Témoignage chrétien*, par Jean Rabaud dans *Le Populaire*, par Victor Leduc dans *Démocratie nouvelle*, par Aimé Patri dans *Masses* et par Maurice Nadeau dans *Combat*. À quoi s'ajoutent encore des comptes rendus dans *Force ouvrière*, *Gavroche*, *Le Libertaire*, *Études*, la *Revue de Paris*, *La Croix*, *Les Nouvelles littéraires* et *Réforme*. Le succès de l'ouvrage est donc considérable: Calmann-Lévy a réalisé un coup de maître qui installe la collection d'Aron dans le débat public et Burnham devient rapidement un auteur maison qui soutient, jusqu'en 1953, son engagement anticommuniste.

2. COMBATTRE LE SOVIÉTISME

La publication de *L'Ère des organisateurs* constitue une excellente opération pour la toute jeune collection et la maison d'édition renaissante: sorti au début de l'année 1947, le premier tirage de 4000 exemplaires est épuisé en mai et le livre est réimprimé en juillet à 3000 exemplaires[19]. Les comptes de vente indiquent que Calmann-

19. Lettre de Robert Calmann à Andrew Walsh, 26 novembre 1947, Archives Calmann-Lévy, cote CL 4, c/c 11, n° 2, dossier «James Burnham».

Lévy en écoule 3 000 exemplaires supplémentaires en 1948 et autant en 1949, soit 13 000 exemplaires en trois ans. La deuxième traduction de Burnham sort en France presque en même temps qu'aux États-Unis, en octobre 1947. Et comme l'indique le mois suivant Robert Calmann-Lévy à son interlocuteur chez l'éditeur new-yorkais John Day: «The Struggle for the World *has been issued last month and it seems to make a very good start too*[20].» Sur la base du succès de *L'Ère des organisateurs*, le livre est tiré d'emblée à 10 000 exemplaires. Publié sous le titre *Pour la domination mondiale*, il s'agit d'un livre différent du premier: il est bien davantage «branché» sur l'actualité, contribuant ainsi de manière décisive à poser les bases de l'identité antitotalitaire de la maison d'édition.

On découvre dans ce livre un Burnham désormais mû par un anticommunisme qui oriente toute sa vision du monde. Dans cet ouvrage, il cherche à corriger les thèses du précédent, car deux nouveaux éléments sont venus bouleverser la donne géopolitique: l'arme atomique et l'expansionnisme soviétique, ce dernier ayant selon lui déclenché une Troisième Guerre mondiale. Pour Burnham, l'Histoire nous dirige inexorablement vers une «domination mondiale» basée sur un monopole des armes atomiques auquel seuls Washington et Moscou peuvent pour l'instant prétendre. Et alors que l'URSS cherche résolument à l'acquérir, les États-Unis demeurent politiquement «immatures». En face de cette nation incertaine, on trouve l'adversaire soviétique, le communisme étant défini par Burnham comme «une conspiration mondiale» travaillant à «la conquête d'un monopole

20. *Idem*. «*Pour la domination mondiale* est sorti le mois dernier et il semble faire un début prometteur.»

du pouvoir à l'époque du déclin du capitalisme». Trois traits le singularisent: «politiquement, il est basé sur la terreur et la tromperie de la masse; économiquement, il est ou du moins tend à être collectiviste; socialement, il est totalitaire[21] ». Combattre le communisme revient donc à défendre les valeurs occidentales, notamment la dignité et la liberté de l'individu.

Encadré n° 6 – Illustration tirée de *Pour la domination mondiale* (1947)

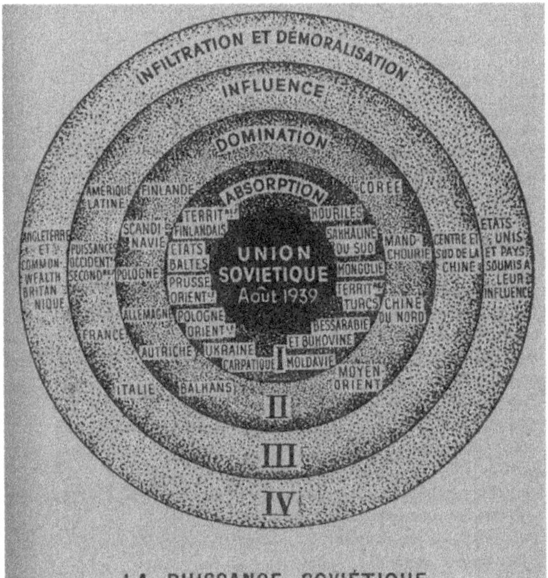

---

21. James Burnham, *Pour la domination mondiale*, Paris, Calmann-Lévy, 1947, p. 85.

Burnham décrit un communisme soviétique qui se donne pour objectif «la conquête du monde[22]». Cela passe, aux États-Unis, par le fait «de démoraliser le pays et de s'infiltrer dans toutes les couches de sa structure sociale[23]»: c'est l'ancien directeur de la division «Guerre politique et psychologique» de la CIA qui parle. C'est pourquoi il se montre très préoccupé par les faiblesses internes de l'Occident, dont le caractère extrêmement civilisé le conduit perpétuellement à rechercher un apaisement plutôt que d'assumer l'affrontement lorsque celui-ci est nécessaire: c'est ce qu'il nomme «la politique de vacillement». Afin de l'éviter, Burnham tente d'armer une victoire des démocraties occidentales avec à leur tête les États-Unis. Mais pour cela, il faut ajouter à la préparation militaire une préparation politique. Il incite donc ses lecteurs à éviter que les hésitations américaines ne permettent aux Soviétiques de prendre l'avantage avec une première frappe atomique, d'envahir l'Europe occidentale et de s'acheminer, à moyen terme, vers une victoire totale au terme d'une «guerre d'annihilation[24]».

À côté de ce scénario apocalyptique d'une victoire soviétique, deux autres possibles existent. Le premier est l'effondrement de l'Occident par une destruction mutuelle de l'URSS et des États-Unis: le monde serait alors ouvert à «des eaux venues de Chine, de l'Inde ou de l'Islam» et l'Occident deviendrait une sorte de «prolétariat impérial»[25]. Seconde possibilité, que les États-Unis saisissent l'offre de l'Histoire et deviennent les champions de

22. *Ibid.*, p. 126.
23. *Ibid.*, p. 153.
24. *Ibid.*, p. 326-327 et 330.
25. *Ibid.*, p. 331.

l'Occident: «parce que cette politique est la seule réponse au projet communiste d'un totalitarisme universel, parce qu'elle constitue la seule chance de conserver le degré de liberté possible à cette époque troublée, et parce qu'elle propose la seule route actuellement ouverte en direction d'une libre société mondiale, je l'appellerai désormais *la politique de l'ordre mondial démocratique*[26]». Le problème est cependant que les États-Unis «sont appelés en scène avant d'avoir terminé les répétitions. Leur force et leurs promesses n'ont pas été mûries par la sagesse du temps et de la souffrance. Et c'est à la maîtrise du monde que le sort les convie, à cela ou à rien[27].»

On comprend que cette reformulation par Burnham de l'idée de «destinée manifeste» ait pu influencer les néoconservateurs américains des générations suivantes. Tout le Burnham d'après-guerre se révèle dans ce livre: son anticommunisme obsessionnel – il propose déjà, dans un chapitre abordant «la mise en œuvre intérieure de la politique étrangère», l'exclusion de tous les fonctionnaires communistes, annonçant ainsi le maccarthysme –, son refus de toute position neutraliste, son patriotisme vibrant, le tout encadré par de grandes perspectives géopolitiques. Son argumentaire est par ailleurs parfaitement en phase avec l'actualité: avec le plan Marshall, le projet de Pacte atlantique et bientôt le blocus de Berlin, la politique de puissance prônée par Burnham, frontale et interdisant tout compromis, semble se matérialiser comme par magie. Mais cet «état de grâce» ne durera pas et Burnham sera bientôt relégué dans le camp des critiques d'une politique étrangère américaine guidée par l'idée de *containment*.

26. *Ibid.*, p. 296. Souligné par l'auteur.
27. *Ibid.*, p. 332.

La réception de ce livre est correcte, mais sans commune mesure avec celle de *L'Ère des organisateurs*. Certes, de «bonnes feuilles» sont publiées dans *Le Monde* en août et septembre 1947 et l'ouvrage est recensé dans *Ouest-France*. Mais il n'est évoqué que par peu de titres de presse, comme *La France catholique*, *L'Écho républicain* et *Force ouvrière*. Les ventes ne sont pas non plus à la hauteur des attentes de l'éditeur: un décompte fait état de plus de 4000 exemplaires invendus en 1955. Le livre ne passe pas inaperçu, mais son caractère militant fait sans doute hésiter les journalistes. C'est ce qu'indique l'auteur d'une recension approfondie qui prend place dans les *Cahiers de la Fondation nationale des sciences politiques*. Pour Robert Pelloux, un juriste qui dirige l'Institut d'études politiques de l'université de Lyon, cette réception restreinte peut en effet s'expliquer par deux hypothèses plus complémentaires qu'opposées: c'est «peut-être parce qu'il touche plus directement à des questions brûlantes de politique internationale que l'opinion a quelque timidité à aborder de front, peut-être aussi parce que son attitude violemment antisoviétique l'a fait considérer par certains comme un pamphlet de propagande peu digne d'attention[28]».

Ce «pamphlet de propagande» inscrit Calmann-Lévy et la collection d'Aron clairement à droite. Dans sa discussion des livres de Burnham, Robert Pelloux s'interroge sur le réalisme brutal qu'incarne celui qu'il décrit comme

28. Robert Pelloux, «Un nouveau Machiavel: James Burnham et ses idées sur la domination du monde», dans André Allix, Raymond Guillien, Jacque Lambert et Robert Pelloux, «Les Fondements de la politique extérieure des États-Unis», *Cahiers de la Fondation nationale des sciences politiques*, n° 8, Paris, A. Colin, 1949, p. 169.

« un nouveau Machiavel » et il lui adresse deux objections : son réalisme exclut du réel les valeurs qui jouent un rôle dans la politique des nations et son intransigeance rend *de facto* toute paix impossible. Il note aussi une certaine « analogie de pensée » entre ce livre et *Le Grand Schisme,* publié par Aron en 1948 : les deux ouvrages convergent sur l'unification du monde, sur l'impossibilité pour l'Europe d'être neutre ou encore sur la légitimité des mesures coercitives envisagées contre les partis communistes : « cette ressemblance entre les deux livres, par ailleurs si différents par leur esprit et leur manière, est un phénomène de rencontre plus que de filiation. Il y a lieu de le rattacher à l'évolution politique de l'auteur du *Grand Schisme* », explique Robert Pelloux[29]. Il termine en précisant que Burnham n'influence guère la politique étrangère américaine et qu'il est davantage influent en Europe. Si la politique des États-Unis a changé, c'est uniquement sous l'effet des événements, le livre de Burnham se présentant rétrospectivement « comme une anticipation ». Au total, le principal intérêt de ce livre réside dans « ses thèses originales, ses affirmations brutales, sa manière réaliste et vigoureuse de poser la question et de démasquer l'adversaire[30] ».

En cette fin des années 1940, les liens sont devenus étroits entre Calmann-Lévy et Burnham : lorsqu'il se rend à Paris, Robert et Pierre Calmann-Lévy l'aident à organiser ses séjours ; en retour, Burnham leur conseille des livres à faire traduire, comme *Witness*, publié en 1952 par l'ancien espion communiste Whittaker Chambers – un autre militant anticommuniste et futur collaborateur de la

29. *Ibid.*, p. 203, note 1.
30. *Ibid.*, p. 204

National Review – qui est alors un best-seller aux États-Unis et qui deviendra une «bible» du conservatisme populiste. Par ailleurs, les liens avec Aron sont suffisamment forts pour que Burnham l'accueille chez lui lors de son premier voyage aux États-Unis, en 1950[31]. Il faut dire que l'année précédente, un troisième livre de Burnham, proposé dès 1946 à Calmann-Lévy[32], a été publié dans sa collection. Il s'agit de la traduction de *The Machiavellians*, cette fois imprimé à seulement 4 400 exemplaires. Ce livre étudie la postérité de Machiavel aux XIXe et XXe siècles, l'idée centrale étant que les successeurs de l'auteur du *Prince* – Gaetano Mosca, Roberto Michels et surtout Vilfredo Pareto – seraient les plus efficaces défenseurs de la liberté. La réception de ce livre est elle aussi assez limitée : si Aron obtient la publication de «bonnes feuilles» dans *Preuves*, on ne rencontre que quelques mentions dans *La République du Centre*, le *Mercure de France*, *La Tribune des nations* et *Études*.

Exception notable : la lecture critique très polémique signée Jean-Marie Domenach dans *Esprit*. Il explique en effet que le livre prend la forme d'un assemblage de fiches de lecture ennuyeuses au service d'une «politique empirique et pessimiste». Mais plus grave encore : «ces théories groupées et systématisées n'ont de sens que dans une perspective fasciste dont Burnham ne souffle mot[33]». Autre exception : dans la revue *Critique*, le phi-

31. Raymond Aron, *Mémoires. 50 ans de réflexion politique*, *op. cit.*, p. 324.

32. Lettre de Margueritte Focillon à Calmann-Lévy, 14 février 1946, Archives Calmann-Lévy, cote CL 4, c/c 11, n° 2, dossier «James Burnham».

33. Jean-Marie Domenach, *Esprit*, octobre 1949.

losophe Éric Weil – ami proche de Raymond Aron – ne retient pas non plus ses coups. Dans un article intitulé « Machiavel aujourd'hui », il recense, avec d'autres livres consacrés au Florentin, le livre de Burnham. Et il profite de l'occasion pour dénoncer le « cynisme au rabais » des réalistes qui réduisent la politique à la lutte pour le pouvoir : « certes, on peut dire que toute politique est une lutte pour le pouvoir. Mais ce qu'on désire apprendre, c'est de quel pouvoir il s'agit, de quelles formes de lutte, de quels hommes. » Il s'en prend alors à ces penseurs réalistes « qui se flattent d'avoir évité toute métaphysique, parce qu'ils ne se sont jamais donné la peine de réfléchir sur la leur[34] ».

En octobre 1950, année de création du Congrès pour la liberté de la culture, dont Burnham est alors l'une des grandes figures, Calmann-Lévy publie son nouvel opus. Ce livre a pour titre *Pour vaincre l'impérialisme soviétique* et il est prudemment tiré à seulement 3 330 exemplaires. Notons que le titre original est *The Coming Defeat of Communism* et que Calmann-Lévy a fait le choix de transformer un énoncé prophétique en un énoncé plus programmatique. Si la tonalité martiale du titre original n'est pas reprise dans le titre de l'édition française, elle se retrouve néanmoins dans les pages du livre qui prolonge *Pour la domination mondiale*. Le sommaire est découpé en quatre blocs : une partie « révision » qui se réfère notamment à la nécessité de revoir toute la politique étrangère américaine ; une partie « analyse » qui porte principalement sur les caractéristiques de la guerre moderne et qui insiste sur « la vulnérabilité de l'Empire communiste » ;

34. Éric Weil, « Machiavel aujourd'hui », *Critique*, n° 46, mars 1951.

une partie «plan» dans laquelle l'auteur appelle de ses vœux «un revirement vers l'offensive», une «attaque de propagande» et une «guerre de résistance»; une partie «organisation» enfin, dans laquelle Burnham consacre des chapitres à «la direction de la guerre politico-subversive», à «la manie du suicide des hommes d'affaires américains» et au «caractère inévitable de la défaite communiste».

Dans ce chapitre final, Burnham défend une thèse différente de ses positions précédentes. Il ne s'agit plus de mettre en garde contre un risque de victoire soviétique, mais au contraire d'insister sur l'inexorable victoire américaine – et occidentale. Longtemps analyste pessimiste, Burnham se mue alors en prophète optimiste. Il commence ce chapitre conclusif en rappelant que les Soviétiques ont certes conforté leur avance entre 1947 et 1949, mais que «l'allure de leurs progrès a du moins été ralentie[35]». La cause principale est le changement de la politique étrangère américaine qui, si elle est encore insuffisamment offensive, a le mérite de s'éloigner de la fameuse «politique du vacillement». Et Burnham de préciser, en écho à l'aventure qui commence avec le Congrès pour la liberté de la culture, que «la résistance anticommuniste a commencé à se durcir dans le monde entier, comme lorsque le corps humain se met à se défendre contre un abcès[36]». À cet égard, il précise dans une note de bas de page que si le camp anticommuniste «inclut des réactionnaires et des dictateurs et qu'il pourra être obligé de restreindre les libertés au cours de la lutte, il est et restera incomparablement *plus* démocratique, *plus*

35. James Burnham, *Pour vaincre l'impérialisme soviétique*, Paris, Calmann-Lévy, 1950, p. 342.

36. *Ibid.*, p. 343.

libre que le camp communiste[37] ». La politique appelée par la suite du « double standard » est ainsi légitimée.

Par ailleurs, Burnham considère que les États-Unis ont dépassé l'URSS sur tous les plans, sauf la position stratégique et la direction politique, ce dernier point lui semblant le plus décisif des deux. Pour l'auteur des *Machiavéliens*, les questions de la qualité de la direction politique et de la volonté politique sont les deux questions centrales. Burnham livre alors un panégyrique des États-Unis, décrits comme « une *affaire qui marche*, et une jeune affaire[38] ». Ses fragilités n'entament plus, désormais, son optimisme quant à l'issue de l'affrontement : « la défaite du communisme, probable en vertu des faits, est également *inévitable* parce qu'il y a suffisamment d'hommes résolus dans le monde – et dont le nombre s'accroît chaque jour – qui l'ont décidée. [...] l'issue n'est plus douteuse[39] ». La réception de ce livre est lancée par la publication de « bonnes feuilles » dans *Le Monde* en novembre 1950 et dans *Preuves* en février 1951. On trouve également des mentions ou recensions dans *Témoignage chrétien*, *Combat*, *Franc-Tireur*, *Le Populaire*, *Aspects de la France*, *Le Soir*, *La Revue socialiste*, *Esprit*, *Carrefour*, *La République du Centre*, *La France catholique* et la *Revue économique*. Il semble ainsi avoir été davantage discuté que *Pour la domination mondiale*.

Trois ans plus tard, l'année de la mort de Staline, Calmann-Lévy publie un dernier livre de Burnham sous le titre *Contenir ou libérer*. Le tirage est à nouveau prudent : il s'élève à 3 275 exemplaires. Ce livre, dont la

37. *Ibid.*, p. 345, note 1.
38. *Ibid.*, p. 349. Souligné par l'auteur.
39. *Ibid.*, p. 350.

note présentant l'auteur précise, en écho aux activités de Burnham au Congrès pour la liberté de la culture, qu'«il a beaucoup voyagé depuis la guerre, afin de prendre contact avec les personnes officielles et non officielles activement anticommunistes et de travailler avec elles[40] », est composé de trois parties intitulées «L'endiguement», «Géopolitique» et «Libération». Burnham s'en prend à la politique de l'endiguement soutenue par George Kennan[41] et il défend une politique beaucoup plus offensive qu'il baptise «politique de libération». Elle découle de sa conception du communisme comme «une entreprise mondiale centralisée, disciplinée, géographiquement basée sur l'Union soviétique, mais qui opère partout» et qui «*est apporté* par les agents et l'influence de cette entreprise dynamique[42] ».

Face à elle, il faut donc affirmer – c'est le titre d'un chapitre – la primauté de la politique. Et Burnham de redire que la victoire des démocraties ne viendra que par l'affirmation d'une volonté politique implacable, qui doit passer par l'acceptation des règles de ce qu'il appelle «la guerre politique». Pour l'instant en effet, les communistes affirment leur volonté de vaincre leur ennemi, alors que les États-Unis expriment surtout «l'expression du désir d'être aimé[43] »: on retrouve ici l'argument de «la politique du vacillement». C'est pour modifier cette situation qu'il milite pour l'adoption d'une vigoureuse

40. James Burnham, *Contenir ou libérer*, Paris, Calmann-Lévy, 1953, p. 325.

41. Cf. les deux articles célèbres publiés par ce dernier dans *Foreign Affairs*: «Origines de la conduite soviétique» en juillet 1947 et «L'Amérique et l'avenir de la Russie» en avril 1951.

42. *Ibid.*, p. 177-178.

43. *Ibid.*, p. 203.

politique de refoulement s'opposant au *containment* prôné par Kennan. Ce dernier est en effet intrinsèquement lié à une double erreur : erreur sur la nature du communisme, qui est une entreprise révolutionnaire et impérialiste ; erreur sur l'action adaptée, l'endiguement revenant à laisser l'initiative à un adversaire plus déterminé.

Et si l'URSS parvient à consolider ce qu'elle a acquis, sa victoire est pour Burnham inévitable, comme le savent les leaders soviétiques :

> Les dirigeants communistes connaissent leur position. Ils savent qu'ils peuvent l'emporter si, pour le moment, ils ne font que conserver et développer ce qu'ils détiennent, et ils savent aussi qu'ils perdront la partie si une campagne de grande envergure est entreprise contre eux. Leur tactique actuelle est de détourner le monde extérieur de la politique de libération, au moyen de la guerre politique et de la terreur psychologique, pendant qu'ils détruisent ce qu'on pourrait appeler les prémices internes de la libération. Par des purges, l'endoctrinement de la jeunesse, la russification, la famine contrôlée, la falsification de la culture et de l'histoire, l'envoi dans des camps de travail forcé et les échanges massifs de populations, ils procèdent à un *génocide* conscient et systématique[44].

Pour éviter la poursuite de ce « génocide », Burnham incite le camp occidental à la préparation d'une invasion de l'Europe de l'Est : avec ce livre il prend des positions « maximalistes » qui vont le marginaliser dans le débat politique et intellectuel, aussi bien aux États-Unis qu'en France.

---

44. *Ibid.*, p. 271-272.

Avant cela, son livre bénéficie d'une réception assez abondante : on peut citer des articles de Jean de Fabrègues dans *La France catholique*, d'André Fontaine dans *Le Monde*, ainsi que des recensions publiées dans *Les Écrits de Paris*, *La Table ronde*, *Paris-Presse*, *La Tribune des Nations*, *La Tribune de Genève*, *Notre Temps*, *Le Soir*, *Les Nouvelles littéraires*, *Aspects de la France* ou encore *Rivarol*. Mais si l'ouvrage est bien reçu à droite, il l'est nettement moins à gauche. Le titre d'un article publié dans *Le Populaire*, journal de la SFIO, en donne la tonalité générale : on y voit « Une bible pour McCarthy, MacArthur and Co[45] ». Le plus étrange est qu'Aron lui-même a pu encourager une telle réception, en raison de la distance qu'il entretenait avec les thèses « va-t-en-guerre » de cet auteur sulfureux qu'il avait pourtant, plus que quiconque, travaillé à faire connaître en France. C'est ce paradoxe qu'il nous faut maintenant envisager.

3. UNE IMPORTATION PARADOXALE

Pour Raymond Aron, si James Burnham est bien un allié dans le contexte de la guerre froide, il ne faut pas acquiescer à toutes ses analyses et il faut surtout se défier de son audace qui frôle, à l'heure de la bombe atomique, l'inconscience. Quelle est alors la logique de l'importation, dans le débat français, de cet auteur ?

45. Claude de Fréminville, « Une bible pour McCarthy, Mac Arthur and C° : *Contenir ou libérer*, de James Burnham », *Le Populaire*, 27 juillet 1953. L'auteur est un journaliste proche d'Albert Camus, et travaille alors dans le quotidien dirigé par Léon Blum entre 1946 et 1950.

Il semble, à la lecture des textes d'Aron, qu'il s'agisse de mettre en débat des thèses burnhamiennes de plus en plus marquées par la radicalité, de manière à justifier, en contrepoint, des positions plus modérées. C'est le cas dans de nombreux textes et cela bien que la réputation d'Aron soit, à cette époque, celle d'un affidé des États-Unis : Waldemar Gurian lui écrit ainsi en 1950, sur un papier à en-tête de la *Review of Politics*, que le philosophe néothomiste Étienne Gilson, proche du Mouvement des républicains populaires, et « qui est en ce moment à Notre-Dame, a raconté que vous être un agent payé par les États-Unis ». À quoi Gurian ajoute : « je crois qu'elle [cette accusation] a seulement augmenté l'intérêt pour vous[46] ».

Illustrons cette position d'« importateur critique » : Aron commente le livre *Contenir ou libérer* dans la revue *Liberté de l'esprit* un an avant de le faire publier. Et il lui adresse une objection dirimante qui est la suivante : « La victoire totale, c'est-à-dire la destruction de la conspiration mondiale stalinienne, rien ne prouve qu'elle soit accessible sans l'emploi des moyens réservés à la guerre totale. Il est donc déplorable de se donner pour objectif une telle victoire qui risque de conduire logiquement aux catastrophes que l'on prétend éviter. » Le jugement paraît définitif. Pour autant, Aron s'accorde avec Burnham sur l'idée selon laquelle « il faut répondre à l'agression soviétique sur les terrains mêmes où elle se déroule (noyautage, sabotage, propagande, etc.) et aussi retourner contre l'empire stalinien la technique que celui-ci met en œuvre contre le monde

46. Lettre de Waldemar Gurian à Raymond Aron, 2 décembre 1950, Archives Raymond Aron, BNF, cote NAF 28060, boîte 209. Souligné par l'auteur.

libre[47] ». Bref, Aron exprime à l'égard de Burnham un accord sur les moyens – la lutte politique et idéologique contre le communisme – mais non sur les fins – la destruction totale de l'ennemi. Sa crainte des conséquences, à l'heure de l'arme nucléaire, d'un nouveau conflit mondial le prémunit contre les excès de l'essayiste américain.

Par conséquent, il rejette la possibilité de la politique du refoulement que défend Burnham, l'Occident n'en ayant pas les moyens militaires et cet objectif étant extrêmement périlleux. L'idée de refoulement n'est pour lui qu'un élément qui doit venir compléter celle d'endiguement : « il s'agit moins d'alternatives que de démarches complémentaires ou de distinctions entre objectif minimum et objectif maximum[48] ». À la suite de la publication de cet article, Burnham écrit d'ailleurs à Aron pour s'émouvoir d'être classé dans le camp de ceux qui appellent à une « croisade » plutôt que dans le camp des réalistes : « *What I have argued is perhaps that the unprecedented situation brings it about that political realism today must contain elements of what would formerly have seemed like a crusade*[49]. » À quoi il ajoute : « *Through the policy that is being followed, we are exhausting ourselves and our friends more than we are injuring the enemy. And the effects of the election campaign here induced a*

47. Raymond Aron, « En quête d'une stratégie. II. Les fausses alternatives », *Liberté de l'esprit*, avril 1952.

48. *Idem.*

49. Lettre de James Burnham à Raymond Aron, 30 avril 1952, Archives Raymond Aron, BNF, cote NAF 28060, boîte 209. « Ce que j'ai soutenu, c'est que la situation inédite implique que le réalisme politique d'aujourd'hui doit contenir des éléments de ce qui aurait autrefois ressemblé à une croisade. »

cumulative paralysis of which Stalin takes carefully advantage[50] », faisant référence à la campagne électorale qui voit s'opposer Eisenhower et Stevenson. En un mot, Burnham s'étonne d'être considéré par Aron comme un « croisé » de l'anticommunisme.

Un an plus tard, Aron publie la traduction de cet ouvrage, qu'il fait accompagner d'une postface qu'il donne également à la revue *Liberté de l'esprit*[51]. Aron y explique longuement – le texte fait près de 50 pages – pourquoi Burnham a tort, et avec lui ceux qui sont animés par ce qu'il appelle « l'esprit de croisade ». Quelles sont les articulations principales de cette prise de distance ? Rappelons tout d'abord que l'anticommunisme d'Aron n'a jamais été similaire à celui des plus virulents, tels que Koestler et Burnham : il a toujours insisté sur les limites des démocraties, mais aussi sur les réussites du communisme, sur la légitimité de son inspiration et même sur son ancrage dans la philosophie des Lumières. Il ne s'agit donc pas, dans son cas, d'un anticommunisme sommaire reflétant une défense de classe ou des opinions conservatrices. Si Aron reconnaît ensuite à Burnham le courage de poser des questions généralement éludées, notamment celle de savoir s'il est possible de vaincre en demeurant uniquement sur la défensive, il lui reproche néanmoins de caricaturer la politique de *containment*, qui est plutôt une coexistence non pacifique qu'une

50. *Idem*. « En suivant la politique qui est la nôtre, nous nous épuisons, nous et nos amis, plus que nous ne blessons l'ennemi. Et les effets de la campagne électorale ont induit une paralysie dont Staline tire soigneusement profit. »

51. Raymond Aron, « James Burnham et la politique de libération », *Liberté de l'esprit*, mai 1953.

coexistence pacifique : à cet égard, Aron est plus proche de George Kennan.

S'il considère que la description de Burnham est « un peu poussée au noir », Aron s'accorde avec certains jugements particuliers, mais tout en rejetant la conclusion générale qu'il en tire, au motif qu'une stratégie offensive « ne conduirait pas non plus à la libération sans guerre générale[52] ». Aron se montre par ailleurs sceptique sur la « guerre politique » et les « opérations clandestines » que Burnham propose : les communistes jouissent en effet d'une grande liberté d'action dans ce domaine, en raison des caractéristiques des démocraties, alors que l'inverse n'est pas vrai. D'où la formulation d'un constat étonnant de la part d'un intellectuel pleinement engagé dans le combat idéologique contre le communisme : « la libération, concevable mais dans l'immédiat improbable, dépendra, demain comme aujourd'hui, davantage des événements qui se produiront à Moscou et à Prague que des cogitations américaines, à New York et à Washington[53] ». Aron s'en tient donc à la position formulée dans *Le Grand Schisme* : « paix impossible, guerre improbable ». Pour lui, « la proclamation d'un objectif grandiose – libération – ne nous apprend rien sur ce que nous devons savoir[54] ». Il faut donc se défier des postures martiales de Burnham et assumer une modération qui repose sur une idée moins déraisonnable : la guerre froide doit demeurer « le substitut et non la préparation de la guerre totale », car « la probabilité des destructions massives est telle que l'action

52. Raymond Aron, « Postface », dans James Burnham, *Contenir ou libérer*, Paris, Calmann-Lévy, 1953, p. 281 et 287.
53. *Ibid.*, p. 290.
54. *Ibid.*, p. 294.

raisonnable se donne avant tout pour objectif de maintenir le conflit à l'intérieur des limites de la guerre froide[55] ».

Cette prise de position claire n'empêche pas Aron d'assumer la publication du livre, pour des raisons autres que la politique étrangère défendue par Burnham. Ces raisons sont d'ordre à la fois politique et moral et doivent inciter à désigner l'ennemi :

> L'auteur des *Machiavéliens* prend énergiquement la défense de l'esprit de croisade et plusieurs de ses arguments me paraissent convaincants. Si l'on ne juge pas que la suppression des libertés politiques, la mise au pas de la culture, les camps de concentration appartiennent à l'ordre du mal, sur quoi porterons-nous encore des jugements moraux ? S'il nous paraît indifférent que la sécurité des individus ne soit pas assurée, que les penseurs n'aient pas la liberté de création, que des gouvernants incultes tranchent de la vérité scientifique, quel phénomène politique suscitera encore notre indignation ? Le scepticisme français, le penchant à confondre tous les régimes témoigne trop souvent d'une démission de la conscience. Mais entre l'esprit de croisade, qui verrait dans le communisme le mal absolu, et l'esprit d'abdication, qui regarderait avec la même sérénité les concentrationnaires et les travailleurs libres, se situe le jugement historique qui reconnaît les différences entre les systèmes, sans accorder à aucun de ces derniers le bénéfice d'une absolution ou d'une condamnation inconditionnelle[56].

Aron exprime parfaitement, dans ce texte, la difficulté de sa position intermédiaire entre les anticommunistes

---

55. *Ibid.*, p. 311.
56. *Ibid.*, p. 319-320.

« durs » et les neutralistes : « Depuis des années, je polémique contre les Européens qui, sous prétexte d'objectivité ou par préjugés de gauche, ne voient rien à préférer, ici ou là. Aujourd'hui, il me faut polémiquer contre ceux, d'un côté ou de l'autre de l'Atlantique, qui rendraient le communisme stalinien responsable de tous les troubles du monde et ne renonceraient, pour l'abattre, à aucun moyen, pas même la guerre totale[57]. » Cela le conduit à opérer une précision sur sa conception du rôle des intellectuels. Doivent-ils « attiser les passions – les leurs ou celles des autres – ou garder la tête froide ? Ne peuvent-ils pas détester le stalinisme et montrer pourquoi on doit le combattre, sans en faire une sorte de dragon dont les anticommunistes seraient le saint Georges victorieux ? Ne peut-on prendre des précautions contre la trahison des staliniens, sans tomber dans les excès, inutiles et déplorables, du maccarthysme[58] ? » feint-il de s'interroger tout en condamnant implicitement la position de Burnham. En matière d'anticommunisme comme en matière de communisme, Aron préfère se situer dans le camp des sceptiques plutôt que dans celui des fanatiques.

Il ne se fait donc aucune illusion sur la réception du livre de Burnham qu'il publie, et dont il anticipe avec lucidité les termes :

> Mon ami Burnham appartient à cette petite troupe [des fanatiques qui font l'Histoire]. [...] Dans ce livre, il veut s'exprimer en homme d'action et non en pur observateur, communiquer la passion anticommuniste qui l'anime, convaincre ses compatriotes que la conjoncture

57. *Ibid.*, p. 320.
58. *Ibid.*, p. 321.

> est grave et qu'un effort total sauvera seul l'Occident et les États-Unis. Je ne lui reproche ni son angoisse ni sa ferveur prosélyte. En Europe, où trop souvent l'esprit de démission s'exprime par la résignation à une prétendue fatalité, il donne un exemple de volonté combative. Mais son exemple sera-t-il suivi ? Recrutera-t-il des adeptes ou des adversaires ? Le deuxième terme de l'alternative me paraît plus probable que le premier[59].

Aron sait très bien que les Européens n'écouteront pas Burnham : ils sont en effet appelés à la prudence par leur passé et par l'expérience récente des deux guerres mondiales. Par conséquent, explique-t-il, si « on ne peut trancher le conflit, il faut l'user[60] » : survivre, c'est vaincre, comme il l'affirmera des années plus tard dans *Paix et Guerre entre les nations*.

Interpellé par un lecteur de la revue *Liberté de l'esprit*, Aron lui répond d'une manière pour le moins sèche :

> [...] M. Ulatowski condamne comme nihiliste une politique qui combine endiguement et guerre psychologique. Je demande à tous mes amis d'Europe orientale, qui connaissent mes sentiments, le droit de parler franchement. Quelles sont les politiques possibles ? La première serait d'armer au maximum et, d'ici deux ou trois ans, de donner à l'Union soviétique le choix entre la guerre et l'évacuation de l'Europe orientale. Chacun est libre d'estimer à sa façon la probabilité d'une capitulation soviétique. Le fait est que ni les gouvernements ni les peuples d'Europe et d'Amérique ne sont prêts à cette entreprise. La deuxième politique serait d'offrir aux

59. *Ibid.*, p. 322.
60. *Ibid.*, p. 323.

> Russes un accord sur la base du *statu quo* et de dire aux peuples d'Europe orientale qu'ils doivent se résigner à leur sort. La troisième est de repousser la consécration du *statu quo*, de dire aux peuples d'Europe orientale que nous n'oublions pas la solidarité entre Européens, mais sans éveiller des espoirs de libération prochaine. James Burnham se défend, dans son livre, de vouloir éveiller "de faux espoirs", mais, en fait, s'il ne recommande pas la politique n° 1, celle de l'ultimatum, il retombe simplement dans la troisième. Quant à M. Ulatowski, il ne nous dit pas la politique qu'il recommande. Or il est facile de critiquer chacune des trois politiques possibles. Ce qui reste à démontrer, c'est qu'il y en ait une quatrième[61].

Par la suite, Aron continue à défendre son « ami Burnham », devenu grâce à lui si connu en France qu'il sera bientôt intégré par Simone de Beauvoir, aux côtés de son éditeur, dans la liste des représentants de la « pensée de droite[62] ». Mais il cesse néanmoins de le publier, en accord avec les dirigeants de Calmann-Lévy. Plus encore, il prend ses distances avec la thèse centrale de *L'Ère des organisateurs*, bientôt décrite comme une « mythologie » comparable à la « mythologie marxiste[63] ». La rupture est ici consommée. Avec Pierre Grémion, on peut considérer

61. Jan Ulatowski, « Correspondance. À propos de "James Burnham et la politique de libération" », *Preuves*, juillet 1953.

62. Simone de Beauvoir, « La pensée de droite aujourd'hui », *Les Temps Modernes*, mai 1955. Elle écrit notamment dans cet article cette formule mémorable : « la vérité est une ; l'erreur est multiple. Ce n'est pas un hasard si la droite professe le pluralisme. » Cf. également la réponse d'Aron : Raymond Aron, « Mme de Beauvoir et la pensée de droite », *Le Figaro littéraire*, 21 janvier 1956.

63. Raymond Aron, « André Siegfried et les trois Républiques. Le problème du régime », *Le Figaro littéraire*, 23 avril 1959.

que le passage d'une guerre froide de type 1 ou « guerre froide chaude » à une guerre froide de type 2 « marquée par une relative détente[64] » rend Burnham moins utile, d'autant que son soutien au maccarthysme le rend infréquentable.

Ce « moment Burnham », qui demeure essentiel pour comprendre l'engagement politique de Calmann-Lévy, prend fin avec la mort de Staline. Significatif de cela, le fait que la maison d'édition refuse de traduire *The Web of Subversion: Underground Networks in the U.S. Government*, que Burnham publie en 1954. Le livre lui est proposé par l'éditeur américain John Day, mais Robert Calmann-Lévy répond par la négative, avec la diplomatie habituelle des mœurs de l'édition : « Nous reconnaissons évidemment la valeur de l'ouvrage, mais nous craignons que ce livre – particulièrement destiné aux Américains – ne risque de heurter l'opinion française très sensible déjà aux manifestations du Mac-Carthysme [*sic*]. Une traduction française ne manquerait pas d'être utilisée par la propagande anti-américaine et pourrait, d'autre part, nuire à la position excellente que Burnham s'est faite auprès du public de notre pays[65]. » Alors que Burnham poursuit sa translation vers la droite – il publiera à partir de 1955 dans la *National Review* – la maison d'édition prend ses distances. Et ce ne sera pas transitoire.

64. Pierre Grémion, *Intelligence de l'anticommunisme. Le Congrès pour la liberté de la culture à Paris, 1950-1975*, Paris, Fayard, 1995, p. 340.

65. Lettre de Robert Calmann-Lévy à John Day Company, 11 février 1954, Archives Calmann-Lévy, cote CL 4, c/c 11, n° 2, dossier « James Burnham ».

Dix ans plus tard, l'agent de Burnham en France propose à Calmann-Lévy le manuscrit de *Suicide of the West. An Essay on the Meaning and Destinity of Liberalism.* Le rapport de lecture rédigé par Jean-Claude Dumoulin, journaliste de politique étrangère, est très sévère : il y voit « une opération de politique intérieure » visant « l'assassinat moral des idées de John Fitzgerald Kennedy[66] ». Ce livre, qu'il interprète assez justement comme « un règlement de comptes entre deux fractions du Département d'État », constitue d'autre part un plaidoyer « en faveur du conservatisme en tant que doctrine nécessaire à la survie de l'Occident ». Qu'un ancien trotskiste plaide en faveur du conservatisme contre les *liberals*, « cela peut être curieux pour les amateurs d'humour noir ; encore faudrait-il que le lecteur fût mis au courant de l'évolution idéologique de Burnham pour goûter tout le sel de la situation », explique avec ironie le lecteur. Son jugement final tombe comme un couperet :

> En résumé, la publication de ce livre en France ne me paraît pas spécialement opportune, d'une part parce qu'il est centré sur un débat idéologique typiquement américain, d'autre part parce que c'est prêter la main à une opération de politique intérieure américaine en faveur des milieux les plus réactionnaires des États-Unis. En effet, si l'on va au-delà du débat idéologique qui est le prétexte du livre, on voit qu'il met en cause toute la politique de Kennedy : tant sur le plan de l'égalité raciale que sur celui de l'assurance maladie ou de la retraite des vieux, de l'aide aux pays sous-développés ou de la coexistence pacifique.

66. Jean-Claude Dumoulin, rapport de lecture, 1964, Archives Calmann-Lévy, cote CL 4, c/c 11, n° 2, dossier « James Burnham ».

Il s'ensuit une discussion avec l'agent de Burnham sur le montant d'éventuels droits, mais le rapport a probablement convaincu Robert Calmann-Lévy de laisser tomber le projet : de fait, le livre ne sera jamais traduit. Seule une réédition de *L'Ère des organisateurs* est envisagée en 1969, le rapport de lecture militant pour l'adjonction d'une nouvelle introduction « que nous pourrions demander à un marxiste non orthodoxe et non engagé dans le PC » et qui « permettrait d'introduire certaines idées de mai [68] et par conséquent d'actualiser le texte[67] ». La maison Calmann-Lévy renoue alors, en republiant cet ouvrage qui fut, en son temps, un best-seller, avec Burnham, mais davantage pour des raisons économiques que politiques. Cela fait longtemps qu'en suivant Raymond Aron elle s'est éloignée d'un « croisé » de la guerre froide devenu apologiste de la réaction.

67. Rapport de lecture non signé, 1969, Archives Calmann-Lévy, cote CL 4, c/c 11, n° 2, dossier « James Burnham ».

III

LES ANNÉES 1950 : UN ANTICOMMUNISME EXISTENTIEL

Pour Calmann-Lévy, le contexte d'après-guerre impose de faire du combat anticommuniste une priorité. C'est aussi le cas de Raymond Aron, qui considère que la lutte contre le communisme est le combat qui doit, à cette époque, guider l'ensemble de l'engagement politique : il répétait souvent à son entourage que l'anticommunisme était le combat d'une vie. En ce début des années 1950, comme par la suite, c'est clairement pour eux la priorité à laquelle tout le reste doit être subordonné. Avec le passage de « la guerre froide chaude » à « la guerre froide tiède » entre 1953 – année de la mort de Staline – et 1956 – année du rapport Khrouchtchev –, l'urgence se fait moindre, mais l'impératif d'engagement demeure.

Durant les années 1950, l'identité de la maison d'édition et de la collection reste conforme au projet initial : l'anticommunisme constitue son marqueur principal, auquel s'accolera rapidement une revendication d'appartenance au camp « libéral ». Au terme de cette décennie, un antitotalitarisme libéral aux contours larges mais relativement bien circonscrits constitue la « ligne » politique de cette entreprise éditoriale. Durant ces treize premières années d'existence, les éditions Calmann-Lévy publient 41 titres dans la collection «Liberté de l'esprit»: ce rythme moyen de 3 livres par an permet de construire un catalogue riche et diversifié. Ajoutons ici deux éléments décisifs. Le premier, c'est que Pierre Calmann-Lévy, inquiet d'une subversion communiste, quitte la France en 1953 en laissant à son frère aîné la gestion de l'entreprise familiale: cette situation sera définitive. Le second, c'est que le modèle économique de Calmann-Lévy se modifie de manière significative au milieu des années 1950.

La maison d'édition avait en effet lancé, avant-guerre, la «collection Pourpre» qui éditait des livres en petit format avec une couverture cartonnée et un titre en lettres dorées: il s'agit de l'ancêtre du Livre de Poche. En 1953, Le Livre de Poche absorbe cette collection au terme d'une négociation durant laquelle Robert Calmann-Lévy lui cède ce fonds – l'un des plus riches de la place parisienne. En échange, l'éditeur obtient un pourcentage sur l'ensemble des ouvrages publiés par Le Livre de Poche, qu'ils proviennent ou non du fonds de Calmann-Lévy. Avec le succès de ce format, Calmann-Lévy reçoit bientôt tous les ans une somme suffisante pour ne plus avoir vraiment besoin de publier des nouveautés pour vivre. Les conséquences sont considérables: Robert Calmann-Lévy n'est désormais plus soumis à la contrainte d'être rentable avec les seuls livres qu'il publie. La collection «Liberté de l'esprit» profite de cette sécurité financière, qui l'allège d'une contrainte majeure du monde de l'édition. Cette situation durera jusqu'au milieu des années 1970, date à laquelle ce contrat est renégocié d'une manière moins avantageuse pour la maison Calmann-Lévy.

1. LE COMMUNISME RÉALISÉ : UN TOTALITARISME À DÉNONCER

Si on laisse de côté le premier livre traduit de James Burnham, qui date de 1947 et qui a fait l'objet d'un lancement en grande pompe dans *Le Figaro*, le premier ouvrage de « Liberté de l'esprit » consacré au phénomène communiste est un essai publié sous un titre éloquent : *La Tragédie du marxisme*. Ce livre, sorti en librairie à l'automne 1948, porte comme sous-titre *Du Manifeste communiste à la stratégie totalitaire*. « Totalitaire » : le mot est d'importance, tant il fonde l'identité d'une collection qui prétend combattre cet ennemi, du moins, dans le contexte de la fin des années 1940, sa variante communiste. Mais tout en étant fidèle à ce projet, ce livre se singularise par une attraction évidente pour ce qui est décrit comme une idée noble trahie par sa mise en pratique par les bolcheviks. Il faut dire que son auteur est Michel Collinet, de l'itinéraire duquel il faut indiquer les principales étapes[1].

Né en 1904, Collinet est un enseignant agrégé de mathématiques, mais il est surtout un infatigable militant politique et syndical. Il a adhéré aux Jeunesses communistes en 1925 avant de se rapprocher de Boris Souvarine, auteur durant la décennie suivante d'une biographie de Staline dans laquelle il décrit le régime soviétique – le fait est rare à l'époque, surtout à gauche – comme une négation du socialisme[2]. Collinet a en effet rapidement évolué vers

1. Cf. la notice que lui a consacré le *Maitron* : https://maitron.fr/spip.php?article20375.

2. Boris Souvarine, *Staline. Aperçu historique du bolchevisme*, Paris, Plon, 1935.

l'opposition de gauche au bolchevisme, ce qui le rapproche de Trotsky. Il est très actif dans le syndicalisme enseignant, à la Fédération unitaire de l'enseignement. Durant la décennie suivante, Collinet a ensuite adhéré à la Section française de l'internationale ouvrière (SFIO), le parti socialiste de l'époque, et il y appartient à la tendance, qu'il a contribué à créer, baptisée « gauche révolutionnaire ». Il milite également durant ces années en faveur de la cause espagnole. Lorsque cette tendance est exclue de la SFIO, en 1938, il rejoint Marceau Pivert au Parti socialiste ouvrier et paysan. D'abord plutôt munichois, il évolue cependant rapidement, par rejet de l'hitlérisme et du stalinisme, vers des positions hostiles au pacifisme.

Encadré n° 7 – Nombre de titres publiés dans « Liberté de l'esprit » par an (1947-1960)

Durant la guerre, Michel Collinet participe à la Résistance, notamment au groupe « Ceux de la Résistance », dont il dirige la revue à la Libération. Après 1945, il décide de consacrer son activité à la rédaction d'ouvrages sur le mouvement ouvrier. C'est aussi l'époque où il adhère à CGT-Force ouvrière, syndicat qui se crée en 1947 : il se rapproche ainsi du pôle réformiste, cette confédération syndicale étant née de la scission d'avec une Confédération générale du travail (CGT) de plus en plus dominée par les communistes. Cette orientation anticommuniste est confirmée l'année suivante par la publication de *La Tragédie du marxisme*, bientôt suivie de son engagement au sein du Congrès pour la liberté de la culture.

Il sera ensuite durablement présent dans les sommaires de *Preuves*, puis de la revue *Le Contrat social*, mise sur pied en 1957 par Boris Souvarine et dont Aron est la principale référence. Ajoutons que Collinet appartiendra en 1961 à la Commission pour la vérité sur les crimes de Staline : il côtoiera à son bureau Théo Bernard, Julian Gorkin, Gérard Jaquet, Maurice Nadeau, Pierre Naville, Gérard Rosenthal, Alfred Rosmer, David Rousset et Manès Sperber[3]. Dès la fin des années 1940, Michel Collinet évolue donc dans cette mouvance singulière qui est celle des anticommunistes de gauche ne dédaignant pas de joindre leurs forces à

3. Cf. « Un appel de la Commission pour la vérité sur les crimes de Staline », *Le Monde*, 10 février 1962. Elle réunit des figures de l'anticommunisme de gauche : Théo Bernard est un ancien trotskiste ayant participé au Rassemblement démocratique révolutionnaire (RDR), Julian Gorkin est un ancien dirigeant du parti communiste espagnol et opposant à Franco ; Gérard Jacquet, un dirigeant de la SFIO ; Maurice Nadeau, un ancien communiste proche de Rousset, Camus et Sartre ; Pierre Naville, un sociologue passé par le communisme ; Gérard Rosenthal, un ancien trotskiste passé par le RDR et Alfred Rosmer, un ancien trotskiste.

des anticommunistes comme Raymond Aron, pourtant décrits par leurs opposants comme «de droite». Pour ces anticommunistes, comme c'est le cas pour Aron lui-même, l'importance de l'enjeu historique justifie en effet le dépassement du clivage gauche-droite, jugé dépourvu de pertinence en la matière.

Dans son livre, Michel Collinet fête à sa manière les cent ans du *Manifeste communiste* en faisant le constat d'une tragédie ayant abouti, sous Staline, à un régime d'oppression sans précédent. Le projet du livre est donc celui d'un ancien marxiste, toujours fervent progressiste, qui entend montrer que «le marxisme s'analyse et parfois se réfute par lui-même[4] !». Pour le dire autrement, Collinet entend confronter le *Manifeste*, un siècle après sa parution, avec les conséquences politiques qu'il a produites et que l'auteur éclaire toutes d'un même concept: le totalitarisme. Car dès l'origine, explique-t-il, le ver est dans le fruit: le parti de Lénine est décrit comme un «jacobinisme militaire», comme étant «totalitaire au sens moderne du mot, car non content d'assumer seulement la direction militaire du mouvement, il y ajouta aussi la suprématie d'une idéologie nécessairement obligatoire[5]». Avec cette militarisation du jacobinisme qui a donné naissance à un parti hégémonique et bientôt tout-puissant, toute la suite s'annonce, étant entendu qu'on «ne peut émanciper les travailleurs en les asservissant[6]». Pour Collinet, il n'existe donc aucune raison de ne pas

4. Michel Collinet, *La Tragédie du marxisme. Du Manifeste communiste à la stratégie totalitaire. Essai critique*, Paris, Calmann-Lévy, 1948, p. 13.
5. *Ibid.*, p. 78.
6. *Ibid.*, p. 79.

reconnaître les responsabilités qui sont celles de Lénine dans l'avènement du totalitarisme soviétique.

Encadré n° 8 – Liste des principaux livres de «Liberté de l'esprit» consacrés au communisme

L'Ère des organisateurs, James Burnham (1947)
Pour la domination mondiale, James Burnham (1947)
Vers l'empire du monde, Lucien Morice (1947)
La Tragédie du marxisme: du Manifeste communiste à la stratégie totalitaire, Michel Collinet (1948)
L'Humanité doit choisir, Eugène-Marie Friedwald (1949)
Les Armes d'aujourd'hui et de demain, Vannevar Bush (1950)
Le Dieu des ténèbres, par Arthur Koestler, Ignazio Silone, Richard Wright, André Gide, Louis Fischer, Stephen Spender (1950)
Pour vaincre l'impérialisme soviétique, James Burnham (1950)
Défense de l'Europe: quelques problèmes de la guerre et de la paix, Basil Henry Liddell Hart (1951)
La Jeunesse de Lénine, Bertram D. Wolfe (1951)
Lénine et Trotsky, Bertram D. Wolfe (1951)
Lénine, Trotsky, Staline, Bertram D. Wolfe (1951)
Contenir ou libérer, James Burnham (1953)
Le Prix de la révolution, Denis William Brogan (1953)
L'Opium des intellectuels, Raymond Aron (1955)
L'Ombre du dinosaure, Arthur Koestler (1956)
Le Talon d'Achille, Manès Sperber (1957)
Colloques de Rheinfelden, Raymond Aron, George Kennan, Robert Oppenheimer *et alii* (1960)
Paix et Guerre entre les nations, Raymond Aron (1962)
La Russie soviétique et l'Occident, quarante années d'histoire, George Kennan (1962)
Khrouchtchev et la désagrégation du bloc communiste, Richard Löwenthal (1964)

De Marx à Mao Tsé-toung, Un siècle d'internationale marxiste (1967)
Une société imparfaite : le communisme désintégré, Milovan Djilas (1969)
De l'impérialisme, George Lichtheim (1972)

Le concept de totalitarisme est, comme l'indique le sous-titre, le fil rouge de l'ensemble du propos. Notons ici que si la catégorie est employée par beaucoup des auteurs de la collection, elle demeure généralement faiblement théorisée : seul Raymond Aron entreprendra de lui donner une épaisseur conceptuelle dans la décennie suivante, qui sera aussi celle de la publication des « classiques » de Carl J. Friedrich et d'Hannah Arendt[7]. Collinet n'hésite pas à qualifier – et la chose n'est pas si répandue en cette année 1948 – l'URSS de régime totalitaire qui, « en étouffant la lutte des classes, a pour effet de porter au paroxysme les luttes de puissance[8] ». En s'inspirant des thèses trotskistes, l'auteur introduit la notion d'« État bureaucratique autoritaire », ce nouveau type d'État constituant « la forme politique des structures collectivistes étatiques de l'économie moderne[9] ». Pour autant, Collinet demeure clairement socialiste : il n'a pas renoncé à l'idée selon laquelle la classe ouvrière constitue

7. Hannah Arendt, *The Origins of Totalitarianism*, New York, Harcourt Brace and Co, 1951, et Carl J. Friedrich et Zbigniew Brzezinski (dir.), *Totalitarian Dictatorship and Autocracy*, New York, Praeger, 1956. Le cours de Sorbonne professé par Aron durant l'année 1957-1958, dans lequel il développe ce concept, sera publié en 1965 sous le titre *Démocratie et Totalitarisme*.

8. Michel Collinet, *La Tragédie du marxisme*, *op. cit.*, p. 41.

9. *Ibid.*, p. 54.

« une force de progrès[10] ». Par ailleurs, il insiste sur la nécessité de sortir de la seule analyse selon les classes, cette notion étant considérée comme « insuffisante pour la description même sommaire des faits sociaux[11] », et d'entrer dans une analyse politique des rapports État-société : l'idée est très aronienne.

En outre, Michel Collinet n'hésite pas à établir des liens entre les différentes variantes du totalitarisme : il assume de la sorte la dimension comparative du concept. Ainsi affirme-t-il sans hésiter que « les habitudes de la guerre, d'une part, et le succès en Russie du parti jacobin de Lénine » ont servi « de substance et de modèle au parti nazi »[12]. L'argument, qui établit une parenté et une continuité, est massif. Au cœur de la dynamique totalitaire, on trouve en effet un type inédit de parti dont les deux armes sont la propagande et la terreur, ces éléments venant s'unir pour annihiler « toute liberté de penser opposant l'homme au pouvoir[13] ». La terreur, dont on sait qu'elle sera mise en avant, quelques années plus tard, comme l'essence du totalitarisme par Hannah Arendt, est ici décrite comme « brisant toute volonté d'indépendance » afin de « créer l'atmosphère d'isolement et d'angoisse nécessaire au vide que vient remplir la propagande »[14]. Ce passage est frappant : on est ici très proche de la fameuse *loneliness*, notion proposée par Arendt pour rendre compte de l'expérience inédite du monde produite par le totalitarisme. Par ailleurs,

10. *Ibid.*, p. 65.
11. *Ibid.*, p. 90.
12. *Ibid.*, p. 278.
13. *Ibid.*, p. 280.
14. *Idem.*

anticipant ainsi le constat de nombreux penseurs « totalitariens » ultérieurs, Collinet fait de la tentation totalitaire non pas l'effet de circonstances particulières, mais « un péril universel que la société moderne recèle dans son flanc[15] ». Il est bien, en ce sens, l'un des devenirs possibles de la démocratie.

Dans un chapitre intitulé « Du jacobin Lénine au totalitaire Staline », Collinet se montre sans indulgence pour un régime totalitaire selon lui « beaucoup plus achevé[16] » en URSS qu'en Allemagne. La faute initiale, on le sait, en revient à Lénine, qu'il voit comme « un jacobin terroriste[17] » bien qu'il n'ait pas édifié, de son vivant, un régime totalitaire. C'est en effet avec l'unification du pouvoir sous Staline que naît le totalitarisme soviétique, marqué dès 1927 par « un régime de terreur sans précédent dans l'histoire moderne[18] ». Notons ici que Collinet reprend la thèse de James Burnham quant à l'apparition d'une « classe directoriale » accaparant le pouvoir et la richesse, et s'assurant des conditions de sa reproduction : cela atteste de la circulation de *L'Ère des organisateurs* dans les milieux trotskistes. En outre, ce « collectivisme esclavagiste » a institutionnalisé les camps : « le "concentrationnaire" a en URSS le même "statut" qu'en Allemagne hitlérienne ; il n'est plus un homme mais une machine qu'on épuise jusqu'à la mort », étant entendu que le camp n'est pas « une institution strictement pénitentiaire », mais politique puisqu'elle accueille

15. *Idem.*
16. *Ibid.*, p. 282.
17. *Ibid.*, p. 283.
18. *Ibid.*, p. 284.

des individus sans jugement[19]. Concernant le sort des ouvriers, la thèse de Collinet est que « les conditions d'exploitation du travail en Russie sont des conditions primitives, bien en deçà de ce qu'elles sont dans le plus réactionnaire des États capitalistes[20] ».

Pour Collinet, la société totalitaire, « société religieuse d'un nouveau genre », est produite par la domination sans partage d'un parti unique dont l'existence « empêche les classes et les groupements sociaux naturels de se constituer et d'agir comme tels », interdit « de personnaliser chaque individu en lui rendant impossible la création d'un milieu propre où il peut s'épanouir », et aboutit à le considérer « comme un instrument passager qu'on utilise, puis qu'on jette »[21]. À partir de cette description, il poursuit la comparaison avec l'Allemagne nazie : « tout cela s'inscrit dans la suite d'Hitler, que l'on croit voir revivre sous un nouveau déguisement et dont l'URSS reprend presque textuellement les méthodes impérialistes d'expansion et d'absorption[22] ». En écho de nouveau aux analyses de Burnham, il explique alors que la lutte des classes sert, à l'extérieur, à pénétrer et à déstabiliser les sociétés libérales, comme ce fut le cas avec les grandes grèves françaises de l'année 1947 : Collinet adhère, comme Aron, à l'idée d'une vaste campagne coordonnée par Moscou et visant à déstabiliser les démocraties occidentales en attisant la protestation sociale. C'est d'ailleurs cet élément qui rend aussi urgent le combat anticommuniste.

19. *Ibid.*, p. 293.
20. *Ibid.*, p. 294.
21. *Ibid.*, p. 296.
22. *Ibid.*, p. 297.

Le stalinisme, « quintessence de l'impérialisme », n'est donc rien d'autre que « la négation brutale, de tout socialisme, y compris le marxisme dont il se réclame[23] ! ». C'est pourquoi l'auteur invite, en conclusion de son livre, à faire renaître l'espoir, qui passe pour lui par la mise en place d'une « expérience fédéraliste en Europe » pouvant permettre au socialisme de sortir de l'impasse. Ce n'est pas, en effet, dans ce qu'il appelle « le libéralisme capitaliste » qu'il faut placer son espérance, puisqu'il produit simultanément la richesse et la misère. C'est donc bien d'un antitotalitarisme de gauche, fermement ancré dans le socialisme, qu'il entend faire la promotion. Après la publication de ce livre, la dénonciation du communisme soviétique comme régime totalitaire se poursuit durant les années suivantes. Calmann-Lévy publie notamment, en 1951, la trilogie de l'historien américain Bertram D. Wolfe – bientôt participant régulier aux colloques du Congrès pour la liberté de la culture – consacrée à Lénine, Trotsky et Staline. Bertram D. Wolfe est un ex-communiste devenu un militant anticommuniste de premier plan : il travaille durant les années 1950 comme conseiller politique auprès de l'agence du Département d'État qui s'occupe de Radio Liberty et de Radio Free Europe. Mais c'est aussi en s'appuyant sur ses liens avec Arthur Koestler, dont on sait qu'il est au premier plan durant ces années au Congrès, que la maison d'édition continue à mener son combat.

Au printemps 1950, Calmann-Lévy publie un livre collectif important intitulé *Le Dieu des ténèbres* : c'est la traduction d'un ouvrage publié l'année précédente sous le titre *The God that Failed.* Il porte sur la trajectoire

23. *Idem.*

d'apostasie d'ex-communistes devenus anticommunistes militants et il est rapidement devenu, selon Pierre Grémion, la « charte intellectuelle » du Congrès[24]. Arthur Koestler apparaît comme premier auteur, mais le livre réunit des textes d'Ignazio Silone, Richard Wright, André Gide, Louis Fisher et Stephen Spender. Coordonné par Richard Crossman, un philosophe spécialiste de Platon devenu député travailliste aux Communes, il regroupe des « confessions » d'intellectuels ayant cédé aux sirènes du communisme. Crossman indique, dans l'introduction qu'il donne au volume, que le projet n'est pas « de grossir le flot de la propagande anticommuniste » : il serait plutôt de « révéler les dangers d'un anticommunisme trop facile[25] ». Qu'est-ce à dire ? Que pour beaucoup de « convertis » – c'est le terme employé par Crossman –, le communisme est devenu une espérance en raison de leur perte de foi dans les valeurs occidentales. Le marxisme, en effet, « enseignait la triste vérité que le progrès n'est pas automatique, que le capitalisme n'est qu'une succession de booms et de crises, que l'injustice sociale et la discrimination raciale sont loin de s'effacer sous l'effet du temps, et que la politique de puissance ne saurait être "abolie", mais seulement utilisée à des fins qui sont bonnes ou mauvaises[26] », explique l'auteur. Mais une fois que cet engagement s'est brisé sur le récif des réalités soviétiques, le croyant qui s'émancipe de l'Église demeure plongé dans

24. Pierre Grémion, *Intelligence de l'anticommunisme. Le Congrès pour la liberté de la culture à Paris, 1950-1975*, Paris, Fayard, 1995, p. 92.

25. Arthur Koestler *et alii*, *Le Dieu des ténèbres*, Paris, Calmann-Lévy, 1950, p. 10 et 11.

26. *Ibid.*, p. 12-13.

un « débat intérieur » qui constitue « le ressort de son activité créatrice[27] » : il reste toute sa vie, en quelque sorte, un communiste abstinent.

Conformément à ce projet éditorial, les textes des six intellectuels réunis dans ce volume sont tous centrés sur une « auto-analyse » de leur engagement. Le livre se clôt sur une postface de Raymond Aron qui s'intéresse à « la fidélité des apostats ». Cherchant à comprendre les ressorts de l'engagement communiste des intellectuels, il le décrit tout d'abord comme une « expérience religieuse[28] ». Aron reconnaît que « l'entreprise stalinienne présente, à coup sûr, une sombre et farouche grandeur », mais il s'insurge contre le fait « que la gauche européenne prenne pour Dieu un bâtisseur de pyramides »[29]. Cette gauche, qui était libérale au XIXe siècle, adhère aujourd'hui à un projet qui n'assure ni liberté ni égalité, et défend l'État qui est « le plus total que connaisse l'histoire[30] ». Et Aron d'égrener méthodiquement les motifs, rationnels ou non, nobles et moins nobles, qui peuvent permettre de comprendre – au sens wébérien du terme – l'engagement des intellectuels dans l'aventure communiste.

Aron insiste également sur le caractère dual du mouvement communiste, décrit comme s'incarnant à la fois dans les partis de masse et dans une « conspiration » – c'est le mot qu'il emploie – à dimension mondiale : il est proche

---

27. *Ibid.*, p. 17.

28. Raymond Aron, « Postface », dans Arthur Koestler *et alii*, *Le Dieu des ténèbres*, *op. cit.*, p. 291. Aron a été l'un des premiers, avec Eric Voegelin, à donner une interprétation du totalitarisme comme d'une « religion politique ». Sur ce point, cf. Gwendal Châton, *Introduction à Raymond Aron*, La Découverte, 2023, p. 42-43.

29. *Ibid.*, p. 292.

30. *Ibid.*, p. 294.

ici des analyses d'un James Burnham ou d'un Boris Souvarine. Mais comment expliquer cette abdication de «la liberté de l'esprit» chez les intellectuels, qui y sont naturellement attachés pour ainsi dire par éthique professionnelle? L'explication donnée par Aron est simple et de facture paradoxalement sartrienne: la soumission «représente pour beaucoup d'hommes non une épreuve, mais un soulagement»: «ils ont peur de la liberté» et préfèrent donc adhérer à une idéologie qui fournit «une solution *totale* à *tous* les problèmes économiques et politiques»[31]. En conclusion, il prend la défense de ceux que l'on ne manquera pas de décrire comme des «renégats», alors qu'«en se détachant, ils ont été fidèles à leur volonté intime, à ce qui inspire, à travers les siècles, l'effort révolutionnaire[32]». Lutter contre le stalinisme n'est donc pas trahir la révolution: bien au contraire, c'est en poursuivre l'inspiration.

En 1956, année du fameux rapport Khrouchtchev sur les crimes de Staline, «Liberté de l'esprit» publie un deuxième livre d'Arthur Koestler intitulé *L'Ombre du dinosaure*. À cette date, Calmann-Lévy a déjà publié huit de ses ouvrages dans la collection «Traduit de» dirigée par Manès Sperber et un autre dans la collection «Documents»: c'est un auteur maison choyé par ses éditeurs, notamment lors de ses venues à Paris. Le volume qu'accueille Raymond Aron dans sa collection est présenté par Koestler comme «un adieu aux armes[33]». Car le contexte a brusquement changé: comme le note la 4e

31. *Ibid.*, p. 301. Souligné par l'auteur.

32. *Idem.*

33. Arthur Koestler, *L'Ombre du dinosaure*, Paris, Calmann-Lévy, 1956, p. 8.

de couverture, à présent, «les protagonistes mêmes du totalitarisme chancelant doivent admettre que Koestler a eu raison». Le rapport Khrouchtchev entraîne en effet une certaine obsolescence de la critique anticommuniste. Cela ne dissuade cependant pas Aron de poursuivre le combat: il demande l'année suivante à Robert Calmann-Lévy de négocier au plus vite avec son éditeur américain pour obtenir les droits du dernier livre du dissident Milovan Djilas: «Djilas, en prison en Yougoslavie, a fait paraître à New York, chez Praeger, un livre intitulé *The New Class*. Le livre fait beaucoup de bruit dans le monde entier et j'aimerais beaucoup le publier dans ma collection. Je crains qu'il ne soit trop tard et je vous demande instamment d'envoyer un télégramme à Praeger, afin de lui demander le livre, en précisant qu'il s'agit de ma collection. Praeger me connaît et peut-être me donnera-t-il la préférence[34].»

Quelques jours plus tard, Aron insiste encore: «Je ne pense pas qu'il soit nécessaire de lire le livre de Djilas avant de faire une offre. Djilas est actuellement en prison en Yougoslavie, après avoir été un des chefs du Parti. Il a fait passer le manuscrit à l'étranger en dépit des risques que ce geste entraîne pour lui-même. La publication du livre aux États-Unis a créé une sensation et n'importe quel éditeur français serait prêt à le publier, les yeux fermés[35].» Aron n'obtiendra pas ce livre, véritable condamnation du «communisme réel» par le successeur un temps pressenti

34. Lettre de Raymond Aron à Robert Calmann-Lévy, 16 août 1957, Archives Calmann-Lévy, cote CL4 c/c 5, boîte n° 2, Dossier Raymond Aron.

35. Lettre de Raymond Aron à Robert Calmann-Lévy, 27 août 1957, Archives Calmann-Lévy, cote CL4 c/c 5, boîte n° 2, Dossier Raymond Aron.

de Tito, qui sera publié par Plon. Mais son empressement montre que, même si le contexte a changé en 1956, il n'a rien perdu de sa combativité et que le projet initial, établi avec les frères Calmann-Lévy, demeure.

2. LE COMMUNISME MAÎTRISÉ : EN QUÊTE D'UNE STRATÉGIE

Afin de lutter contre « le communisme réel », Calmann-Lévy et Raymond Aron déploient un vaste effort de publication de titres consacrés à la stratégie et à la politique étrangère. Concernant cette dernière, la maison d'édition publie en 1947 et 1949 deux ouvrages tentant de saisir les transformations géopolitiques en cours après la conférence de Yalta. Ainsi du livre de Lucien Morice, intitulé *Vers l'empire du monde*, qui fait partie des tout premiers titres publiés dans « Liberté de l'esprit ». Les informations sur l'auteur sont rares, mais il développe une réflexion ambitieuse visant à établir une « science de la paix[36] ». La tonalité générale du livre n'est pas très aronienne, l'auteur défendant la possibilité d'une « paix organique » permettant de dépasser une simple « paix diplomatique »[37]. Les outils de cette paix durable sont pour l'auteur le droit international, mais aussi une forme politique jugée jusque-là dépassée : l'empire universel. Celui-ci s'imposera soit par la guerre, soit par une logique fédérative, nous explique l'auteur : la chose sera, de fait, tranchée par l'expérience en cette année 1947.

36. Lucien Morice, *Vers l'empire du monde*, Paris, Calmann-Lévy, 1947, p. 8.
37. *Ibid.*, p. 163.

Deux ans plus tard, «Liberté de l'esprit» publie un livre d'Eugène Marie Friedwald paru aux États-Unis l'année précédente. Les informations sur l'auteur sont là encore rares, mais le livre va faire beaucoup plus parler de lui que le précédent. Quatre ans après les bombardements d'Hiroshima, Friedwald s'interroge en effet sur l'accélération de la science, qui met à disposition de l'humanité un pouvoir de destruction dépassant de beaucoup ses progrès moraux et son développement social. Il se demande donc s'il sera possible, alors qu'elle vient de vivre un changement qui n'est pas seulement de degré avec l'invention des armes atomiques, de conserver la liberté dans une civilisation désormais dominée par la science. Pour que cela soit le cas, il faut selon lui mettre en place un gouvernement mondial assurant un contrôle international de l'énergie atomique. Mais deux éléments y font obstacle : les souverainetés nationales et l'existence de l'URSS. L'une de ses conclusions est qu'il faudra donc commencer, si cela est nécessaire, sans cette dernière et en suivant l'impulsion des Américains[38].

Le livre sort en mai 1949 et fait l'objet d'une recension par Maurice Duverger dans *Le Monde* à la mi-août. Duverger – professeur de science politique à la Sorbonne, figure de la gauche intellectuelle et adversaire politique d'Aron – a apprécié l'importance des problèmes posés, mais il n'a guère goûté les propositions de l'auteur, qui explique qu'il faut développer au maximum l'armement nucléaire américain afin de dissuader l'URSS d'employer le sien : «toute cette partie du livre n'est pas la plus intéressante. On pense à une synthèse d'Emery Reves

38. Eugène Marie Friedwald, *L'Humanité doit choisir*, Paris, Calmann-Lévy, 1947, p. 176.

et de Burnham (du Burnham de *Pour la domination mondiale*), le vocabulaire étant emprunté au premier et les solutions pratiques au second», explique le politiste[39]. En octobre, Jean-Marie Domenach discute le livre dans *Esprit* en insistant sur un paradoxe au sein de son argumentation : d'un côté, Friedwald défend le faible intérêt de l'opposition États-Unis-URSS au regard de la nécessité de faire émerger un gouvernement mondial ; de l'autre, l'auteur «manifeste sa "croyance politique" propre en voyant dans l'URSS le seul obstacle au contrôle atomique[40]». En résumé, ce livre reste bien un livre «de droite», car finalement pro-américain. À gauche, la réception du livre est donc critique, mais elle existe, ce qui indique que les titres publiés par Calmann-Lévy ne peuvent pas être purement et simplement ignorés : ils traitent de sujets trop importants pour donner lieu à une spirale du silence.

Dans le contexte ouvert par Hiroshima et Nagasaki, la réflexion sur les conséquences produites par l'invention de l'arme atomique s'impose. En 1950, «Liberté de l'esprit» publie un livre de Vannevar Bush intitulé *Les Armes d'aujourd'hui et de demain*[41]. L'auteur est un ingénieur, ancien doyen du Massasuchetts Institute of Technology qui a conseillé le président Roosevelt et organisé la recherche scientifique durant la Seconde Guerre mondiale, mettant notamment en place la réflexion sur de nouvelles

39. Maurice Duverger, «L'humanité peut-elle choisir ?», *Le Monde*, 17 août 1949. Duverger se réfère ici à l'auteur d'*Anatomie de la paix*, publié en 1946 chez Tallandier, qui défendait la mise en place d'un fédéralisme mondial.

40. Rubrique «Les livres», *Esprit*, octobre 1949, p. 650.

41. Vannevar Bush, *Les Armes d'aujourd'hui et de demain*, Paris, Calmann-Lévy, 1951.

armes au sein du National Defense Research Committee. Il est, par ailleurs, l'un des pères du projet Manhattan et l'un de ceux qui ont conceptualisé l'ancêtre d'Internet. Après 1945, il dirige le Joint Research and Development Board, bureau qui dépend du Département de la Défense et qui coordonne les recherches des différentes armes. L'ouvrage s'ouvre sur une préface d'André Maurois qui le présente comme «le livre le mieux informé, le mieux pensé» portant «sur le plus grave problème que se pose aujourd'hui tout homme raisonnable[42]».

L'académicien insiste d'emblée sur l'optimisme de l'auteur quant à la capacité des démocraties, fondée sur le progrès de l'armement, d'empêcher une nouvelle guerre mondiale et, s'il le faut, de se défendre contre les régimes totalitaires. La seule condition – propos sans surprise venant d'un ingénieur – étant qu'elles sachent s'organiser. Car même en cas de guerre les démocraties survivraient: sa confiance dans la résilience de cette forme politique semble inébranlable. La revue *Critique* recense l'ouvrage en insistant sur la personnalité de l'auteur, décrit comme l'un des hommes ayant joué le plus grand rôle dans la victoire des Alliés[43]. Elle salue également la mise en évidence de ce qui constitue, pour les démocraties, un avantage considérable dans la lutte engagée avec l'URSS: l'une des thèses centrales de Bush est en effet que la démocratie, par la libre discussion qu'elle autorise et encourage, est le régime le plus favorable au développement de la science. Sans surprise eu égard au titre choisi, et en dépit

42. André Maurois, «Préface», dans Vannevar Bush, *Les Armes d'aujourd'hui et de demain*, *op. cit.*, p. 7.

43. Édouard Menet, compte rendu publié dans les «Notes», *Critique*, n° 46, mars 1951, p. 283-285.

d'une réception assez favorable[44], le livre ne se vend pas très bien : tiré à 4400 exemplaires par Calmann-Lévy, il ne s'en vendra que 1595 et 1700 exemplaires partiront au pilon[45].

La publication de ce livre entre en résonance avec celle, qui intervient l'année suivante, en février 1951, d'un ouvrage de Basil Henry Liddell Hart, le grand stratège anglais de l'approche indirecte et théoricien de l'usage des forces blindées[46]. Dans *Défense de l'Europe*, initialement paru en anglais en 1950 et rapidement traduit par Calmann-Lévy, l'auteur déploie ses talents en un sommaire foisonnant qui traite aussi bien de la Seconde Guerre mondiale que de l'importance croissante de l'aviation, de la bombe atomique ou encore du caractère anachronique de la conscription. Par ailleurs, il développe une analyse comparée des forces occidentales et des forces soviétiques, sachant qu'il entend lutter contre la sous-estimation, par l'Ouest, de ces dernières[47]. Tout cela résonne évidemment avec les réflexions que Raymond Aron mène, à la même époque, dans *Les Guerres en chaîne*. Georges Bataille fait état dans *Critique* de son admiration pour un livre qui fournit l'analyse, à ses yeux la plus réfléchie, du rapport

44. Le livre est par exemple recensé très favorablement dans la revue *Défense nationale* (n° 84, août-septembre 1951, p. 244-245) et aussi dans *Politique étrangère* (vol. 16, n° 3, 1951, p. 284-285).

45. Décompte de ventes, Archives Calmann-Lévy, cote CL 4, c/c 11, boîte n° 1, dossier « Vannevar Bush ».

46. Sur son itinéraire, cf. Olivier Zajec, « Basil Henry Liddell Hart : illuminations, manipulations et paradoxes d'une carrière intellectuelle », dans Jean Baechler et Jean-Vincent Holeindre (dir.), *Penseurs de la stratégie*, Paris, Hermann, 2014, p. 193-208.

47. Basil Henry Liddell Hart, *Défense de l'Europe. Quelques problèmes de la guerre et de la paix*, Paris, Calmann-Lévy, 1951.

de force caractérisant la situation militaire de l'époque[48]. *Le Monde* en publie une longue recension élogieuse sous la plume d'Edmond Delage, qui enseigne à l'École navale et qui avait déjà recensé le livre de Vannevar Bush dans *Politique étrangère* : il insiste sur la richesse d'un ouvrage appelé à faire date[49]. Le livre de Liddell Hart se vend mieux que le précédent : tiré à plus de 3 000 exemplaires, il s'en écoule 2400 la première année[50]. Après ce livre, les questions stratégiques disparaissent du catalogue de «Liberté de l'esprit», en même temps que la politique étrangère fait son retour.

En juin 1952, la collection publie un livre de George Kennan, qui est l'un des diplomates américains les plus brillants de sa génération. C'est le sociologue britannique Edward Shils qui a fait connaître l'intérêt d'Aron pour ce livre à l'éditeur de l'édition américaine[51]. L'auteur, alors en poste à Moscou, y réunit des conférences qui cherchent à faire le bilan d'un demi-siècle de diplomatie américaine et deux articles qui justifient la politique de *containment*, devenue une réalité avec la présidence Truman[52]. L'auteur du «long télégramme», devenu

48. Georges Bataille, «Notes. Vue d'ensemble. La civilisation et la guerre», *Critique*, n° 48, mai 1951, p. 367.

49. Edmond Delage, «Comment Liddell Hart défendrait l'Europe», *Le Monde*, 24 avril 1951. Il est également recensé favorablement par André Julien dans *L'Observateur* en mai 1951.

50. Décompte de ventes, Archives Calmann-Lévy, cote CL4, c/c 96, boîte n° 3, dossier Basil Liddell Hart.

51. Lettre de Kurt Kornfeld à Raymond Aron, 15 janvier 1952, Archives Calmann-Lévy, cote CL 4, c/c 1744, boîte n° 5, dossier «George Kennan».

52. George Kennan, *La Diplomatie américaine, 1900-1950*, Paris, Calmann-Lévy, 1952.

en 1947 le premier directeur des affaires politiques du Département d'État, reprend notamment dans ce livre le fameux article signé M. X, intitulé «The Sources of Soviet Conduct», qui en est à l'origine. L'ouvrage s'ouvre sur une préface de Raymond Aron qui prend acte de la méconnaissance, par les Français, de la politique des États-Unis : ce livre entend justement pallier ce manque et il annonce celui qu'Aron publiera vingt ans plus tard, chez Calmann-Lévy[53]. En outre, il cherche, en publiant ce livre, à combattre une idée répandue en France : celle d'un «prétendu impérialisme[54]» américain. La tâche ne sera pas aisée : un mois avant sa publication, la venue à Paris du général Matthew Ridgway, accusé à tort d'avoir employé des armes bactériologiques en Corée, provoque une manifestation violente organisée par le Parti communiste français qui donnera lieu à la scansion d'un slogan demeuré célèbre : «Ridgway la peste ![55]». En dépit des efforts de Raymond Aron, la dénonciation de «l'impérialisme yankee» a encore de beaux jours devant elle.

Dans sa longue préface – le texte fait 39 pages –, Aron développe trois idées structurantes. La première est que la politique étrangère américaine n'est pas rationnelle et prévisible, car conforme à un projet impérialiste, mais au contraire faite de retournements et de bifurcations,

53. Raymond Aron, *République impériale. Les États-Unis dans le monde (1945-1972)*, Paris, Calmann-Lévy, 1973.

54. Raymond Aron, «Préface», dans George Kennan, *La Diplomatie américaine, 1900-1950*, *op. cit.*, p. 9.

55. Sur cette manifestation d'une grande violence, qui a occasionné un mort, des centaines de blessés et 700 interpellations, dont celle de Jacques Duclos, cf. Michel Pigenet, *Au cœur de l'activisme communiste des années de guerre froide. La manifestation Ridgway*, Paris, L'Harmattan, 1992.

souvent sous le coup des événements. En ce sens, si elle n'est certes pas inintelligible, elle demeure faite de surprises, et reste donc, pour l'avenir, largement imprévisible. La deuxième, c'est le fait que la pensée réaliste, grâce à Walter Lippmann et George Kennan, a opportunément progressé aux États-Unis : Kennan n'hésite pas, dans son livre, à croiser le fer avec ce qu'il appelle la méthode juridico-morale. Comme l'explique Aron, qui élabore à cette époque son propre positionnement : « le moralisme appliqué à la politique incline tour à tour à l'abstention et à l'hypocrisie[56] ». Aron préfère adhérer au réalisme incarné par Kennan, qu'il qualifie de « machiavélisme modéré » :

> Bien plutôt songe-t-il à ce que fut, au siècle dernier, la politique britannique, ferme sur les positions primordiales, dictées par l'intérêt essentiel de l'Empire, opportuniste ou empirique sur toutes les questions particulières, hostile à la violence, favorable au compromis, en dehors de toute métaphysique. Les hommes de bonne volonté, qui ont sérieusement réfléchi sur la politique, inclinent souvent vers une telle attitude. Attitude de machiavélisme modéré, pourrait-on dire, qui s'appuierait sur l'expérience. L'égoïsme éclairé a répandu moins de sang que le zèle réformateur ou l'esprit de croisade[57].

Au plan pratique, Aron souscrit à la politique de *containment* définie par Kennan, tout en faisant remarquer qu'elle se contente de fixer des objectifs sans préciser les moyens adéquats. Aron note d'ailleurs que le contexte

56. Raymond Aron, « préface », dans George Kennan, *La Diplomatie américaine, 1900-1950*, *op. cit.*, p. 25.
57. *Ibid.*, p. 26-27.

a beaucoup changé, puisque le dernier chapitre du livre, écrit en 1951 alors que le maccarthysme commençait à se diffuser, tente non plus « d'encourager le pays à résister à l'expansion soviétique », mais plutôt « de calmer les passions » en convainquant les États-Unis que « la guerre totale n'est pas nécessairement pour demain » et qu'il faut « se préparer à une épreuve de force prolongée »[58]. La meilleure méthode consistant pour les États-Unis, selon Aron, à agir sur l'URSS par l'exemple qu'ils constituent.

La troisième idée structurante correspond à une critique de Kennan, « qui recommande les méthodes prudentes de la diplomatie traditionnelle à un moment où la structure du monde condamne ces méthodes à l'inefficacité[59] ». Qu'est-ce que cela signifie ? Que Kennan refoule paradoxalement un élément sur lequel il a été pourtant été l'un des premiers à insister : le fait que l'URSS déploie une politique idéologique. Avec elle, pour ces raisons, il sera par conséquent difficile de s'entendre sur la base des seuls intérêts. Il faut donc, contre Kennan et avec Burnham, dont Aron a publié deux ans auparavant *Pour vaincre l'impérialisme soviétique*, insister sur la nécessité de la guerre de propagande, de la guerre psychologique. Aron ne croit pas, comme Kennan, qu'il suffit de se défendre pour triompher. Certes, il ne faut pas attendre « de la propagande ou de la guerre psychologique quelque résultat miraculeux », mais les Occidentaux n'ont aucune raison de « ne pas retourner contre le stalinisme les armes qu'il emploie contre nous »[60].

58. *Ibid.*, p. 30.
59. *Ibid.*, p. 32.
60. *Ibid.*, p. 44.

On comprend alors mieux pourquoi, tout en étant du côté de la modération réaliste de Kennan, Aron a tant fait pour populariser les thèses de Burnham : « mes propres inquiétudes seraient tout autres. G. F. Kennan veut enseigner à ses compatriotes les vertus de modération et de sagesse. Il a raison pour le passé, en général. Face à un ennemi tel que l'État stalinien, jusqu'à quel point a-t-il encore raison ? » explique Aron en conclusion d'un texte qui constitue, comme c'est souvent le cas avec lui, une singulière préface, puisqu'elle discute au fond et sans concession l'ouvrage qu'il a désiré publier. L'année suivante, Staline disparaît et avec lui l'urgence de la situation des premières années de guerre froide. Calmann-Lévy et Aron vont alors délaisser, pendant plusieurs années, les questions de politique étrangère et de stratégie. Elles ne feront retour que bien plus tard, sous l'effet des évolutions du contexte international. Et ce retour devra beaucoup à Raymond Aron, qui publie chez Calmann-Lévy *Paix et Guerre entre les nations* en 1962 et *Le Grand Débat* en 1963[61].

3. LE COMMUNISME DÉSAVOUÉ : LA TRAHISON DES CLERCS

L'un des ouvrages les plus connus de Raymond Aron demeure *L'Opium des intellectuels*, publié par Calmann-Lévy en 1955. À l'image de Julien Benda avant-guerre, il s'en prend dans ce livre à l'adhésion des intellectuels à une idéologie qui les éloignerait du vrai et du juste[62].

61. Cf. *infra*, chapitre 5.
62. Julien Benda, *La Trahison des clercs*, Paris, Grasset, 1927.

Mais la parution de *L'Opium*, l'un des grands succès de Calmann-Lévy durant les années 1950, est encadrée en amont et en aval par quelques ouvrages qui anticipent et prolongent la réflexion qu'il abrite. La collection «Liberté de l'esprit» tente en effet très tôt de désidéaliser l'idée de révolution afin de limiter l'attrait exercé par le communisme sur les intellectuels français. Le projet est, de fait, démesurément ambitieux. Mais à cette fin, Calmann-Lévy publie deux livres venus d'Angleterre que l'on peut voir comme complémentaires.

Le premier, publié en 1952, est un best-seller de l'après-guerre écrit par l'une des grandes figures du Parti travailliste : Aneurin Bevan. On sait qu'Aron l'a rencontré lors d'un voyage à Londres en 1950, mais peut-être l'avait-il aussi déjà croisé pendant la guerre. Dans ce livre, ce fils de mineur, ancien syndicaliste, leader de l'aile gauche du parti, farouche opposant à Churchill n'ayant pas hésité à clamer sa «haine» des Tories, défend un «socialisme démocratique» dont son pays lui semble être la tête de pont. «De même que la révolution industrielle avait fait de la Grande-Bretagne le pays classique de l'étude du capitalisme moderne, elle est à présent celui où étudier l'action réciproque des libres institutions démocratiques dans leurs rapports avec la transition du capitalisme au socialisme», explique celui qui pilota, en tant que ministre, la nationalisation de 2500 hôpitaux lors de la création du National Health Service[63]. C'est bien une Grande-Bretagne «socialisée» mettant en œuvre le plan Beveridge de 1942 que célèbre Aneurin Bevan dans ce livre.

63. Aneurin Bevan, *Vaincre la peur*, Paris, Calmann-Lévy, 1952, p. 38.

En le publiant, Calmann-Lévy contribue à populariser l'idée selon laquelle la réforme demeure plus efficace que la révolution pour améliorer la situation concrète de la classe ouvrière. Bevan défend en effet, dans ce manifeste, un socialisme démocratique qui, adossé à un régime économique mixte, n'est pas un moyen terme entre le capitalisme et le communisme, mais un authentique modèle alternatif. Le propos fait écho à celui de Léon Blum dans sa préface au livre de Burnham quelques années plus tôt. La publication de ce livre par Aron étonne d'autant plus que Bevan est alors très critique des dépenses de défense engendrées par la guerre froide et qu'il passe pour être l'un des inspirateurs du neutralisme que combat précisément le directeur de «Liberté de l'esprit». La présence de ce livre dans le catalogue de la collection peut cependant s'expliquer par trois éléments: Aron est toujours resté en dialogue avec la gauche non communiste et il annonce lui-même, dans ses textes de l'époque, la généralisation d'une économie mixte, sorte de dépassement dialectique de l'opposition socialisme-capitalisme; il se montre toujours soucieux d'ouvrir une collection, perçue par beaucoup comme trop marquée à droite, en publiant des socialistes; Robert Calmann-Lévy a probablement senti que ce best-seller lui assurerait un beau retour sur investissement. Tout cela s'éclaire aussi, bien sûr, par le contexte politique: le Parti communiste, principale force d'opposition à la IVe République, obtient alors plus de 25 % aux élections législatives.

L'année suivante, la collection publie un autre livre venu du Royaume-Uni et qui s'en prend encore plus frontalement à l'idée de révolution: Denis W. Brogan y dénonce en effet *Le Prix de la révolution*. L'auteur est un historien anglais, spécialiste de la politique américaine, qui enseigne à Cambridge. La thèse d'ensemble de l'ouvrage est résumée dans ces lignes : « derrière l'idée de révolution en tant que remède, que panacée bienfaisante (au lieu d'opération désespérée à laquelle on n'a recours qu'en dernière instance) se trouve un refus d'apprendre avec quelle difficulté le niveau pas très élevé d'ordre, de liberté, de décence auquel nous nous accrochons encore a été atteint et avec quelle facilité il peut être perdu[64] ». L'auteur ne manque pas de verve pour faire passer son idée, à l'issue d'une fresque historique conduisant de 1789 à 1953 : « il n'est ni rapide, ni facile, ni bon marché d'accéder en utopie » et « tous ceux qui prétendent vendre des billets permettant d'y aller rapidement, facilement et pour pas cher abusent les clients ou bien s'abusent eux-mêmes, ou les deux »[65]. Le livre de Brogan paraît soutenu de bout en bout par une forme de conservatisme burkéen : ainsi affirme-t-il que « courir le risque de grands maux connus, par présomption intellectuelle, est commettre un péché politique contre cette grande vertu politique qu'est la prudence[66] ». L'argument, qui a peu de chances d'être entendu en 1953, sauf par ceux qui en sont déjà convaincus, sera repris par Aron deux ans plus tard dans un livre qui provoque un vif débat dans le monde intellectuel français.

En 1955, « Liberté de l'esprit » accueille le premier ouvrage publié par son directeur dans sa propre collection[67]. Intitulé *L'Opium des intellectuels*, ce livre, qui

---

64. Denis W. Brogan, *Le Prix de la révolution*, Paris, Calmann-Lévy, 1953, p. 309.

65. *Idem.*

66. *Idem.*

67. Raymond Aron publiera ensuite dans sa collection cinq livres : *Espoir et peur du siècle* (1957), *Immuable et changeante : de la IV*e

demeure encore, pour certains politistes contemporains, un chef-d'œuvre de la littérature pamphlétaire[68], explose comme une grenade jetée sur les terrasses du Café de Flore. Alors qu'il candidate à une chaire à la Sorbonne, Aron publie un livre dont la structure repose sur une critique de trois « mythes politiques » – la gauche, la révolution, le prolétariat –, puis sur un rejet des philosophies de l'histoire déterministes, et enfin sur le constat d'une aliénation des intellectuels à l'idéologie communiste. L'ensemble se clôt sur l'annonce d'une « fin des idéologies », car avec l'affaiblissement du marxisme, le libéralisme et le socialisme tendent à fusionner dans une sorte de synthèse. Il est intéressant de relever que la publication de ce livre permet à Aron de se « situer » politiquement, lui qui est issu de la gauche et s'en est éloigné. On se souvient que lors du lancement de la collection, elle était critiquée comme étant « orientée ». La critique s'est précisée par la suite, Aron étant de plus en plus souvent stigmatisé comme un intellectuel « de droite ».

Aron y fait d'ailleurs référence dans la préface de *L'Opium*, lorsqu'il explique que l'on s'est interrogé sur

---

à la Ve République (1959), *Paix et Guerre entre les nations* (1962), *Essai sur les libertés* (1965), *Les Désillusions du progrès* (1969). En outre, il publiera hors collection chez Calmann-Lévy *Le Grand Débat. Initiation à la stratégie atomique* (1963) et *République impériale. Les États-Unis dans le monde* (1973). Calmann-Lévy publiera également « les mélanges » en son honneur, intitulés *Science et Conscience de la société* (1971).

68. Pierre Birnbaum, *Les Désarrois d'un fou de l'État*, entretiens avec Jean Baumgarten et Yves Déloye, Paris, A. Michel, 2015, p. 51. Ce jugement a été confirmé en entretien, le politiste évoquant « un chef-d'œuvre » ayant provoqué un véritable « raz de marée », entretien avec Pierre Birnbaum, 23 septembre 2023.

le fait de le rattacher à la droite ancienne ou moderne. Et il s'emploie alors à se situer au-delà des catégories politiques classiques, acceptant seulement de se classer plutôt à gauche ou plutôt à droite en fonction des sujets. Pour autant, dans la préface rédigée en janvier 1955, il rompt explicitement avec la gauche : « ayant fini d'écrire ce livre consacré à la famille dont je suis originaire, j'incline à rompre tous les liens non pour me complaire dans la solitude, mais pour choisir mes compagnons parmi ceux qui savent combattre sans haïr et qui se refusent à trouver, dans les luttes du forum, le secret de la destination humaine[69] ». Simone de Beauvoir en conclura, dans son fameux article publié six mois plus tard, qu'Aron est bien une icône de « la pensée de droite[70] ». Aron réfute par anticipation cette assignation pour se définir comme « un keynésien avec quelques regrets du libéralisme », comme l'un de ces « incorrigibles libéraux », comme l'un de ces sceptiques participant à « éteindre le fanatisme »[71].

Le livre se vend extrêmement bien : Calmann-Lévy en écoule 13 000 exemplaires en un an. Il conforte la position d'Aron chez l'éditeur : l'un de ses proches, Jean-Claude Casanova, explique qu'il se sentait « plus chez lui politiquement[72] » que chez d'autres éditeurs où il publiait également, comme Gallimard. Mais qu'en est-il de la réception de l'ouvrage ? *L'Opium* obtient un grand succès dans

69. Raymond Aron, « Préface », dans *L'Opium des intellectuels*, Paris, Calmann-Lévy, 1955, p. 11.

70. Simone de Beauvoir, « La pensée de droite aujourd'hui », *Les Temps Modernes*, mai 1955.

71. Raymond Aron, « Préface », dans *L'Opium des intellectuels*, *op. cit.*, p. 11, 331 et 334.

72. Entretien avec Jean-Claude Casanova, 15 septembre 2022.

la presse. Tous les grands titres en parlent : *Libération*, *Le Monde*, *Le Figaro*, mais aussi *France-Observateur*, *L'Express*, *La Croix*, *Les Nouvelles littéraires* ou encore *Combat*. Dans *Le Figaro*, c'est le philosophe catholique Gabriel Marcel qui prend la plume pour le recenser : il loue l'« un des rares esprits indéfectiblement courageux de ce temps », avant de décrire Aron comme « un homme de gauche, très profondément attaché aux valeurs permanentes de toute démocratie digne de ce nom ». La seule crainte de Gabriel Marcel est qu'il se développe, autour de ce livre provocant, une sorte de « conspiration du silence[73] ». Sur ce point, le philosophe catholique se trompe : la presse va parler du livre, même si c'est souvent pour le critiquer. *La Croix* loue certes l'« un des livres importants de l'année[74] », mais tous les comptes rendus ne sont pas aussi flatteurs.

Si *France-Observateur* s'en tient à un résumé assez neutre, *L'Express* recommande la lecture d'une œuvre politique de première importance, tout en soulignant son désaccord sur plusieurs points, notamment le fameux « mythe de la gauche[75] ». *Le Monde libertaire* loue l'ouvrage « de la célèbre collection "Liberté de l'esprit" » pour sa critique des intellectuels de gauche et plus largement pour son appartenance au « parti des Lumières », mais il s'en prend aussi à la « profession de foi libérale » délivrée par cet « ancien homme de gauche », profession de foi condamnée d'avance, car le libéralisme n'est pas viable

73. Gabriel Marcel, « Vraie et fausse rigueur », *Le Figaro*, 9 juin 1955.
74. « Les mandarins », *La Croix*, 5 septembre 1955.
75. « L'Opium des intellectuels », *L'Express*, 18 juin 1955.

dans un «monde mécanisé[76]». Dans *Combat*, Claude Delmas revient longuement sur un livre «à la fois passionnant et quelque peu irritant», en notant qu'il est «peut-être moins important pour les anticommunistes systématiques [...] que pour ceux qui, sans être communistes, estiment qu'érigé en principe politique l'anticommunisme conduit d'abord à la régression sociale, ensuite à la guerre [...]»[77]. Dans *Libération*, Claude Roy traite en parallèle de *L'Opium* et des *Aventures de la dialectique*, de Maurice Merleau-Ponty pour étriller sévèrement deux «désenchantés désenchanteurs[78]». Dans *Combat*, Emmanuel Beau de Loménie reproche à Aron son éloge final du scepticisme, pointant du doigt «la somnolence du scepticisme que l'argent a intérêt à entretenir[79]»: il voit là un autre opium des intellectuels. C'est néanmoins *Le Monde* qui va publier la critique la plus sévère du pamphlet aronien.

C'est Maurice Duverger qui officie dans «le grand quotidien du soir» pour donner l'une des plus lourdes charges qu'aura à subir Aron[80]. Il commence par louer ce livre aux propos «toujours subtils, souvent brillants,

76. Michel Lesure, *Le Monde libertaire*, n° 13, décembre 1955, p. 3.

77. Claude Delmas, «L'Opium des intellectuels», *Combat*, 12 mai 1955.

78. Claude Roy, «Désenchantés désenchanteurs», *Libération*, 14 septembre 1955.

79. Emmanuel Beau de Loménie, «L'Opium – ou les opiums – des intellectuels», *Combat*, 2 janvier 1956.

80. Sur son itinéraire, cf. Bastien François, «Maurice Duverger, la gloire avant l'oubli (en France)», *Revue internationale de politique comparée*, 2010/1, vol. 17, p. 23-28.

quelquefois pertinents[81] ». Puis il compare l'analyse du marxisme par Aron aux réfutations rationalistes de la religion : « cette admirable machine intellectuelle tourne parfaitement rond ; mais elle tourne à vide, sans embrayer sur le réel ». Et cela pour une raison simple : la lutte des classes demeure une réalité. Duverger s'en prend ensuite à la fausse objectivité d'un Aron, qui « justifie élégamment le maintien pratique de l'ordre existant avec toutes ses injustices ». Certains arguments étonnent le lecteur d'aujourd'hui, comme celui de l'anticommunisme qui aggrave le sort des concentrationnaires : « Se borner à dénoncer à longueur de journée les camps de déportation dans *Preuves* ou aux *Amis de la liberté* ne hâte pas d'une seule minute la libération des déportés (mais peut, dans un certain contexte, aggraver la tension entre les blocs, qui tend à perpétuer l'existence des camps et les souffrances des déportés). Dénoncer au contraire sans relâche l'injustice sociale et la domination capitaliste en France peut aider dans une certaine mesure à y mettre fin. »

Et Duverger d'enfoncer le clou avant de s'en prendre directement à Aron : « peut-être M. Aron aurait-il pu consacrer quelques pages à la technique de justification employée par certains intellectuels, qui consiste à libérer leur conscience en proclamant avec force leur sympathie pour des opprimés lointains et inaccessibles en fermant les yeux sur les opprimés qui se trouvent, si l'on peut dire, à portée de la main ». Afin d'expliquer la charge aronienne contre le marxisme, Duverger se réfère à des éléments psychologiques : si Aron déteste les intellectuels

81. Maurice Duverger, « Opium des intellectuels ou trahison des clercs ? », *Le Monde*, 27 août 1955. Les citations suivantes sont tirées de cet article.

de gauche, c'est parce qu'il sait qu'il n'est plus des leurs. Le livre ne serait alors qu'une « confession déguisée » du « brillant para-marxiste d'avant-guerre », décrit comme « trop lucide » pour ne pas être conscient du rôle qu'il joue désormais : il est celui qui fournit à la bourgeoisie « la dose de justifications qui permettent à celle-ci d'avoir bonne conscience et d'affaiblir ses adversaires ». Ainsi, ce qui donne au livre « son intérêt exceptionnel », c'est la « signification ésotérique » de la dialectique aronienne : en critiquant les intellectuels de gauche, il chercherait en fait à justifier son reniement, et d'abord à ses propres yeux. Ce en quoi, conclut Duverger, il ne parvient qu'à échouer. Les coups sont rudes, mais ils ne dissuadent pas Aron de continuer à dénoncer « la nouvelle trahison des clercs » : il publie dans sa collection, deux ans plus tard, un livre de Manès Sperber qui constitue un retour sur son engagement communiste et une critique en règle du marxisme[82]. Mais entre *L'Opium des intellectuels* et *Le Talon d'Achille*, le rapport Khrouchtchev a modifié considérablement l'image dont bénéficie le communisme dans le monde occidental.

82. Manès Sperber, *Le Talon d'Achille*, Paris, Calmann-Lévy, 1957.

IV

LES ANNÉES 1950 : UN LIBÉRALISME POLITIQUE

Lorsque Calmann-Lévy s'engage dans la mêlée confuse de la guerre froide, son identité se définit essentiellement de manière négative : il s'agit de s'opposer à une idéologie et à un système politique perçus comme une menace existentielle. Mais qu'est-ce qui est ainsi mis en danger par le déploiement du projet soviétique ? Qu'est-ce qui motive, au fond, cette « guerre froide des idées » ? Rapidement, le besoin se fait sentir d'affirmer de façon plus positive cette identité menacée. Parmi les « labels » disponibles, il est bien sûr possible de se dire socialiste ou conservateur. Mais les animateurs de la collection ne sont pas – ou, si l'on prend Raymond Aron, plus – socialistes, et ils ne souhaitent pas être classés dans le camp conservateur. Ce terme est en effet ambigu, puisqu'il peut signifier à la fois la défense des traditions et des hiérarchies sociales, ce qui donne facilement prise à un procès en « réaction », et la simple volonté – plus aisée à légitimer – de conserver les valeurs des sociétés occidentales. Cette dernière acception correspond à l'orientation de Calmann-Lévy, mais ce terme, associé par beaucoup d'intellectuels au « camp du mal », est soigneusement tenu à distance, notamment par

Raymond Aron qui est pourtant de plus en plus souvent classé « à droite[1] ».

L'anticommunisme ne suffisant pas à délimiter les contours d'une identité, il faut assumer la nécessité de qualifier une entreprise éditoriale s'abritant, à l'origine, derrière une valeur qui peut revêtir des contenus multiples : la liberté (de l'esprit). C'est donc assez logiquement le terme « libéral » que finissent par privilégier Calmann-Lévy et Raymond Aron. On pourrait considérer ce fait comme peu surprenant, mais il s'agit là d'une illusion rétrospective. En effet, l'étiquette « libéral » ne s'imposait pas avec évidence, tant cette idéologie était alors considérée par la plupart des intellectuels comme désuète. Le libéralisme, qui était encore brandi par ses partisans comme un flambeau au XIXe siècle et même jusqu'en 1914, est en effet jugé largement anachronique à partir de l'entre-deux-guerres, plus précisément après la crise de 1929. Après-guerre, l'anticommunisme d'Aron s'accompagne pourtant d'une revendication « libérale » : en 1955, dans *L'Opium des intellectuels*, il se définit comme un de ces « incorrigibles libéraux ». Ce label lui paraît le plus adéquat pour qualifier son positionnement, étant entendu que, comme il le rappelle dans son célèbre pamphlet, « les libéraux doutent d'eux-mêmes et éprouvent une sourde

1. Il consacre d'ailleurs à la fin des années 1950 un texte à cette famille politique : cf. « De la droite », dans Raymond Aron, *Espoir et peur du siècle. Essais non partisans*, Paris, Calmann-Lévy, 1957. Ce texte est simultanément un essai sur « le conservatisme dans les sociétés industrielles » et une réponse à l'article de Simone de Beauvoir qui faisait d'Aron, deux ans auparavant, dans *Les Temps Modernes*, un représentant de la pensée de droite.

mauvaise conscience de se trouver parfois dans le camp du mal (la droite, la réaction, la féodalité)[2] ».

Ce libéralisme prend place dans un contexte spécifique : celui de la guerre froide, mais aussi à l'Ouest celui du keynésianisme triomphant et de la mise en place de l'État providence. Si au plan politique il s'agit de réaffirmer les valeurs de l'État de droit, de la séparation des pouvoirs et de la modération, au plan économique, il s'agit d'assumer le « régime mixte » qui prédomine dans l'après-guerre et qu'Aron décrit comme partiellement socialiste[3]. L'enjeu de ce chapitre sera d'observer comment cette identité libérale, qui réactive une tradition alors en perdition, se construit « au fil de l'eau » comme un « libéralisme de guerre froide[4] ». Fondamentalement politique et antitotalitaire, il s'affirme comme un éloge du pluralisme et une synthèse de la liberté négative – celle qui consiste à ne pas être empêché d'agir – et de la liberté positive – celle qui permet de réaliser ses possibilités.

1. UN LIBÉRALISME INCERTAIN

Le libéralisme que défendent Calmann-Lévy et la collection « Liberté de l'esprit » est semblable à celui qui est porté par le Congrès pour la liberté de la culture : il s'agit d'un libéralisme avant tout politique, qui laisse ouverts

2. *Ibid.*, p. 329.

3. Raymond Aron, *Introduction à la philosophie politique. Démocratie et révolution*, Paris, Le Livre de Poche, 1997.

4. Sur ce syntagme, cf. Jan-Werner Müller, « Fear and freedom. On "cold war liberalism" », *European Journal of Political Theory*, 7/1, 2008, p. 45-64, et Catherine Audard dans *Qu'est-ce que le libéralisme ? Éthique, politique, société*, Paris, Gallimard, 2009.

un large spectre de positionnements économiques (du socialisme à la défense du marché) et un grand éventail de positionnements culturels et moraux (de la tolérance à un conservatisme assumé). Ce libéralisme est donc, pour utiliser une métaphore physique, un composé instable qui refuse de se figer et dont la forme varie constamment. Cette caractéristique est observable dès la fin des années 1940. Si l'on isole la dimension économique, on constate par exemple que « Liberté de l'esprit » n'est guère dogmatique : bien avant qu'Aron se dise « keynésien avec quelques regrets du libéralisme[5] », James Burnham explique, lors de la promotion de la traduction française de *The Managerial Society*, que « ceux qui brandissent le drapeau de la *free enterprise* ne rallieront pas les masses, qui soupçonnent quelque manœuvre de la réaction (encore que tout le monde s'irrite contre les désagréments de la bureaucratie, les lenteurs de l'administration, les queues aux portes des magasins) ». À quoi il ajoute cette sentence définitive : « L'économie libérale du XIXe siècle a disparu sans retour[6] ». À l'époque, c'est aussi la thèse de Raymond Aron, qui développera ce thème dans ses écrits des années 1950 et 1960[7].

---

5. Raymond Aron, *L'Opium des intellectuels*, *op. cit.*, p. 11.

6. « En causant avec James Burnham », *Le Figaro littéraire*, 10 janvier 1948.

7. C'est la raison pour laquelle il s'oppose avec constance au libéralisme de Friedrich Hayek, qui nécessite selon lui un autoritarisme politique : cf. Gwendal Châton, « Libéralisme ou démocratie ? Raymond Aron lecteur de Friedrich Hayek », *Revue de philosophie économique*, vol. XVII, n° 1, juin 2016, p. 103-134. Cette opposition ne l'a pas empêché de solliciter Hayek en 1949 au sujet d'un projet de traduction de certains de ses essais d'épistémologie, projet auquel Robert Calmann-Lévy ne donnera pas suite. Cf. lettre de Raymond

« Liberté de l'esprit » se fait ainsi la caisse de résonance d'un débat interne au libéralisme, terme dont les définitions sont multiples et pas toujours compatibles. Le mouvement général que l'on peut faire apparaître est le suivant : alors qu'Aron incarne dans les années 1950 et 1960 un libéralisme politique économiquement ouvert à la critique socialiste et à la construction de l'État providence, la collection accueille aussi bien un libéralisme conservateur héritier du libéralisme européen du XIXe siècle – que l'on pourrait qualifier de « conservatisme libéral » – beaucoup plus à droite que celui d'Aron, qu'un libéralisme anglo-saxon nettement plus progressiste et égalitariste que le sien. D'une certaine manière, le directeur de « Liberté de l'esprit » constitue le point d'équilibre d'un catalogue qui tente de donner à voir la pluralité des voix libérales, les années 1950 étant davantage marquées par la première tendance que par la seconde. Mais commençons par examiner l'apparition de la thématique libérale dans son catalogue. En publiant le livre d'Aneurin Bevan *Pour vaincre la peur*, ce best-seller socialiste que Calmann-Lévy propose en librairie en 1952[8], « Liberté de l'esprit » donne à lire un propos qui dépasse par la gauche celui de Burnham ou d'Aron, en ce qu'il annonce, avec des accents prophétiques, un futur nécessairement socialiste.

Bevan y explique en effet d'emblée que « dans une démocratie capitaliste, il s'agit en somme de savoir si la pauvreté utilisera la démocratie pour vaincre dans la lutte contre la propriété, ou si la propriété, par peur de la

Aron à Friedrich Hayek, 26 avril 1949, Archives Friedrich Hayek de l'université de Stanford.

8. Sur Aneurin Bevan, cf. *supra*, chapitre 3.

pauvreté, détruira la démocratie[9] ». Bevan situe d'ailleurs à plusieurs reprises le Labour Party dans la continuité des libéraux anglais du XIXe siècle, les Whigs. Le parlementarisme, qu'il défend contre sa condamnation par le marxisme et les communistes, est ainsi pour lui « une épée dirigée vers le cœur de la puissance capitaliste[10] » : il est l'outil qui permettra la nécessaire transition du capitalisme au socialisme. Défendant ardemment les dépenses collectives et les priorités sociales – au détriment des dépenses militaires, ce qui n'est guère aronien –, Bevan va jusqu'à annoncer la victoire fatale de la propriété publique, facteur de stabilité et de sérénité, sur la propriété privée, facteur d'agitation perpétuelle et d'instabilité. Comme l'auteur l'explique en conclusion : « Je ne trouve pas de raison de modifier ma conviction que les principes du socialisme démocratique sont les seuls qui puissent, d'une façon générale, s'appliquer à la situation actuelle de l'humanité[11]. » On est ici bien au-delà du libéralisme classiquement entendu, sauf à y inclure l'aile gauche du socialisme démocratique.

Il ne faudrait pas conclure de la publication de ce livre que Calmann-Lévy et « Liberté de l'esprit » défendent une forme de « socialisme libéral[12] », encore moins une forme de socialisme tout court. Simplement, Aron s'est toujours montré soucieux de maintenir le dialogue avec les socialistes européens, les sociaux-démocrates allemands et les travaillistes anglais, à partir du moment où ils assumaient

9. Aneurin Bevan, *Pour vaincre la peur*, Paris, Calmann-Lévy, 1952, p. 4.

10. *Ibid.*, p. 7.

11. *Ibid.*, p. 228.

12. Serge Audier, *Le Socialisme libéral*, Paris, La Découverte, 2006.

clairement leur anticommunisme et leur attachement à la démocratie. En cela, il réplique en France la position qui est celle du Congrès pour la liberté de la culture, dont l'axe de gravité est bien plus social-démocrate et démocrate-chrétien que conservateur. Comme Aron l'explique dans *L'Opium des intellectuels*, il a certes rompu avec la gauche, mais il cherche à s'allier à toutes les bonnes volontés, à condition qu'elles partagent son libéralisme politique et son anticommunisme. Aron pousse son «ouverture» jusqu'à publier des auteurs très clairement conservateurs: prenons l'exemple de Jean de Fabrègues, un journaliste chrétien dont il publie *La Tyrannie ou la Paix* en 1953. Les archives Calmann-Lévy attestent l'attention permanente de cet auteur pour les publications de la collection, qu'il recense régulièrement dans son journal *La France catholique*, et les archives Aron les liens perdurant sur le long terme entre les deux auteurs.

Le propos de ce livre est clairement traditionaliste: le jésuite qui en rédige la préface – le théologien Michel Riquet – insiste sur son argument central, qui est que le mal du siècle se loge dans «la recherche acharnée d'un pouvoir absolu de l'homme sur le monde matériel à quoi l'on sacrifie impitoyablement tout ce qui donne valeur à la vie personnelle de chaque homme[13]». Fabrègues est *de facto* un esprit fort peu libéral: venu du maurrassisme – il fut un temps le secrétaire du leader de l'Action française Charles Maurras et il rédigera une biographie

13. Michel Riquet S. J., «Préface» à Jean de Fabrègues, *La Tyrannie ou la Paix*, Paris, Calmann-Lévy, 1953, p. IX. Ce jésuite, disciple de Jacques Maritain, a été résistant et déporté. À partir de 1946, il est chargé des prestigieuses conférences de Carême de Notre-Dame de Paris.

de son ancien « maître » –, il a rejoint le personnalisme des « non-conformistes des années 1930[14] » avant de croire en la Révolution nationale, mais tout en rejetant la collaboration[15]. Les raisons de la publication de ce livre restent obscures : ce monarchiste n'est pas un auteur maison et il ne publiera d'ailleurs qu'un seul livre chez Calmann-Lévy. Ses liens avec Aron ne sont pas plus clairs : en définitive, seul son anticommunisme peut expliquer sa présence dans le catalogue de Calmann-Lévy.

C'est seulement au printemps 1954, soit sept ans après son lancement, que « Liberté de l'esprit » publie un ouvrage dont le titre – ou plutôt le sous-titre – se réfère explicitement au libéralisme. Dans *De l'angoisse à la liberté*, Salvador de Madariaga délivre en effet la *profession de foi d'un libéral révolutionnaire*[16]. Arrêtons-nous un instant sur cet auteur espagnol qui a écrit ce volume directement en français pour la collection d'Aron. On l'a rencontré antérieurement au sein du Congrès pour la liberté de la

14. Jean-Louis Loubet Del Bayle, *Les Non-Conformistes des années 1930. Une tentative de renouvellement de la pensée politique française*, Paris, Seuil, 2001.

15. Florian Michel et Yann Raison du Cleuziou (dir.), *À la droite du père : les catholiques et les droites de 1945 à nos jours*, Paris, Seuil, 2022.

16. En avril 1954, un mois avant la parution, la question du titre suscite une discussion. Robert Calmann-Lévy avait inscrit dans le contrat *De l'angoisse à la liberté*, mais Madariaga ne l'aime pas et il souhaite le remplacer par *Profession de foi d'un libéral révolutionnaire*. Aron trouve ce dernier trop long et lui préfère *La Révolution libérale*. Finalement, l'imprimeur ayant déjà fondu le titre, un compromis est trouvé en conservant le titre initial et en lui ajoutant la proposition de Madariaga comme sous-titre. Cf. Lettre de Robert Calmann-Lévy à Salvador de Madariaga, 29 avril 1954, Archives Calmann-Lévy, cote CL c/c 97, boîte n° 4, dossier « Salvador de Madariaga ».

culture, où il incarne la continuité avec la vieille tradition libérale européenne. Madariaga a déjà publié chez Calmann-Lévy une biographie de Christophe Colomb et dans «Liberté de l'esprit», deux ans auparavant, un livre consacré à l'Europe[17]. Cet ingénieur de formation a vingt ans de plus qu'Aron: formé à l'École polytechnique et à l'École des mines, il a mené une carrière multiforme qui l'a conduit de la diplomatie à la politique, puis à la haute fonction publique internationale: il a été président de la Commission du désarmement de la Société des nations (SDN). En exil à partir de la victoire du général Franco en Espagne, il se consacre à l'enseignement et à l'écriture[18]. Fédéraliste européen, président de la Commission culturelle aux Congrès de La Haye, il s'était fait remarquer dès les années 1930 en publiant chez Gallimard un livre consacré à la crise de la démocratie[19]. Dans l'ouvrage publié par Calmann-Lévy un an avant *L'Opium des intellectuels*, Madariaga entend explicitement réactiver la tradition d'un libéralisme qui se veut, selon ses dires, «révolutionnaire». Mais est-ce bien le cas? Et quel est le contenu de ce libéralisme qui se veut radical?

Précisons tout d'abord que Madariaga se dit libéral depuis sa participation au centenaire du parti libéral belge, en 1947. Dans son sillage, il a d'ailleurs été choisi comme président de l'Union libérale internationale, qu'il a dirigée jusqu'en 1952. Par ces engagements, il défend un libéralisme qui est, selon lui, «une attitude et un

17. Sur ce livre, cf. *infra*.

18. Pour plus de détails, cf. https://www.universalis-edu.com/encyclopedie/salvador-de-madariaga-y-rojo/.

19. Salvador de Madariaga, *Anarchie ou Hiérarchie. La crise de la démocratie. Ébauche d'une solution*, Paris, Gallimard, 1935.

tempérament plutôt qu'une doctrine ou une philosophie[20] ». En conséquence, il met en avant prioritairement, dans sa compréhension du libéralisme, la liberté de penser : le livre trouve donc tout naturellement sa place chez Calmann-Lévy. Il s'agit ensuite d'un libéralisme qui fait nettement primer la liberté politique sur l'aisance matérielle : la dimension économique n'est pas indifférente à Madariaga, mais elle lui paraît très secondaire. « Est donc libre celui qui sait garder en mains propres le pouvoir de décider à chaque pas le sentier de sa vie, et qui vit dans une société qui ne l'empêche pas d'exercer ce pouvoir[21] », affirme l'auteur dans un effort de définition. À cet égard, si la liberté a disparu des pays communistes, elle n'en demeure pas moins à ses yeux en danger dans les pays dits libres. Deux menaces particulièrement prégnantes sont pointées par l'auteur : la croissance de l'État et la focalisation des individus sur leur bien-être, la seconde nourrissant d'ailleurs la première.

L'ambition de Madariaga est grande, puisqu'il entend construire un point de vue « révolutionnaire » qui consiste paradoxalement à « avoir le courage de passer pour réactionnaire aux yeux et de la réaction capitaliste-conservatrice et de la réaction marxiste-communiste[22] ». Cela le conduit donc à mettre en cause l'individualisme des libéraux du siècle passé, ceux qui défendaient ce qu'il appelle « la liberté des dividendes[23] ». Car le libéral « ne doit point faire figure de socialiste modéré ou de

20. Salvador de Madariaga, *De l'angoisse à la liberté. Profession de foi d'un libéral révolutionnaire*, Paris, Calmann-Lévy, 1954, p. 15.

21. *Ibid.*, p. 11.

22. *Ibid.*, p. 19.

23. *Ibid.*, p. 20.

conservateur ouvert à l'air du temps[24] ». C'est là qu'il situe son horizon révolutionnaire. Mais que trouve-t-on, dès lors, dans ce livre copieux ? Tout d'abord, une analyse de l'angoisse produite par la modernité, qui doit conduire à renouer avec une liberté avant tout créatrice. Mais aussi une mise en cause frontale du suffrage universel direct, qu'il critique comme une modalité inadéquate d'expression du consentement des gouvernés.

Ce qui contrarie Madariaga, c'est qu'il incite les acteurs politiques à s'efforcer « de simplifier, et donc de fausser, des questions pour les mettre à la portée de leurs électeurs » : il est donc « un facteur de corruption de l'esprit public[25] ». S'il admet que dans un premier temps, il permet d'éliminer les injustices et les inégalités, il considère qu'ensuite il installe une démagogie qui produit un déséquilibre en faveur de la majorité. Il assume ici un point de vue nettement conservateur, expliquant que le suffrage universel direct amène à négliger « la compétence, l'utilité, le désintéressement, ou même l'importance organique des classes et des institutions négligées[26] ». Au total, en amenant à privilégier la quantité par rapport à la qualité, ce type de suffrage conduit l'être humain à l'angoisse tout autant que le système soviétique. C'est là qu'intervient l'antidote libéral : il doit permettre à la personne de s'affranchir des masses. Le ton est ici très proche d'un autre libéral espagnol de la même génération, José Ortega y Gasset, qui développe un libéralisme aristocratique assez similaire[27].

24. *Ibid.*, p. 21.
25. *Ibid.*, p. 58.
26. *Ibid.*, p. 60.
27. José Ortega y Gasset, *La Révolte des masses*, Paris, Les Belles Lettres, 2010 (1929).

En ce sens, le libéralisme de Madariaga est assez clairement conservateur. Il s'oppose au rôle croissant joué par la masse, décrite comme un « cancer du corps social moderne » qui ne veut que « du pain et des jeux » et se moque de la culture[28]. L'aristocratisme de Madariaga affleure à nouveau lorsqu'il fait du paysan un conservateur, du bourgeois un homme du présent et de l'aristocrate un homme de l'avenir décrit comme totalement désintéressé, d'ailleurs par nature en charge de la politique et de l'art. Il se montre en outre fort peu atlantiste, les États-Unis étant décrits comme un pays aussi impérialiste que l'URSS et donc coresponsable de la guerre froide. C'est pourquoi il défend la mise sur pied d'une « république fédéralisée à plusieurs paliers [...] où chaque pays aura à jouer le rôle que sa capacité lui octroie dans l'intérêt commun[29] ». C'est à une fédération universelle – il parle de « comonde » – qu'aboutit le libéralisme de Madariaga, dont l'Europe sera le lieu d'épanouissement, sachant qu'il refuse la création d'un super-État qui centraliserait le pouvoir ainsi que toute mise sur pied d'une Assemblée européenne élue au suffrage universel direct.

Au plan national, Madariaga défend un libéralisme atypique : il accepte l'impôt progressif, mais en s'opposant à son usage redistributif[30] ; il met en avant la figure de l'ouvrier-paysan, dont la journée doit se partager entre l'usine et le champ ; il défend une conception très traditionnelle de la famille, les femmes étant cantonnées à la vie domestique ; il souhaite que l'école soit contrôlée non

---

28. Salvador de Madariaga, *De l'angoisse à la liberté*, *op. cit.*, p. 128 et 131.
29. *Ibid.*, p. 172.
30. *Ibid.*, p. 128.

par l'État, mais par des associations libres de familles ; il promeut un suffrage familial, le vote étant pondéré en fonction de la taille de la famille, cela afin de mettre fin à la division de l'institution familiale provoquée selon lui par l'introduction du suffrage féminin[31] ; ce suffrage doit permettre aux familles d'élire des conseils municipaux, qui désigneront des conseils de régions, qui engendreront à leur tour le parlement national. Salvador de Madariaga argumente également en faveur de la mise hors la loi des partis communistes, mais aussi des partis totalitaires de droite et des partis séparatistes – c'est ici le citoyen espagnol qui parle[32].

De toute évidence, son rejet du suffrage universel direct pose la question de l'adéquation de ce libéralisme, de facture très aristocratique, à la démocratie. Aron en est parfaitement conscient : il connaissait cette thèse de Madariaga, déjà exposée dans *Anarchie ou Hiérarchie* au milieu des années 1930, et la critiquait dans ses cours donnés à l'École nationale d'administration (ENA) en 1952. Il expliquait alors à ce sujet que pour Madariaga, « il faudrait que le suffrage fût ou universel et non direct, ou direct et non universel », estimant que « c'est une idée qui n'a à peu près aucune chance d'être appliquée », car « à partir du moment où on entre dans ce système, il n'y a pas de raison de s'arrêter[33] ». En d'autres termes, le droit de suffrage est nécessairement voué à s'étendre et

31. *Ibid.*, p. 215. Notons au passage que ce type de suffrage était prévu par le maréchal Pétain dans son projet de réforme constitutionnelle.

32. *Ibid.*, p. 248.

33. Raymond Aron, *Introduction à la philosophie politique, op. cit.*, 1997, p. 120.

à aboutir au suffrage universel. Madariaga mène donc un combat d'arrière-garde qui reconduit la vieille méfiance libérale à l'égard de la démocratie, méfiance dont Aron, profondément démocrate, se défie à son tour. Le point de désaccord entre l'auteur et l'éditeur est ainsi parfaitement isolé, et cela bien en amont de la publication de *De l'angoisse à la liberté*, qu'Aron a retenu en dépit de cette divergence.

Ce livre fait l'objet d'une belle réception, quoique souvent critique. Il est recensé très favorablement par Robert Kemp dans *Les Nouvelles littéraires*, qui ironise en expliquant que si on le considère parfois comme un réactionnaire, il s'est découvert à la lecture de Madariaga, notamment concernant le rôle des femmes, « plus que libéral ! Presque libertaire[34] ». C'est aussi le cas du journaliste du *Figaro* : il félicite l'auteur de « vouloir rajeunir la doctrine libérale et lui rendre sa vigueur », il loue sa critique de l'économisme, mais il se désolidarise de sa dénonciation du suffrage universel direct[35]. *La Croix* en rend compte au milieu de l'été sous le titre « Sagesse et liberté[36] » et c'est aussi le cas de *Preuves* en septembre[37]. *Franc-Tireur* n'est pas aussi élogieux : si sa journaliste apparaît enthousiaste à l'idée de la formulation d'une nouvelle doctrine libérale et si elle estime que le livre pose correctement les problèmes de l'époque, elle critique les solutions mises en avant et s'étonne du fait « que la

34. Robert Kemp, « La vie des livres. Libertés », *Les Nouvelles littéraires*, 1954.
35. Roger Giron, « Défense du libéralisme », *Le Figaro*, 31 août 1954.
36. Lucien Guissard, « Sagesse et liberté », *La Croix*, 23 août 1954.
37. « Réponse et défi, angoisse et liberté », *Preuves*, septembre 1954, p. 93.

république espagnole ait eu pour défenseur un aussi fieffé réactionnaire[38] » qui veut cantonner les femmes au foyer et supprimer le suffrage universel.

Dans la *Revue socialiste*, Marceau Pivert – l'un des leaders historiques de la SFIO – estime que ce livre, animé par une inspiration libérale « sympathique et désuète », « mériterait une réplique socialiste ». Écrite par un « éminent intellectuel », cette « remarquable étude » est inspirée selon lui par un humanisme chrétien qui fraternisait jadis avec les premiers socialistes. Il critique cependant cet « individualisme caractérisé d'origine conservatrice » pour son indifférence à l'égard des facteurs économiques. En conclusion, il invite donc à lire ce livre afin de s'adonner à un « excellent exercice de contrôle sur soi pour un socialiste convaincu[39] » : l'individualisme libéral de Madariaga doit lui rappeler qu'il lui faut participer aux organisations de la classe exploitée pour faire advenir la liberté. La toute jeune *Revue française de science politique* gratifie enfin le livre d'une courte recension anonyme qui ne fait qu'en résumer la table des matières[40]. Avec retard, *Combat* rend compte du livre en avril 1956 en faisant de son auteur un libéral hérétique « qui sera brûlé par l'orthodoxie libérale[41] ». À droite comme à gauche, le « libéralisme révolutionnaire » de Madariaga n'a trompé personne, tant sa dimension conservatrice crève les yeux.

---

38. Jane Albert-Hesse, « Les livres et les hommes », *Franc-Tireur*, 2 septembre 1954, p. 6.
39. Marceau Pivert, *La Revue socialiste*, n° 81, novembre 1954, p. 446.
40. *Revue française de science politique*, n° 3, 1954.
41. François Perroux, « Libéralisme et liberté selon don Salvador de Madariaga », *Combat*, 19 avril 1956.

C'est un libéralisme nettement plus progressiste qu'abritent dans les années suivantes Calmann-Lévy et la collection « Liberté de l'esprit ». Tout d'abord avec la publication d'un ouvrage collectif associé aux noms prestigieux d'Arthur Koestler et d'Albert Camus, qui défend l'abolition de la peine de mort un quart de siècle avant que la France ne la vote[42]. Ce livre a été conçu par Manès Sperber : il a confié la réalisation de la partie historique et documentaire à un proche de Camus, Jean Bloch-Michel, qui traduit par ailleurs des ouvrages pour Calmann-Lévy. En cette fin des années 1950, l'importance de Sperber ne cesse de croître dans le dispositif sur lequel repose Calmann-Lévy. Ce volume reprend l'essai publié par Koestler au Royaume-Uni, où il a provoqué le vote de l'abolition, et un essai de Camus qui vise à produire en France un résultat identique. L'ouvrage est un succès de librairie : le tirage initial de 5 000 exemplaires est vite épuisé et un second tirage de 4 000 exemplaires est effectué[43]. Ajoutons ici que Calmann-Lévy envisage dès 1958 la traduction du livre de John K. Galbraith, célèbre professeur d'Harvard et membre du Parti démocrate, intitulé *The Affluent Society*. Aron l'a rencontré au Congrès pour la liberté de la culture lors de la réunion de Milan, en 1955, et il l'a revu au colloque de Rhodes, en 1958 : c'est là qu'il lui propose de faire traduire son livre[44]. Ce projet annonce l'évolution de la

42. Albert Camus, Arthur Koestler, Jean Bloch-Michel, *Réflexions sur la peine capitale*, Paris, Calmann-Lévy, 1957.

43. Décompte de ventes, Archives Calmann-Lévy, cote CL4 c/c 11, boîte n° 5, dossier « Réflexions sur la peine capitale ».

44. Lettre de Raymond Drouelle à Houghton Mifflin Co, 24 octobre 1958, Archives Calmann-Lévy, cote CL4 c/c 75, boîte n° 1, dossier John Galbraith.

«ligne» de la maison d'édition, beaucoup plus ouverte dans la décennie suivante à un libéralisme de type anglo-saxon, soucieux d'égalité des chances: le libéralisme de Calmann-Lévy, incertain dans les années 1950, se fera en effet dans la décennie suivante beaucoup plus «progressiste[45]».

2. FAIRE NAÎTRE UNE EUROPE LIBÉRALE

Désirer faire apparaître un tiers européen entre les deux blocs: tel est l'un des dénominateurs communs à beaucoup de «libéraux de guerre froide», mais aussi de socialistes et de démocrates-chrétiens. La thématique européenne est ainsi présente dès l'origine de la collection et elle ne la quittera pas, en dépit des oscillations propres à Raymond Aron qui, s'il demeure toujours européen, ne sera jamais un européiste négligeant les difficultés dressées devant l'unification du Vieux Continent[46]. C'est en 1952, année durant laquelle Aron se rend en Allemagne pour prononcer un discours consacré précisément à cet enjeu[47], que Calmann-Lévy ajoute à son catalogue un premier livre qui brosse un *Portrait de l'Europe*. On le doit à Salvador de Madariaga, diplomate polyglotte à l'origine de la création du Collège d'Europe, dont il a lancé l'idée au Congrès de La Haye en 1948. Le livre

45. Cf. *infra*, chapitre 5.

46. Sur ce point, cf. *L'Europe selon Aron*, textes choisis et préfacés par Joël Mouric, Paris, Calmann-Lévy, 2024.

47. Raymond Aron, «Discours aux étudiants allemands sur l'Europe et l'unité de l'Allemagne» (1952), repris dans *Commentaire*, n° 28-29, 1985.

est retenu par Aron en 1951[48], l'année de la mise en place de la Communauté européenne du charbon et de l'acier (CECA), et il choisit pour titre «portrait» plutôt qu'«esquisse», qui avait la préférence de l'auteur[49]. L'ouvrage est préfacé, comme plusieurs volumes de la collection, par André Maurois.

L'académicien décrit Madariaga comme l'un des premiers Européens, comme l'un de ceux qui, outre leur appartenance nationale, ont «*senti*, la culture des autres pays du continent et qui, au-delà de cette bigarrure, perçoivent ou pressentent quelque uniformité[50]». Il trouve en cet écrivain cosmopolite celui qui rattache la diversité européenne à des sources communes, dont le rationalisme et le christianisme, mais qui insiste aussi sur les emprunts et les influences réciproques: il existe en effet pour lui «une unité de l'Europe classique[51]». Maurois pose cependant deux questions à l'auteur du livre qu'il préface: si l'Europe ne saurait exclure la Russie, que faire de l'URSS? Si les États-Unis ne sont pas en Europe, quelle place donner à ce pays traversé par les mêmes valeurs? En deçà de ces questions, Madariaga délivre un plaidoyer pour l'Europe qui se justifie par l'absence de solidarité morale des Européens. L'un des périls qui la guettent, c'est en effet «ses propres tendances profondes

48. Lettre de Raymond Aron à Salvador de Madariaga, 4 décembre 1951, Archives Calmann-Lévy, cote CL 4 c/c 97, boîte n° 4, dossier «Salvador de Madariaga».

49. Lettre de Salvador de Madariaga à Raymond Aron, 25 avril 1952, Archives Calmann-Lévy, cote CL 4 c/c 97, boîte n° 4, dossier «Salvador de Madariaga».

50. André Maurois, «Préface», Salvador de Madariaga, *Portrait de l'Europe*, Paris, Calmann-Lévy, 1952, p. IX. Souligné par l'auteur.

51. *Ibid.*, p. XII.

à s'autodétruire[52] ». Ce livre se justifie donc par l'effort nécessaire pour esquisser une conscience européenne, pour fonder un « nous » qui unisse les peuples européens. Et pour ce faire il faut réécrire l'histoire de l'Europe comme une histoire commune.

La méthode employée par Madariaga est à cet égard paradoxale, puisqu'il met en évidence les tensions qui séparent les différentes nations. Son but est de transformer ces tensions de facteurs de guerre en facteurs de paix : elles « doivent être intégrées dans la vie commune de l'Europe qu'elles devraient éveiller et stimuler[53] ». Avant cela, il disserte sur « l'esprit de l'Europe », qui ne se trouve pas seulement dans sa géographie et son climat, mais aussi dans sa culture et dans ses arts. Ensuite, il décrit un « Olympe européen » qui laisse beaucoup de place aux figures littéraires : ainsi de Hamlet, Don Quichotte, Faust et Don Juan. Venant aux tensions européennes, il les traite par couples : d'abord entre les trois sœurs latines – la France, l'Italie et l'Espagne –, puis entre chacune d'elles et les frères allemand, russe et anglais. Enfin, Madriaga insiste sur les « résonances européennes », qui donnent leur place aux Irlandais, aux Suisses, aux Scandinaves et aux Juifs, dont la contribution à l'Europe est saluée. Au total, son ouvrage est déroutant : il prend la forme d'une ode lyrique très abstraite, détachée de toute analyse politique concrète. Ce livre ressemble au chant d'un aède qui célèbre les mânes de l'Europe afin de souligner son unité culturelle.

Le livre est un succès pour ce type d'ouvrage : le premier tirage de 2250 exemplaires est vite épuisé et un deuxième

52. Salvador de Madariaga, *Portrait de l'Europe*, *op. cit.*, p. 2.
53. *Ibid.*, p. 6.

est aussitôt ordonné par Robert Calmann-Lévy[54]. Il faut dire que la réception a été plutôt louangeuse. *Le Figaro* y joue un rôle central : un premier conseil de lecture est publié le 19 juillet dans *Le Figaro littéraire*, qui insiste sur le fait que « les politiques tireraient le plus grand profit à méditer ces pages d'un écrivain de première grandeur[55] ». Le quotidien y revient début septembre, en évoquant « l'excellente collection "Liberté de l'esprit", que dirige notre ami Raymond Aron », et en mettant en avant « un livre qui compte et mérite attention »[56]. Enfin, deux mois plus tard, *Le Figaro littéraire* consacre une pleine page à « Madariaga, poète de l'Europe », auteur d'un livre dont « on voudrait tout citer[57] ». Il est également présenté de manière favorable par *Preuves*, qui lui consacre une pleine page[58]. *Le Monde* décrit, sous la plume de François Perroux, un portrait « direct, et tout ensemble si riche et si sobre que rien n'en est retranché sans dommage » : « Madariaga pratique avec grandeur l'art du portrait[59] », tranche l'économiste de l'Institut d'études politiques de Paris.

Au sein de ce concert de louanges, deux critiques se détachent néanmoins. Dans *Les Nouvelles littéraires*,

---

54. Lettre de Robert Calmann-Lévy à Salvador de Madariaga, 5 novembre 1952, Archives Calmann-Lévy, cote CL 4 c/c 97, boîte n° 4, dossier « Salvador de Madariaga ».

55. *Le Figaro littéraire*, 19 juillet 1952.

56. Roger Giron, « Les Livres et la politique. Portrait de l'Europe... », *Le Figaro*, 9 septembre 1952.

57. André Rousseaux, « Madariaga, poète de l'Europe », *Le Figaro littéraire*, 22 novembre 1952.

58. René Lalou, « Le dilemme européen », *Preuves*, août/septembre 1952.

59. François Perroux, « Salvador de Madariaga fait un portrait de l'Europe », *Le Monde*, 19 juin 1952.

Robert Kempf est moins enthousiaste : il critique un livre écrit trop vite, au fil de la plume. Mais surtout il s'étrangle du traitement réservé à la Russie : « un portrait de l'Europe sans la Russie stalinienne, alors que le destin de l'Europe est de se rebeller ou de s'agenouiller devant le stalinisme, c'est à peine croyable[60] ». Au total, il demeure partagé sur un livre stimulant, mais superficiel. La revue *Études*, liée à la Compagnie de Jésus, est beaucoup plus sévère et avoue sa déception : « les deux premières parties [...] ne sortent de la banalité que pour tomber dans l'arbitraire et la fantaisie[61] » ; et la suite n'est pas meilleure. Ces deux critiques n'entraveront pas pour autant, comme on l'a vu, le succès du livre en librairie. Et au-delà de ce fait, sa publication fait entrer la thématique européenne dans l'ADN de la maison d'édition. Trois ans plus tard, Calmann-Lévy et Raymond Aron récidiveront en publiant cette fois un auteur américain.

En 1955, année de la publication de *L'Opium*, Aron met en scène un dialogue transatlantique avec le spécialiste nord-américain des révolutions Crane Brinton[62]. Son livre, intitulé *Visite aux Européens*, est en effet composé d'un texte suivi d'un dialogue épistolaire entre Aron et lui. Brinton a effectué un long voyage en Europe en 1952, qui lui a permis de rédiger un livre enthousiaste quant aux chances de relèvement du Vieux Continent. C'est ce livre que fait traduire Aron en lui donnant la forme, par l'ajout de l'échange de lettres, de ce qui est

60. Robert Kemp, « Un historien touriste », *Les Nouvelles littéraires*, 4 septembre 1952.
61. *Études*, décembre 1952.
62. Il est notamment l'auteur d'un ouvrage classique, publié en 1938 sous le titre *Anatomy of Revolution*.

présenté comme «l'exemple unique d'un dialogue, de bonne foi et de bonne volonté, entre un historien américain et un sociologue français sur le destin du monde occidental[63] ». Quel est le propos de Brinton ? Il défend l'idée d'une Europe vivante et renaissante plus que décadente. Contestant la vision pessimiste d'Arthur Koestler, il explique non seulement que l'Europe est dynamique, mais aussi qu'elle «est dans son ensemble et dans chacune des nations qui la composent», «plus "riche" en ces années 1950 qu'elle l'a jamais été dans l'histoire[64] ». Ce constat ne lui sert pas à développer une propagande atlantiste: si les États-Unis ont «amorcé la pompe» avec le plan Marshall, il revient à l'Europe d'avoir effectué l'essentiel du travail de reconstruction. L'Europe est aussi plus peuplée que jamais, en dépit de la saignée opérée par la Seconde Guerre mondiale. Elle demeure certes hantée par les fantômes du passé – le nationalisme, une insuffisante démocratisation politique, une rigidité des structures sociales –, mais elle reste inspirée par l'individualisme libéral qu'elle a inventé.

Projetant son constat optimiste dans l'avenir, Brinton évoque la nécessaire union, passant par «une intégration politique effective ou au moins économique», de l'Europe, tout en excluant la possibilité d'un État fédéral[65]. Il voit dans l'ONU, l'OTAN, le plan Schuman, la CECA et le Conseil de l'Europe les annonces d'une unification réussie. Et s'il entrevoit une possible rivalité avec son pays, il ne s'en alarme pas. Envisageant les perspectives

---

63. Crane Brinton, *Visite aux Européens*, Paris, Calmann-Lévy, 1955, 4e de couverture.
64. *Ibid.*, p. 28.
65. *Ibid.*, p. 78.

économiques, il fait de l'Europe le berceau d'une «économie mixte» qui, pour différente du capitalisme américain et du collectivisme soviétique, n'en est pas moins viable et même efficace. Pour conclure son propos, Brinton entreprend de contredire Spengler et Toynbee qui annonçaient la «décadence de l'Occident»: il insiste sur le fossé qui existe entre le pessimisme des intellectuels – notamment des existentialistes, qui sont sévèrement égratignés – et l'optimisme des populations. Et il va jusqu'à se féliciter – l'argument est fort peu aronien – d'un neutralisme européen qui pourrait donner naissance à un tiers utile pour modérer la guerre froide. Le dialogue épistolaire qui suit est presque aussi long que l'essai de Brinton : il faut dire que la lettre de Raymond Aron se déroule sur plus de cinquante pages. Si on laisse de côté les développements sur la politique internationale, il poursuit une argumentation qui s'organise autour de plusieurs points.

Aron commence par s'accorder avec l'optimisme de Brinton, mais tout en relevant que le fossé se creuse néanmoins, au plan économique, entre les États-Unis et l'Europe, et au plan militaire, entre l'Europe d'un côté et les deux supergrands de l'autre. Ensuite, il se montre très nuancé sur les perspectives d'unification européenne, insistant sur «les énormes difficultés» que cet horizon soulève[66]. Il insiste notamment sur le fait que la principale erreur «commise aux États-Unis surtout, mais aussi par beaucoup d'Européens est de prêter à l'idée européenne une portée surtout économique, alors qu'elle est, avant tout, une idée politique[67]». Or, la Communauté européenne de défense (CED) vient précisément d'être rejetée

66. *Ibid.*, p. 145.
67. *Ibid.*, p. 149.

par la France : cela conforte Aron dans sa conviction selon laquelle « les Européens vont continuer une coopération difficile, mais non sans franchir le fossé qui sépare l'alliance permanente de la fédération[68] ».

Concernant l'Europe soviétisée, Aron estime qu'il faut l'accepter provisoirement, mais sans la reconnaître « moralement ou politiquement[69] », et qu'il faut continuer à croire en la possibilité d'une « coexistence pacifique ». Sortant du cadre européen, il ne résiste pas à l'envie de solliciter l'avis de Brinton sur le maccarthysme, cet « anticommunisme officiel étrangement primaire[70] ». Et il adresse ce conseil à son interlocuteur : « Un ami vous dit : prenez garde de vous rendre ridicule, suprême infortune pour une puissance condamnée à la grandeur[71]. » Brinton répond à son tour dans une longue lettre qui n'apporte pas de corrections substantielles au propos de son livre, si ce n'est qu'il insiste plus nettement sur une probable « détente » et qu'il décrit le « démagogue » McCarthy comme une bulle qui est en train de se dégonfler. S'il s'était très bien vendu aux États-Unis, ce livre, tiré à 3 000 exemplaires, ne remporte pas le succès escompté, en dépit de mentions favorables dans la *Revue française de science politique*, dans *Combat*, *Études*, *Les Nouvelles littéraires*, *Le Figaro littéraire* ainsi que *Le Monde*[72].

Si Raymond Aron est un compagnon de route du mouvement européen, s'il indique clairement du doigt

68. *Ibid.*, p. 153.
69. *Ibid.*, p. 159.
70. *Ibid.*, p. 164.
71. *Ibid.*, p. 165.
72. Archives Calmann-Lévy, cote CL 1 c/c 9, boîte n° 9, dossier « Crane Brinton ».

l'horizon d'une union politique, il montre aussi très tôt ses doutes quant à la possibilité d'une unification européenne effective à moyen terme. Cet intellectuel, qui reste au fond un homme de l'État-nation, entretient ainsi une relation ambiguë avec le projet européen. Celui-ci n'est d'ailleurs pas central dans le catalogue de sa collection. On rencontre néanmoins quelques années plus tard un autre livre qui traite de ce thème. Son auteur est le futur Prix Nobel d'économie Maurice Allais. Il publie en effet en 1960 *L'Europe unie, route de la prospérité*, un livre qui obtient le Grand Prix de la Communauté atlantique. Rappelons quelques éléments sur le parcours de cet économiste libéral atypique.

Polytechnicien et ingénieur du corps des Mines, Allais s'est formé à l'économie durant ses études d'ingénieur. Après-guerre, il devient chercheur au CNRS et professeur à l'université de Paris. Il fait partie des fondateurs de la Société du Mont-Pèlerin, tout en ayant critiqué l'obsession de ses membres quant au droit de propriété. Il est également membre du Mouvement pour l'union atlantique, qui milite pour une union entre l'Europe et les États-Unis. S'il rejettera, beaucoup plus tard, la mondialisation libérale et l'évolution libérale de l'Europe, il défend en 1960 la nécessité d'une communauté économique et politique. La première doit entraîner la seconde, et c'est l'objet de son livre que d'expliquer qu'« une libéralisation effective des échanges peut permettre à l'Europe de doubler ses niveaux de vie » et que « l'extension de cette libéralisation à l'échelle atlantique conditionne l'avenir de l'Occident et de sa civilisation millénaire[73] ».

---

73. Maurice Allais, *L'Europe unie, route de la prospérité*, Paris, Calmann-Lévy, 1960, 4e de couverture.

Au-delà des développements techniques, ce livre insiste sur la nécessité de l'unification européenne, conçue comme la première étape vers une communauté atlantique. L'efficacité économique, considérée par Allais comme la condition de la survie de l'Occident, doit être assurée par la mise en place du marché commun qui élèvera le niveau de vie – nous sommes trois ans après le traité de Rome. Allais développe dans cet ouvrage quelques idées iconoclastes pour un économiste classé comme libéral: ainsi de la nécessité et de la possibilité d'une « certaine synthèse du libéralisme et du socialisme[74] ». Beaucoup moins iconoclaste est sa défense de la nécessité d'une intégration politique, l'union économique étant décrite comme incompatible avec une totale indépendance nationale, ou son appel à une libéralisation totale des marchandises, des capitaux et des mouvements des personnes.

Si Allais ne masque pas les obstacles faisant entrave à l'unification, par exemple l'insuffisance du soutien américain, il développe également une critique des lacunes du traité de Rome, pas assez supranational et insuffisamment libéral à ses yeux[75]. Au-delà, il défend l'idée d'un « marché commun atlantique » intégrant les États-Unis, qui doit également déboucher sur une communauté politique. Ajoutons que l'appendice n° 2, consacré aux « conditions économiques d'une société libre », fait du totalitarisme la conséquence nécessaire du collectivisme centralisé, et de la propriété privée et de l'économie de marché les conditions de sauvegarde des libertés politiques[76]. En somme, Allais soutient l'idée selon laquelle le

74. *Ibid.*, p. 125.
75. *Ibid.*, p. 183 et ss.
76. *Ibid.*, p. 320 et ss.

seul moyen de vaincre l'URSS, c'est de s'unir – y compris au plan militaire – et d'attendre que le système s'écroule sous l'effet de ses difficultés économiques. Comme l'explique l'auteur, à la suite de la Détente, «*il ne dépend que de l'Occident que cette première victoire ne soit qu'une étape sur le chemin qui doit mener au triomphe final de son idéologie libérale*[77] ». Ce livre, très technique dans l'argumentation de son propos, n'a pas généré des ventes considérables : il a été prudemment tiré à 2500 exemplaires, près de 600 exemplaires étant encore invendus au milieu de l'année 1963[78].

3. PENSER L'ANTISÉMITISME APRÈS LA SHOAH

L'antitotalitarisme libéral que défendent Calmann-Lévy et «Liberté de l'esprit» s'incarne également dans une sorte d'examen de conscience alors que l'on découvre progressivement la réalité de la Shoah, d'un Occident travaillé depuis des siècles par l'antisémitisme. La famille Calmann-Lévy a toujours été attentive au fait juif et, par la force des choses, à l'antisémitisme. Cette dynastie d'éditeurs a en effet assisté à son éclosion en Europe à la fin du XIXe siècle, notamment en France au moment de l'affaire Dreyfus : l'antijudaïsme d'inspiration catholique devient alors un véritable antisémitisme. Les Calmann-Lévy l'ont ensuite observé grandir durant les années 1920, lorsqu'il était porté par l'Action française et la stigmatisation par Charles Maurras des «quatre États

77. *Ibid.*, p. 247. Souligné par l'auteur.
78. Archives Calmann-Lévy, cote CL4 c/c 2, boîte n° 4, dossier «Maurice Allais».

confédérés[79] » – les Juifs constituant l'un d'eux. Ils ont à nouveau constaté ses ravages lors de l'accession de Léon Blum à la tête du gouvernement du Front populaire : elle a été accompagnée de critiques antisémites d'une extrême violence[80]. Et surtout ils l'ont vu devenir une politique avec l'État français de Vichy, qui les a spoliés de leur entreprise. Rappelons ici que trois membres de la famille, Georges Propper, Michel Propper et Pierre Massé, sont morts dans les camps nazis.

En 1937, année de la publication par Céline de *Bagatelles pour un massacre* chez Denoël, Calmann-Lévy avait bien tenté de réagir en republiant *Israël chez les nations. Les Juifs et l'antisémitisme*, du libéral Anatole Leroy-Beaulieu, un livre qui constituait à la fin du XIXe siècle une réponse à *La France juive* d'Édouard Drumont. Mais en dépit de tous ces avertissements, après 1945, lorsque Robert et Pierre Calmann-Lévy réussissent à récupérer leurs biens, ce qui domine, c'est la stupéfaction devant la destruction des Juifs d'Europe. En ce sens, l'histoire de la famille Calmann-Lévy est conforme à un certain type de destin juif français, marqué par une volonté d'assimilation avant-guerre, puis par un rappel à son judaïsme en 1940, avant de l'assumer après 1945. Cette histoire explique qu'elle cherche, après-guerre, à repenser l'antisémitisme à nouveaux frais. À cet égard,

79. Cf. Charles Maurras, « De la liberté suisse à l'unité française », (1926), accessible en ligne à l'adresse suivante : https://maurras.net/textes/155.html

80. On peut se reporter, sur ces différents moments, aux travaux de Pierre Birnbaum, notamment *L'Affaire Dreyfus. La République en péril* (Gallimard, 1994) et *Léon Blum. Un portrait* (Seuil, 2016).

il y a un nom qui se détache au sein de son catalogue : celui de Léon Poliakov.

Cet historien, de cinq ans le cadet d'Aron, ami de Manès Sperber, est né en Russie dans une famille d'origine juive. Arrivé en France en 1920 à l'âge de 10 ans, il y fait des études de droit et commence une carrière de journaliste[81]. Après avoir participé aux hostilités dans l'armée française, il s'est engagé dans la Résistance[82]. Il fait également partie de l'équipe qui met sur pied, en 1943, le Centre de documentation juive contemporaine : la mission de cette structure est de documenter la persécution et la spoliation des Juifs par les nazis[83]. Cette expérience va changer sa vie, puisqu'il va devenir grâce à elle l'un des pionniers de l'histoire de la Shoah et un spécialiste mondialement reconnu de l'antisémitisme.

L'étape décisive de cette transformation intervient en 1945-1946, lorsque Léon Poliakov assiste Edgar Faure, procureur général adjoint français, lors du procès de Nuremberg : il devient alors, sur la base de sa connaissance des archives, un véritable expert de l'extermination nazie. En 1947, il est naturalisé français, et l'année suivante il commence la rédaction d'un livre fondé sur les documents du procès de Nuremberg. Lorsqu'il est terminé, c'est Alexandre Kojève qui a l'idée de transmettre le manuscrit à Raymond Aron. Ce dernier accueille sans

---

81. Judith Lindenberg, « Léon Poliakov, historien », *Archives juives*, 2016/1, vol. 49, p. 134-137.

82. Pour plus de détails, cf. Léon Poliakov, *L'Auberge des musiciens. Mémoires*, Paris, Mazarine, 1981.

83. Sur l'histoire du Centre de documentation juive contemporaine et sa revue *Le Monde juif*, cf. « Raconter la Shoah. 40 ans d'écrits personnels dans *Le Monde juif* », *Revue d'histoire de la Shoah*, n° 211, mars 2020.

hésiter dans « Liberté de l'esprit » le premier ouvrage qui étudie systématiquement la politique d'extermination des Juifs[84].

Publié sous le titre *Bréviaire de la haine* en 1951, ce livre s'appuie à la fois sur les archives et les témoignages pour mettre au jour la réalité de la Shoah[85]. Il s'ouvre sur une préface de François Mauriac, courte mais forte. Le futur Prix Nobel de littérature insiste en effet sur l'impérieuse nécessité de lire ce récit pourtant éprouvant : pour les Allemands qui doivent faire acte de contrition, comme pour les Français « dont l'antisémitisme traditionnel a survécu à ces excès d'horreur dans lesquels Vichy a eu sa timide et ignoble part[86] », mais aussi pour les catholiques, dont l'autorité suprême n'a pas condamné clairement l'extermination en cours. La vertu du livre de Poliakov est pour lui de fonder « sur des preuves indubitables un chapitre de l'histoire qui risquait de tourner à la légende et de n'être pas crue lorsque ceux qui en

84. Gerald Reitlinger publie *The Final Solution: The Attempt to Exterminate the Jews of Europe, 1939-1945* deux ans plus tard et l'ouvrage de Raul Hilberg *La Destruction des Juifs d'Europe* ne sera publié en anglais qu'en 1961 et en français seulement en 1988.

85. Le titre initialement prévu était *L'Agonie des Juifs d'Europe*. Cf. lettre du secrétariat à Léon Poliakov, 9 novembre 1950, Archives Calmann-Lévy, cote CL4, c/c 126, boîte n° 1, dossier « Léon Poliakov ».

86. François Mauriac, « Préface », Léon Poliakov, *Bréviaire de la haine : le IIIe Reich et les Juifs*, Paris, Calmann-Lévy, 1951. Initialement, Léon Poliakov avait suggéré à Raymond Aron le nom de Jacques Maritain, qui avait donné son accord de principe. Cf. lettre de Léon Poliakov à Raymond Aron, 12 octobre 1950, Archives Calmann-Lévy, cote CL4, c/c 126, boîte n° 1, dossier « Léon Poliakov ». Mais finalement, Maritain se ravise et c'est Mauriac qui est sollicité.

furent les témoins et les victimes auront disparu[87] ». La lecture de ce livre doit donc prémunir contre le retour de l'antisémitisme : « puisse la lecture de ce bréviaire constituer dans notre vie un événement », explique sobrement le préfacier[88].

Le livre de Léon Poliakov ouvre des voies empruntées par les historiens postérieurs : ainsi de la vie dans les ghettos, du rôle des conseils juifs, de ce qu'on appellera bientôt « la Shoah par balles » qu'il qualifie d'« exterminations chaotiques », des conditions concrètes des « exterminations méthodiques », du rôle de Vichy ou encore du silence de Pie XII. La réception académique du livre est très positive : la *Revue d'histoire de la Deuxième Guerre mondiale* salue la publication d'un ouvrage dont le titre pourrait induire le lecteur intéressé en erreur, car derrière la formule polémique, on trouve en fait un « livre solide, sérieux, écrit avec une objectivité méritoire (l'auteur est israélite) » et qui « met au point de façon claire cette effroyable page d'histoire[89] ». Aux États-Unis et au Royaume-Uni, le livre connaît également un grand retentissement : *International Affairs* salue « *a grim but thoughtful book*[90] » ; l'*American*

87. *Idem.*

88. Dans cette condamnation sans appel de l'antisémitisme, Mauriac insère néanmoins une remarque quelque peu ambiguë. Ainsi explique-t-il ceci : « je crois, et je l'ai écrit à l'auteur de ce livre, qu'un certain comportement des Juifs qui tient aux conjonctures de leur tragique histoire et dont l'épopée palestinienne a déjà délivré ceux qui la vivent, n'est pas étranger à la persistance de ce ferment ». Cette ambiguïté s'ajoute au jugement précédent sur Vichy, qui sous-estime grandement sa responsabilité dans la déportation des Juifs français.

89. Marie Granet, « Poliakov (Léon), *Bréviaire de la haine* », *Revue d'histoire de la Deuxième Guerre mondiale*, n° 7, juillet 1952, p. 81.

90. « Un livre sombre mais réfléchi. »

Journal of Sociology salue une étude de cas qui, en dépit de son manque de cadre théorique, possède une valeur sociologique, la sous-théorisation étant compensée par l'abondance des détails[91]. Dans *Commentary*, Hannah Arendt loue un ouvrage pionnier et important : elle gardera de cette lecture un intérêt pour la question de la conduite des *Judenräte*, sur laquelle elle insiste dans cette recension et qui sera au cœur de son livre, publié une décennie plus tard, *Eichmann à Jérusalem*[92]. La réception dans la presse française est également très élogieuse et insiste tant sur la richesse documentaire que sur le sang-froid et l'objectivité de l'auteur : c'est le cas dans *Le Monde*, *La Parole*, *Évidences*, *Aspects de la France*, *Franc-Tireur*, *La Croix*, *Les Nouvelles littéraires* ou encore *L'Observateur*. *Combat*, enfin, juge le livre suffisamment important pour en publier les « bonnes feuilles[93] ». Le Centre de documentation juive contemporaine ne peut donc que constater que ce livre « a obtenu d'emblée un succès qu'on doit sans risque d'exagération qualifier de

91. Norman Bentwich, « *Harvest of Hate*, by Léon Poliakov », *International Affairs*, vol. 32, n° 2, avril 1956, p. 231. E. L. Quatantelli, « *Harvest of Hate*, by Léon Poliakov », *American Journal of Sociology*, vol. 61, n° 5, mars 1956, p. 513.

92. Hannah Arendt, « The history of the great crime (review) », *Commentary*, mars 1952. Après la sortie du livre d'Arendt, en 1963, Poliakov exprimera cependant des réserves sur une thèse qui conduit « à une morale insensée suivant laquelle la victime – toute victime – est "complice" de son assassin, ou de son bourreau », cf. Lettre de la direction littéraire de Calmann-Lévy au *Nouvel Observateur*, Archives Calmann-Lévy, cote CL4, c/c 126, boîte n° 1, dossier « Léon Poliakov ».

93. Cf. le dossier de presse du livre, Archives Calmann-Lévy, cote CL4, c/c 126, boîte n° 1, dossier « Léon Poliakov ».

sensationnel[94] ». Il s'agira de fait d'un *long-seller*, au point que l'auteur s'agacera une décennie plus tard de la mauvaise volonté de son éditeur à faire réaliser un tirage en livre de poche.

Cinq ans plus tard, la collection « Liberté de l'esprit » accueille un livre de l'historien Jules Isaac, le coauteur des fameux manuels scolaires « Malet et Isaac », qui a perdu une partie de sa famille dans les camps. Celui qui avait déjà isolé aux origines de l'antisémitisme un antijudaïsme chrétien – dans *Jésus et Israël,* publié en 1948 par Albin Michel – poursuit alors son travail en faveur de la correction du message catholique et de l'amitié judéochrétienne[95]. Dans *Genèse de l'antisémitisme*, cette ambition passe par la mise en évidence d'une quasi-absence d'antisémitisme dans le monde antique et d'un regain de cette passion sanguinaire avec le renforcement de l'Église au Moyen Âge[96]. Avec ces deux livres, Calmann-Lévy ouvre un chapitre qui n'est pas près de se refermer : Poliakov devient rapidement un auteur maison et il y publiera, entre autres, les quatre tomes de son histoire de l'antisémitisme de l'Antiquité à nos jours[97].

---

94. Courrier promotionnel du Centre de documentation juive contemporaine, septembre 1951, Archives Calmann-Lévy, cote CL4, c/c 126, boîte n° 1, dossier « Léon Poliakov ».

95. Pour plus de détails, cf. André Kaspi, *Jules Isaac ou la passion de la vérité*, Paris, Plon, 2002.

96. Jules Isaac, *Genèse de l'antisémitisme : essai historique*, Paris, Calmann-Lévy, 1956.

97. *Histoire de l'antisémitisme,* tome I : *Du Christ aux Juifs de cour* (1955) ; tome II : *De Mahomet aux Marranes* (1961) ; tome III : *De Voltaire à Wagner* (1968) ; et enfin tome IV : *L'Europe suicidaire 1870-1933* (1977).

V

LES ANNÉES 1960 : S'ADAPTER À LA DÉTENTE

La période faste commencée après-guerre, durant laquelle Raymond Aron est très investi chez Calmann-Lévy, s'achève à la fin des années 1950. Sa correspondance révèle en effet un désinvestissement assez net. Dans une lettre à un auteur qui l'interpelle au sujet de ses ventes, Aron explique en 1963 ceci : « J'ai longtemps dirigé une collection intitulée "Liberté de l'esprit", collection qui est aujourd'hui en sommeil. Mon rôle est actuellement celui d'un conseiller [...][1]. » La collection d'essais politiques si réputée de Calmann-Lévy serait donc « en sommeil » ? L'expression semble exagérée, puisque « Liberté de l'esprit » publie tout de même 33 titres entre 1960 et 1970. Pour autant, il est clair que l'investissement d'Aron dans le combat politique mené par la maison d'édition est de moindre intensité. Et cela pour deux raisons : le contexte international a changé et sa carrière universitaire l'accapare désormais.

1. Lettre de Raymond Aron à Jules Isaac, 3 juillet 1963, Archives Raymond Aron non déposées à la BNF, dossier « Directeur de collection ».

Au plan géopolitique, la période est en effet très différente : avec la déstalinisation et après la crise des missiles de Cuba, le monde passe brusquement de la guerre froide à la Détente. Ce changement de contexte influe nécessairement sur l'engagement d'Aron, tout comme plus généralement sur la politique éditoriale de Calmann-Lévy. Notamment parce que le sentiment d'urgence ressenti dans les premières années de la guerre froide par les anticommunistes s'est estompé. Comme l'écrit Aron en 1966 à McGeorge Bundy, conseiller à la sécurité nationale des présidents Kennedy puis Johnson, au sujet du Congrès pour la liberté de la culture : « Depuis quelques années, je m'en étais quelque peu éloigné faute de loisirs, mais aussi parce que la conjoncture internationale a changé au point que certaines activités du congrès me semblaient désormais plus ou moins inutiles. La bataille proprement idéologique en Europe est gagnée[2]. » Dès lors, à quoi bon continuer le combat ?

L'autre élément qui permet d'expliquer la prise de distance d'Aron à l'égard de son activité d'éditeur est l'acquisition d'une position académique prestigieuse, qui vient densifier une activité déjà débordante. Élu à la Sorbonne en 1955 après un premier échec en 1948, il a créé le Centre de sociologie européenne en 1959 et l'année suivante la revue *Archives européennes de sociologie*. Comme l'explique Marc Joly, Aron a été entre 1955 et 1968 « le véritable "patron" de la sociologie française[3] ». Et s'ajoute bien sûr à toute cette activité « institutionnelle »

2. Cité dans Pierre Grémion, *Intelligence de l'anticommunisme. Le Congrès pour la liberté de la culture à Paris, 1950-1975*, Paris, Fayard, p. 468.

3. Marc Joly, *Devenir Norbert Elias*, Paris, Fayard, 2012, p. 190.

la construction de son œuvre, couronnée en 1966 par son élection à l'Académie des sciences morales et politiques, et en 1970 au Collège de France. Aron n'a donc plus autant de temps à consacrer à sa collection, alors même que l'urgence politique paraît moindre. Mais est-il pour autant, comme il le suggère régulièrement dans sa correspondance, si désengagé? Au regard du catalogue de la collection, qui continue à se construire, on peut en douter.

La principale conséquence de cet éloignement est sans doute un renforcement du rôle de Manès Sperber, dont on a vu précédemment qu'il s'est imposé au fil des années 1950, comme conseiller pour tout ce qui touche à la politique et au débat d'idées chez Calmann-Lévy: c'est ce qu'indiquent de multiples indices éparpillés dans la correspondance d'Aron avec Robert Calmann-Lévy. Le rôle de Sperber déborde désormais l'animation de la collection «Traduit de», dont il a fait l'une des collections littéraires les plus reconnues de la place parisienne. Par ailleurs, Robert Calmann-Lévy – on se souvient que son frère, Pierre, ne joue plus aucun rôle dans la gestion de la maison à partir du milieu des années 1950 – travaille à donner une nouvelle orientation à l'engagement de la maison d'édition: les années 1960 sont bien celles d'une adaptation à la Détente. Il faudra attendre Mai 68 pour qu'Aron réinvestisse son travail d'éditeur et que la maison Calmann-Lévy redevienne plus combative: «les événements» vont provoquer un réveil de la collection, au point que dans une correspondance, Robert Calmann-Lévy évoque une «nouvelle ligne[4]».

4. Lettre de Robert Calmann-Lévy à Salvador de Madariaga, 4 septembre 1968, Archives Calmann-Lévy, cote CL c/c 97, boîte n° 4, dossier «Salvador de Madariaga».

1. L'ANTICOMMUNISME SUR UN MODE MINEUR

Si le combat idéologique semble désormais gagné, « Liberté de l'esprit » n'en continue pas moins à publier des livres consacrés au communisme. Mais il est vrai que ce thème, si structurant à l'origine, passe quelque peu au second plan. On peut néanmoins signaler trois ouvrages particulièrement marquants retenus par Calmann-Lévy. Le premier est publié en 1964 : il s'agit d'un livre de Richard Löwenthal, une sorte d'« Aron allemand », mais « plus à gauche[5] ». La maison d'édition fonde quelques espoirs sur ce volume : il est tiré à 5 000 exemplaires[6]. Cet ancien communiste a été exclu du Parti, puis il a rejoint, sous le nazisme, un groupe socialiste clandestin avant de s'exiler à Londres. Revenu en Allemagne en 1948, il mène une double carrière de professeur de politique étrangère à l'université libre de Berlin et d'éditorialiste dans des publications allemandes, anglaises et françaises. Celui qui a publié en 1946 un livre intitulé *Par-delà le capitalisme*, devenu l'une des bibles du socialisme démocratique, voit en ce milieu des années 1960 son livre *Khrouchtchev et la désagrégation du bloc communiste* traduit par Calmann-Lévy. La thèse centrale de l'ouvrage est que le bloc soviétique a commencé, après la mort de Staline, à exploser, et que ce déclin du « centralisme » au profit d'un « polycentrisme » risque fort d'entraîner une évolution des partis communistes européens, désormais indépendants de la tutelle du PCUS, soit vers la disparition pure et simple,

5. Entretien avec Pierre Hassner, 26 octobre 2004.

6. Archives Calmann-Lévy, CL 4, c/c 96, boîte n° 4, dossier « Richard Löwenthal ».

soit vers « une transformation démocratique qui pourra aller jusqu'à la fusion avec des groupements voisins[7] ». Rappelons ici que le Parti communiste italien s'est séparé du PCUS dès le XXe Congrès, en 1956, et que la Chine a rompu avec l'URSS en 1960.

Le deuxième livre que l'on doit évoquer est publié en 1967. Il constitue l'aboutissement d'un colloque qui s'est tenu à l'université de Stanford trois ans auparavant sur le thème « un siècle d'internationale marxiste ». Dans cet ouvrage collectif sont réunis des textes de Raymond Aron (« L'impact du marxisme au XXe siècle »), Bertram D. Wolfe (« Le léninisme »), Boris Souvarine (« Le stalinisme »), Merle Fainsod (« Le khrouchtchévisme »), Adam B. Ulam (« Le titisme »), Arthur A. Cohen (« Le maoïsme ») et Theodore Draper (« Le castrisme »). L'ensemble est clos par un rapport final de Richard Löwenthal, qui réaffirme la thèse exposée dans son ouvrage précédent. Notons que dans son texte qui fait figure d'introduction générale au livre, Aron considère le marxisme, à l'inverse du Sartre de la *Critique de la raison dialectique* qui le voit comme « sclérosé et indépassable », comme « dépassé et vivant », et qu'il se montre fidèle à l'ambition de Marx lorsqu'il cherche à « comprendre la condition de l'homme dans l'histoire et la signification des sociétés modernes[8] ».

Le troisième livre notable consacré au communisme dans la décennie 1960 est publié en 1969 : il permet

7. Richard Löwenthal, *Khrouchtchev et la désagrégation du bloc communiste*, Paris, Calmann-Lévy, 1964, p. 310.

8. Raymond Aron, « L'impact du marxisme au XXe siècle », dans Raymond Aron *et alii*, *De Marx à Mao Tsé-toung, Un siècle d'internationale marxiste*, Paris, Calmann-Lévy, 1967, p. 70-71.

à Robert Calmann-Lévy et à Raymond Aron de faire enfin entrer le dissident yougoslave Milovan Djilas dans « Liberté de l'esprit ». Calmann-Lévy n'avait pas pu obtenir les droits de *La Nouvelle Classe* en 1957. L'éditeur s'était, il est vrai, rattrapé en publiant en 1966 un recueil de nouvelles intitulé *L'Exécution* dans la collection de Manès Sperber. Et c'est lui, d'ailleurs, qui paraît à la manœuvre trois ans plus tard[9]. En septembre 1969, le livre de Djilas *Une société imparfaite. Le communisme désintégré* sort quasi simultanément aux États-Unis et en France. Rappelons que Djilas a été l'un des plus hauts dirigeants du parti communiste yougoslave et qu'il était considéré, avant sa disgrâce, comme le dauphin de Tito.

Alors que la thèse de *La Nouvelle Classe* était que la fidélité au marxisme devait conduire à condamner le communisme réalisé donnant le pouvoir à une classe de bureaucrates, *Une société imparfaite* va un cran plus loin en mettant en question les principes mêmes du marxisme. Djilas en conteste les prétentions scientifiques, mais il dénonce surtout l'absurdité de son projet de société parfaite : en devenant le promoteur de sociétés imparfaites, mais perfectibles, il rompt alors définitivement avec le communisme. Comme l'explique la présentation, sur le rabat intérieur, ce livre se veut « un constat d'échec du communisme, en théorie comme en pratique[10] ». Voilà donc, en cette fin des années 1960, le communisme

9. Ce dossier semble géré de bout en bout par Manès Sperber, à qui l'éditrice américaine propose le manuscrit à la fin de l'année 1968, cf. lettre de Margaret Mary McQuillan à Manès Sperber, 30 décembre 1968, Archives Calmann-Lévy, cote CL4 c/c 52, boîte n° 3, dossier « Milovan Djilas ».

10. Rabat intérieur de Milovan Djilas, *Une société imparfaite. Le communisme désintégré*, Paris, Calmann-Lévy, 1969.

(presque) désintégré et l'adhésion aronienne aux sociétés libérales confortée. En dépit d'une réception appréciable, Calmann-Lévy ne publiera pas d'autre ouvrage de Djilas auquel, selon le jugement ultérieur de Manès Sperber, le public français « est resté plutôt indifférent[11] ». Il est vrai que l'engouement de la gauche française pour l'autogestion à la yougoslave a sans doute rendu peu audible la condamnation par Djilas du communisme et des régimes qui s'en revendiquaient.

La Détente impose en outre de repenser les questions de politique étrangère et de stratégie. À cet égard, Calmann-Lévy publie un livre important d'Aron l'année de la crise des missiles de Cuba : *Paix et Guerre entre les nations*. Si on laisse de côté un livre de Georges Kennan de facture historique[12], deux autres livres attestent cet intérêt de la maison d'édition. Le premier est publié en 1966 : il s'agit d'un ouvrage du théoricien de la stratégie nucléaire Herman Kahn qui traite de « l'escalade[13] ». L'auteur est devenu célèbre dans le milieu de la stratégie avec la publication, en 1960, de *On Thermonuclear War*. Longtemps salarié par la Rand Corporation, il dirige alors l'Hudson Institute. Ce livre, écrit par celui que le bandeau de présentation qualifie de « Clausewitz de l'âge nucléaire », est publié trois ans après *Le Grand Débat*, ouvrage dans lequel Aron abordait déjà le thème sur lequel celui d'Herman Kahn est construit. En effet, lorsque Aron évoque

11. Lettre de Manès Sperber à William Jovanovich, 21 décembre 1972, Archives Calmann-Lévy, cote CL4 c/c 52, boîte n° 3, dossier « Milovan Djilas ».

12. George Kennan, *La Russie et l'Occident, quarante années d'histoire*, Paris, Calmann-Lévy, 1962.

13. Herman Kahn, *De l'escalade. Métaphores et scénarios*, Paris, Calmann-Lévy, 1966.

«la guerre par escalade», il note que cette notion est désormais centrale: c'est en effet «la menace, au moins implicite, d'escalade qui prévient les agressions[14]». Mais il relève aussi qu'elle est à l'origine d'un paradoxe: «le souci légitime d'empêcher l'escalade, si légitime soit-il, contre le risque supérieur de guerre totale, risque, dans certaines circonstances, de réduire l'efficacité de la dissuasion à l'égard des agressions mineures[15]». Les paradoxes de la dissuasion doivent donc conduire à s'intéresser aux effets de la nucléarisation du monde, y compris dans le contexte de la Détente.

Si Calmann-Lévy et Aron s'intéressent moins à la question communiste, c'est notamment pour concentrer leur attention sur l'étude des sociétés modernes. Deux livres publiés en 1960 dans «Liberté de l'esprit», à la suite des colloques du Congrès pour la liberté de la culture, en attestent. Le premier fait suite aux colloques de Rheinfelden, organisés par Aron et dont les actes ont été mis en forme par ses assistants Jean-Claude Casanova et Pierre Hassner. On y rencontre, discutant des transformations provoquées par le passage à des sociétés industrielles, aussi bien des auteurs de la collection (Bertrand de Jouvenel, Jacob L. Talmon, George Kennan) que d'autres noms appelés à la postérité (Eric Voegelin, Charles Lindblom, Robert Oppenheimer, Giovanni Sartori, Michael Polanyi). On y voit émerger des thèmes qui occuperont les libéraux des années 1960: la fin du dogmatisme en économie, la fin des idéologies et

14. Raymond Aron, *Le Grand Débat. Initiation à la stratégie atomique*, Paris, Calmann-Lévy, p. 72.
15. *Ibid.*, p. 72-73.

le rapprochement des blocs[16]. Il est vrai que c'est un Aron inhabituellement optimiste qui orchestre les débats. Le second livre évoque non pas l'infrastructure économique, mais le régime politique : il s'agit des actes des colloques de Berlin consacrés à la démocratie au XXe siècle. Le point de départ de ces débats, de nouveau organisés à l'initiative d'Aron, est l'extension planétaire de la référence démocratique, au moment même où les vieilles démocraties semblent connaître une tentation autoritaire.

Le sommaire est organisé quatre thèmes : les conditions de l'échec ou de la réussite des démocraties, la personnalisation du pouvoir, la montée en puissance des militaires, le défi du nationalisme et l'horizon cosmopolitique. Il est impossible de rendre compte des débats qui se sont déroulés entre les quarante-cinq participants. Mais on peut néanmoins s'arrêter sur le contenu du rapport d'Aron qui encadre ces discussions. Ce texte annonce en un sens la littérature transitologique : Aron s'intéresse à la consolidation – qu'il appelle stabilisation – des démocraties, mais aussi aux démocraties instables[17]. À la manière de Seymour M. Lipset, il opère un lien entre développement économique et démocratie, mais sans en faire une cause mécanique et unique. Par ailleurs, il insiste sur la nécessité d'une conversion à la démocratie de la gauche socialiste comme de la droite conservatrice, mais aussi de l'existence d'un véritable clivage politique pour que l'alternance ne soit pas

16. Raymond Aron, George Kennan, Robert Oppenheimer *et alii*, *Colloques de Rheinfelden*, Paris, Calmann-Lévy, 1960.

17. Raymond Aron, « Les institutions politiques de l'Occident dans le monde du XXe siècle », coll. « La Démocratie à l'épreuve du XXe siècle », Paris, Calmann-Lévy, 1960, p. 14.

factice. Recourant à Weber, il montre que les démocraties stabilisées sont « celles qui ont intégré l'élément charismatique dans le fonctionnement régulier des institutions[18] ». Sa conclusion demeure cependant prudente : « on connaît mieux aujourd'hui les circonstances qui favorisent la stabilité démocratique, mais les régimes démocratiques impliquent, par nature, un pari qui n'est jamais définitivement gagné[19] ».

La décennie 1960 est aussi celle de la publication, par Calmann-Lévy, de deux auteurs appelés à devenir des « classiques » de la théorie politique : Hannah Arendt et Bertrand de Jouvenel. Commençons par Arendt, que Calmann-Lévy est la première maison d'édition à traduire en français. Raymond Aron connaît le travail de cette philosophe depuis longtemps : il a rendu compte de son livre sur le totalitarisme, par ailleurs superbement ignoré en France, dans un numéro de la revue *Critique* en 1954[20]. Cet article, qui exprime aussi des désaccords, a néanmoins le mérite de recenser un ouvrage dont on sait quelle importance il acquerra par la suite dans les études totalitariennes. Mais il faut attendre 1961 pour qu'Aron fasse publier dans sa collection son livre *Condition de l'homme moderne*[21]. Le fil conducteur de ce livre est l'idée selon laquelle il faut réhabiliter une *vita activa* généralement reléguée à l'arrière-plan, dans l'histoire de la philosophie, par la mise en avant de la

18. *Ibid.*, p. 36.
19. *Ibid.*, p. 42.
20. Raymond Aron, « L'essence du totalitarisme », *Critique*, n° 80, 1954, repris dans *Machiavel et les tyrannies modernes*, Paris, Le Livre de Poche, 1993, p. 203 et ss.
21. Hannah Arendt, *Condition de l'homme moderne*, Paris, Calmann-Lévy, 1961.

vita contemplativa. Ce faisant, Arendt cherche à redonner toute sa place à l'action, qui est ce qui met les hommes en rapport : ce qui caractérise la condition humaine est l'action, et l'action par excellence est l'action politique. Tout le problème est que, selon elle, la modernité tend précisément à l'effacer : la critique d'une « société de masse », hypertrophiant le domaine privé au détriment du domaine public, irrigue tous les livres de cette autrice. En réaction, elle entreprend de développer une pensée du politique comme domaine de déploiement de l'action, comme lieu de l'imprévu, comme site de l'événement : autant d'idées qui résonnent à l'unisson de la conception aronienne, même si la tonalité parfois presque antimoderne de la pensée d'Arendt apparaît dissonante face à l'éloge du progrès auquel s'adonne régulièrement le sociologue des sociétés industrielles.

Encadré nº 9 – Nombre de titres publiés dans « Liberté de l'esprit » par an (1960-1968)

Afin de poursuivre cette entreprise de réhabilitation du politique qui supplante désormais la critique du marxisme, Calmann-Lévy publie deux ans plus tard un livre de Bertrand de Jouvenel. Cet auteur, qui appartient à la même génération qu'Aron, a eu un parcours pour le moins sinueux. Engagé dans l'entre-deux-guerres à gauche, puis au sein du Parti populaire français de Jacques Doriot, d'orientation fasciste[22], il s'exile en 1943 en Suisse en décidant de délaisser le combat politique pour se concentrer sur l'écriture : il produira ensuite principalement des travaux d'économie et de théorie politique. Au plan économique, il renie rapidement le dirigisme qu'il défendait avec ardeur avant-guerre pour se rapprocher des néolibéraux et de la Société du Mont-Pèlerin[23]. Au plan de la théorie politique, il déploie parallèlement une œuvre qui fera de lui, pour certains, l'un des grands penseurs politiques de la seconde partie du XXe siècle[24]. En 1945 en effet, Jouvenel a publié un livre intitulé *Du pouvoir* qui a fait date, et dont le propos est prolongé en 1955 dans *De la souveraineté*. Dans le premier, il défend la thèse libérale d'un empire croissant

22. Ce parcours le fera considérer par l'historien Zeev Sternhell comme un représentant du fascisme français : cf. *Ni droite ni gauche. L'idéologie fasciste en France*, Paris, Seuil, 1983. Pour une vision d'ensemble de la biographie de Jouvenel, cf. Olivier Dard, *Bertrand de Jouvenel*, Paris, Perrin, 2008.

23. Sur cette « Internationale libérale », *cf.* Serge Audier, *L'Invention du néolibéralisme. Histoire, concepts, controverses*, vol. 2. *Quel néolibéralisme ? Les « Pèlerins » en quête d'hégémonie*, Lormont, Le Bord de l'eau, 2023.

24. Cf. par exemple Vincent Descombes, « Un critique libéral du libéralisme », dans Bertrand de Jouvenel, *De la souveraineté*, Paris, Calmann-Lévy, 2019.

de l'État sur la société, thèse qui concorde avec la dénonciation hayékienne de « la route de la servitude[25] ». Dans le second, il part, comme l'indique le sous-titre, « à la recherche du bien politique ». Car pour lui si la science politique refuse de poser la question du bien, « il ne lui reste qu'à rédiger des manuels de procédure et des monographies d'observations[26] ». Certes ce libéral prend acte de la pluralité des conceptions du bien, mais il défend également la nécessité d'une délibération régulière sur le contenu d'un bien commun perpétuellement redéfini au sein d'un processus sans terme : l'une de ses grandes thèses est que le problème politique est susceptible de « règlements » provisoires, le compromis étant d'ailleurs le mode de règlement le plus désirable, mais non d'une « résolution » définitive.

Le livre *De la politique pure*, que Calmann-Lévy publie en 1963 est d'abord sorti aux États-Unis. L'ouvrage dégage une dialectique du changement et de la conservation mettant en évidence, comme l'explique l'un des rabats intérieurs, « les deux aspects des institutions et des mœurs qui doivent aboutir à une politique "civilisée" ». Car ce livre, présenté comme « un classique », constitue, nous dit-on, « un avertissement contre les modes politiques violents[27] ». Dans *De la souveraineté*, Jouvenel introduisait déjà une dialectique entre « le principe générateur » d'une société, qui la fait changer, et « le principe conservateur »

25. Bertrand de Jouvenel, *Du pouvoir. Histoire naturelle de sa croissance*, Genève, Constant Bourquin, 1945.

26. Bertrand de Jouvenel, *De la souveraineté. À la recherche du bien politique*, Paris, Éditions Génin, 1955, p. 202.

27. Bertrand de Jouvenel, *De la politique pure*, Paris, Calmann-Lévy, 1963, rabat de présentation intérieur.

qui empêche sa dissolution. Et Jouvenel cherche bien à défendre, dans *De la politique pure*, «le système politique poli» que constitue la démocratie libérale, «plutôt fruit de culture que chose naturelle, comme l'habitude nous le donne à croire»: il milite pour la défense d'un système qui «est aisément emporté lorsque défaille la fonction de conciliation et de sécurisation[28]». L'orientation politique de celui qu'on a pu catégoriser comme un «conservateur libéral[29]» ne fait ici aucun doute. Et s'il faut le défendre, c'est que le fonctionnement d'un «système libéral» n'a effectivement rien de naturel:

> [...] ne faut-il pas reconnaître que tout ce jeu pacifique de la démocratie libérale repose sur l'intégration dans les consciens [sic] des règles du «Ne pas faire». Il est nécessaire d'une part que les gouvernants ne mettent aucun obstacle à la formation de mouvements d'opinion, ce qui est à l'opposé de la vigilance naturelle des gouvernants à l'égard de tout ce qui peut menacer leur pouvoir ou gêner son exercice, et nécessaire d'autre part que les instigateurs de mouvements et leurs militants s'abstiennent de toute action directe illégale, ce qui est à l'opposé du comportement naturel des passionnés[30].

Voilà pourquoi la culture propre à ce système est sujette «à dégradation, voire à destruction», étant entendu que Jouvenel précise avoir écrit ce livre «en sentant monter

28. Bertrand de Jouvenel, «Préface à la nouvelle édition», dans *De la politique pure*, Paris, Calmann-Lévy, 1977, p. IV et VI.
29. Daniel J. Mahoney, *Bertrand de Jouvenel: The Conservative Liberal and the Illusions of Modernity*, ISI Books, 2005.
30. Bertrand de Jouvenel, «Préface à la nouvelle édition», *op. cit.*, p. 9.

l'odeur âcre de la violence[31] ». Avec cet ouvrage, il entend donc défendre un système politique libéral qui « lie l'obtention du changement au nombre des adhésions et non pas à l'intensité du vouloir », système dans lequel « les voies politiques sont pacifiques[32] ». Insistance sur l'autonomie du politique, contribution à la théorie politique, promotion du libéralisme, défense de la démocratie, apologie de la modération : ce livre trouve tout naturellement sa place dans le catalogue de « Liberté de l'esprit ». Pour autant, il n'est guère représentatif du type de libéralisme véhiculé par la maison Calmann-Lévy durant cette décennie, qui se fait, comme on le verra, beaucoup plus progressiste.

Avant d'en venir à ce point, terminons en évoquant la publication, en 1966, d'un livre polémique : il s'agit des *Origines de la démocratie totalitaire* de Jacob L. Talmon. Cet historien israélien d'origine polonaise a initialement publié ce livre en 1952 : Aron le fait traduire tardivement en dépit – ou peut-être à cause – de sa charge polémique. La thèse soutenue par Talmon est en effet provocante : il isole les origines du totalitarisme dans la conception rousseauiste de la démocratie, reprise par les révolutionnaires français. Du jacobinisme au stalinisme, il n'y aurait donc qu'un pas[33]. Aron, qui côtoie Talmon au Congrès pour la liberté de la culture, choisit de publier ce livre de combat dont la thèse est sans nuance et pour le moins

31. *Ibid.*, p. 10.
32. *Ibid.*, p. 3.
33. Pour une analyse approfondie, cf. Bernard Bruneteau, « L'interprétation du totalitarisme en tant qu'extrémisme du mythe de la volonté générale », *Jus Politicum. Revue de droit politique*, n° 10, mars 2014.

problématique. Le livre se divise en trois parties consacrées aux Lumières, au jacobinisme et au babouvisme. La thèse centrale est qu'à côté de la démocratie libérale, il existe «une tendance [...] de type démocratique totalitaire [...] apparue au XVIIIe siècle», les deux démocraties s'affrontant depuis et leur tension posant «aujourd'hui la question cruciale de notre époque[34]». Cette publication s'explique sans doute par la nécessité de poursuivre le combat anticommuniste, mais aussi plus fondamentalement par le constat, opéré très tôt par Aron, du rôle joué par les masses dans l'édification des totalitarismes, ou pour le dire autrement du fait que le totalitarisme peut être analysé comme une pathologie de la démocratie[35]. Ce qui étonne l'observateur d'aujourd'hui, c'est que ce livre n'ait pas été publié dix ans plus tôt: il aurait alors eu davantage de chances de trouver un public. Libéral, admirateur du parlementarisme britannique, antirévolutionnaire et anticommuniste, Talmon aurait été plus audible dans le contexte des années 1950 qu'en ce milieu des *golden sixties*[36].

34. Jacob L. Talmon, *Les Origines de la démocratie totalitaire*, Paris, Calmann-Lévy, 1966, p. 11.

35. Dans l'entre-deux-guerres, le jeune Aron parlait, au sujet du nazisme, d'une «démocratie autoritaire et plébiscitaire»: cf. «Une révolution antiprolétarienne. Idéologie et réalité du national-socialisme», (1936), repris dans *Machiavel et les tyrannies modernes*, *op. cit.*, p. 311.

36. Notons ici que cet ouvrage gagnerait à être relu par les politistes travaillant sur le populisme.

2. VERS UN LIBÉRALISME PROGRESSISTE

En 1960, Robert Calmann-Lévy se prépare à publier le dernier livre de l'économiste américain et membre du Parti démocrate John K. Galbraith. Aron et Galbraith se sont rencontrés au Congrès pour la liberté de la culture et ils se sont ensuite revus à Harvard à l'automne 1960, où ils fêtèrent chez le second la victoire du nouveau président. Aron acquiesce donc à ce projet. «L'élection de Kennedy va donner de l'actualité aux idées de Galbraith, qui est un ami de Kennedy. Quand le livre doit-il paraître[37] ?» s'enquiert-il. Aron et Robert Calmann-Lévy sont ainsi gâtés par le destin : ils vont pouvoir profiter d'un contexte politique favorable aux ventes de cet ouvrage. Avec ce livre, c'est un libéralisme très différent de celui de Madariaga qui va trouver à s'exprimer, *via* l'importation des États-Unis d'un libéralisme «de gauche». Robert Calmann-Lévy met d'ailleurs une option sur le livre suivant de Galbraith, *The Liberal Hour*, et fait également une proposition pour le livre de Kennedy, *The Strategy of Peace*[38] : les deux titres seront publiés dans la collection «Questions d'actualité», créée en 1959, au lendemain de la création de la Ve République.

Le livre sort en France au début de l'année 1961, sous le titre *L'Ère de l'opulence*, alors que Kennedy fait son entrée à la Maison-Blanche. La 4e de couverture explique

37. Lettre de Raymond Aron à Robert Calmann-Lévy, s.d., Archives Calmann-Lévy, cote CL4 c/c 5, boîte n° 2, dossier «Raymond Aron».

38. Lettre de Robert Calmann-Lévy à Raymond Aron, 29 novembre 1960, Archives Calmann-Lévy, cote CL4 c/c 5, boîte n° 2, dossier «Raymond Aron».

que l'auteur y «propose des solutions originales, voire révolutionnaires, dont on peut penser qu'elles guideront la politique économique du gouvernement Kennedy[39]». Économiste keynésien, Galbraith entend y démontrer que la théorie néoclassique n'est plus adaptée aux sociétés des Trente Glorieuses, marquées par de forts taux de croissance et par une relative abondance. L'un de ses concepts-clés est la «filière inversée», soit l'idée selon laquelle les entreprises imposent des produits au consommateur, notamment grâce à la publicité. En un mot, les consommateurs ne dominent plus le marché, c'est le marché qui les domine. Autre idée centrale: l'accroissement de la richesse profite essentiellement au secteur privé, sans résoudre le problème des inégalités.

Tout un chapitre est donc consacré au rétablissement de ce qu'il appelle «l'équilibre social», c'est-à-dire la résorption du fossé entre un secteur privé florissant et un secteur public (notamment au niveau des États fédérés) où règne la pauvreté[40]. Ce constat l'amène à militer pour un investissement massif dans les biens publics, pour la construction d'infrastructures et pour la mise en place d'outils de redistribution – notamment le renforcement de l'impôt sur le revenu et les sociétés[41]. Notons également qu'il milite pour l'amélioration des conditions de travail, la réduction du temps de travail, et plus globalement pour diriger les ressources «vers les fins les plus utiles[42]», l'éducation trônant au premier rang. La publication de ce

39. John K. Galbraith, *L'Ère de l'opulence*, Paris, Calmann-Lévy, 1961.

40. *Ibid.*, chapitre 22, «Le rétablissement de l'équilibre».

41. *Ibid.*, p. 291.

42. *Ibid.*, p. 339.

livre montre que ce *liberal* (au sens américain du terme, qui signifie « de gauche ») est pris très au sérieux par le libéral (au sens européen, qui signifie souvent l'inverse) Aron[43]. Le livre connaît un véritable succès : il connaît cinq tirages, pour un total de près de 10 000 exemplaires vendus en six ans[44].

Bien que différent, c'est aussi un libéralisme progressiste que l'on trouve exprimé dans l'*Essai sur les libertés* qu'Aron publie en 1965 chez Calmann-Lévy. Ce classique de la pensée libérale met en scène une discussion entre Marx et Tocqueville afin de dégager les différentes facettes de la liberté. La thèse générale est que la critique égalitaire – qu'Aron appelle « critique socialiste » – et la critique libérale peuvent être conciliées. Aron ne s'est jamais offusqué de la mise en avant, de plus en plus fréquente après la Déclaration universelle des droits de l'homme de 1948, des « droits sociaux » qui sont, à ses yeux, une dimension de la liberté. Il était en effet convaincu du fait que les démocraties occidentales offraient la meilleure synthèse

43. Alexandre Chirat, « La société industrielle d'Aron et Galbraith : des regards croisés pour une vision convergente ? », *Cahiers d'économie politique*, 2019/1, n° 76, p. 47-87.

44. Décompte de ventes, Archives Calmann-Lévy, cote CL4 c/c 75, boîte n° 1, dossier « John Galbraith ». Comme en forme de rappel du livre de Galbraith, « Liberté de l'esprit » publie en 1968 un livre d'un autre proche conseiller de Kennedy, l'économiste Walter W. Heller, intitulé *Nouvelles Perspectives de la politique économique.* Cette « bible » de la « nouvelle économie », responsable de l'expansion américaine des années 1960, entend faire connaître, selon le rabat de présentation, « cette reconnaissance du possible à travers des utopies raisonnables (qui se nomment "programme" ou "plan") ». C'est d'ailleurs Pierre Uri, qui a travaillé avec Jean Monnet au commissariat au Plan, et qui est alors membre du Club Jean-Moulin, qui préface l'ouvrage.

possible des idéaux du libéralisme bourgeois et du socialisme prolétarien. Comme il l'affirme dans ce livre : « les sociétés occidentales, la société américaine témoignent que non seulement libertés formelles et libertés réelles ne sont pas incompatibles mais que, à notre époque, c'est dans les mêmes sociétés que les unes et les autres sont le moins imparfaitement réalisées[45] ». Pour Aron, qui défendait dans la décennie précédente la thèse schumpétérienne d'une socialisation inéluctable des sociétés occidentales, celles-ci ont su intégrer la revendication socialiste et y répondre en développant les libertés réelles, mais sans rien céder sur les libertés formelles, alors qu'à l'est les deux ont été purement et simplement supprimées.

Durant la décennie 1960, Calmann-Lévy va assumer son tropisme atlantiste, comme le montre une série d'ouvrages portant sur le type de société créé par les Américains : l'analyse de la société de consommation offre un nouvel horizon à la collection, tout en lui permettant d'incarner un libéralisme assumant une forme d'autocritique. Ce qui frappe en effet l'observateur contemporain, c'est la place donnée à un auteur américain ayant précocement formulé une critique multiforme de la société de consommation : de 1958 à 1965, Calmann-Lévy publie cinq livres de Vance Packard. Comment interpréter ce fait ? Il est clair que les traductions de ses livres, qui rencontrent un grand succès aux États-Unis et un peu partout dans le monde, laissent espérer de belles ventes à Robert Calmann-Lévy. Mais surtout elles permettent à la maison d'édition de laisser s'exprimer une composante d'une partie de la pensée libérale, l'interrogation sur les effets humains et moraux

45. Raymond Aron, *Essai sur les libertés*, Paris, Hachette littératures, 1998 (1965), p. 69.

de l'abondance. Si Aron n'est pas toujours convaincu par les ouvrages suivant cette orientation, il est clair qu'il déplorera régulièrement, mais seulement dans la décennie suivante, l'effacement de la figure du citoyen derrière celle du consommateur[46].

Présentons l'auteur américain qui entre sur le marché français, à l'automne 1958, avec *La Persuasion clandestine*. Né en 1914, longtemps journaliste, Vance Packard commence en 1957 une carrière d'auteur de best-sellers avec la publication de cet ouvrage[47]. Tous relèvent du même genre : il s'agit d'essais sociologiques dénonçant, à partir de multiples exemples souvent insuffisamment reliés par une véritable ambition théorique, les aspects négatifs de la société de consommation. En cela, il s'inscrit dans un courant dynamique aux États-Unis après-guerre : quasiment oublié aujourd'hui, Packard était très lu à l'époque, au point d'être cité par Herbert Marcuse dans *L'Homme unidimensionnel*. Quel est son propos dans *La Persuasion clandestine* ? Il vise les méthodes de persuasion créées par des instituts de recherche pour les agences de publicité, qui les emploient aussi bien à des fins commerciales que politiques – Packard étudie le cas de la campagne présidentielle de 1956. L'ouvrage s'ouvre sur une courte préface de Marcel Bleustein-Blanchet, le fondateur du groupe Publicis, qui vante la technique des sondages d'opinion et prend à revers le propos, très sombre, du livre. Bleustein-Blanchet explique en effet que « les

46. Cf. par exemple Raymond Aron, *Liberté et Égalité. Cours au Collège de France*, Paris, Éditions de l'EHESS, 2013.

47. Pour plus de détails, cf. Daniel Horowitz, *Vance Packard and American Social Criticism*, Oakland, The University of North California Press, 2011.

“persuadeurs” façonnent un monde meilleur[48] ». Ce pionnier de la publicité et du marketing en France – qui a ouvert son premier bureau à New York l’année précédente – vante leur contribution à l’intérêt général : critiquant « le cri d’alarme de l’auteur », expliquant que « la publicité interdit la supercherie », il soutient que sa finalité est de « développer le bien-être des hommes »[49].

Ce court avant-propos ne suffit cependant pas à atténuer le message de Packard, qui dénonce des techniques aboutissant à « l’atteinte de nos profondeurs[50] ». L’auteur dénonce la manipulation exercée, avec l’aide de la science, par le biais de messages subliminaux qui façonnent nos comportements de consommateur et d’électeur. Il s’en prend à une « mainmise sur notre subconscient » dont les « implications sont nettement antihumanistes »[51] et qui correspond, de surcroît, à l’exercice d’un pouvoir exercé dans l’ombre par Madison Avenue. Ce que dénonce Packard, ce sont les conséquences morales de ces techniques, qu’il s’agisse de la modification de masse des comportements, de l’influence sur les votes ou du dévoiement de la science. La question centrale qu’il pose est celle de savoir « où nous conduit notre économie sous la pression exercée sur les consommateurs » : Packard, qui convoque le théologien protestant Reinhold Niebuhr, entend provoquer une prise de conscience permettant aux Américains

48. Marcel Bleustein-Blanchet, « Avant-propos », dans Vance Packard, *La Persuasion clandestine*, Paris, Calmann-Lévy, 1958, p. VIII.

49. *Ibid.*, p. IX.

50. Vance Packard, *La Persuasion clandestine*, Paris, Calmann-Lévy, 1958, p. 7.

51. *Ibid.*, p. 8 et 10.

de « choisir de ne pas être persuadés[52] ». La réception de l'ouvrage est à la hauteur des espérances de l'éditeur. Si on ne dispose pas des chiffres des premiers tirages, tout indique que le livre est un *long-seller* : 1 249 exemplaires sont écoulés en 1961, 1 125 en 1962, 1 047 en 1963, 1 000 en 1965, 1 180 en 1966, 1 819 en 1967, 1 605 en 1968[53]. Dans la décennie suivante, Calmann-Lévy en écoule encore 3 000 à 4 000 exemplaires par an et en 1979, plus de dix ans après sa sortie, le 14e tirage se fait encore à 4 000 exemplaires[54].

Encouragé par ce succès, Calmann-Lévy publie deux ans plus tard *Les Obsédés du standing*. La 4e de couverture se veut délibérément accrocheuse : elle évoque une Amérique qui n'aurait plus l'esprit démocratique, qui ne serait plus organisée autour de la sacro-sainte égalité, le pays étant devenu « une société compartimentée ». Quel est, cette fois, le cœur du propos de Packard ? C'est que l'Amérique est travaillée par une structuration en classes de plus en plus prégnante et ses habitants par une obsession consistant à « s'entourer des symboles visibles de la situation à laquelle ils aspirent[55] ». L'une des conséquences est que la société américaine se fait plus statique : le mythe du self-made-man apparaît plus irréaliste que jamais. « Les conditions sociales se cristallisent et les frontières sociales entre les différents groupes deviennent

52. *Ibid.*, p. 241 et 243.

53. Décompte de vente, Archives Calmann-Lévy, cote CL 4 c/c 106, boîte n° 2, dossier « Vance Packard ».

54. Décompte de vente, Archives Calmann-Lévy, cote CL 4 c/c 107, boîte n° 1, dossier « Vance Packard ».

55. Vance Packard, *Les Obsédés du standing*, Paris, Calmann-Lévy, 1960.

de plus en plus hermétiques[56] », explique l'auteur. Il ne condamne pas ce fait, qui est pour lui inéluctable dans une société complexe, mais propose seulement de le modérer en favorisant la compréhension mutuelle et en réactivant une égalité des chances qui doit permettre de récompenser les talents. Ce livre se vend bien, mais le succès du premier n'a pas été réitéré : cela n'empêche pas Calmann-Lévy de persévérer.

L'éditeur publie en 1962 *L'Art du gaspillage*, livre dans lequel Packard conduit une réflexion plus ambitieuse. Il s'en prend au « virus de l'abondance » qui touche les États-Unis et touchera « l'Europe de demain ». Le rabat de présentation ne s'embarrasse pas de nuances, expliquant que « *Les gaspilleurs*, ce sont les Américains, talonnés par la hantise de la crise économique, pris dans la spirale infernale de la consommation obligatoire ». L'idée générale est en effet que pour soutenir la croissance et l'emploi les Américains sont incités à consommer toujours davantage, au prix d'un gaspillage inévitable. Le sommaire du livre est divisé en quatre parties. La première s'interroge sur ce que va devenir une société de consommation menacée par la saturation autant que par l'épuisement des ressources naturelles. Le constat de Packard y est que la multiplicité des possessions matérielles « semble être maintenant une entrave au bien-être[57] ». La seconde expose les techniques commerciales utilisées pour maintenir l'expansion : Packard s'en prend notamment aux emballages, à ce qu'on appellera bientôt l'obsolescence programmée, au « complot de la mode »,

56. *Ibid.*, p. 266.
57. Vance Packard, *L'Art du gaspillage*, Paris, Calmann-Lévy, 1962, p. 18.

au design comme moyen d'activer le désir d'achat, à la vente à crédit ou encore à la création d'un marché du bébé. L'industrie automobile fait l'objet d'attaques particulièrement vives en ce qu'elle associe baisse de la qualité, multiplication des modèles et stratégies commerciales agressives.

La suite de l'ouvrage, plus intéressante car plus analytique, insiste sur les conséquences de la consommation à outrance. Packard y pointe l'effacement du puritanisme au profit d'un hédonisme dont la célébration commerciale de Noël est à la fois le symbole et l'apogée, l'encombrement du monde dont les routes embouteillées fournissent une belle illustration, ainsi que l'épuisement des ressources naturelles. Mais deux autres points apparaissent particulièrement importants aux yeux de l'auteur. Le premier est « la commercialisation de la vie » : Packard reprend ici sa critique de la publicité qui étend son empire sur la vie quotidienne, notamment *via* la multiplication des télévisions. Le second est « la modification du caractère » : l'auteur considère en effet que depuis 1945 « les États-Unis ont été astreints à réviser tout leur système de valeurs plus radicalement que jamais au cours de leur histoire », et il n'hésite pas à comparer cette évolution à « la révolution du christianisme[58] ». Car selon lui, « la recherche du plaisir, la satisfaction égoïste des appétits, le matérialisme et la passivité sont devenus des éléments marquants du caractère américain[59] ». Le caractère anticipateur de cet ouvrage peut être saisi si l'on rappelle que l'écrivain Georges Perec connaîtra un beau succès, en 1965, avec un roman critiquant le matérialisme et l'anomie produits

58. *Ibid.*, p. 230.
59. *Idem.*

par la transformation de la société française en « société de consommation[60] ».

Calmann-Lévy publie la même année – c'est un pari risqué – un autre livre de Packard intitulé *À l'assaut de la pyramide sociale* : la collection continue à surfer sur le succès d'un auteur présenté par la 4e de couverture comme « l'un des observateurs les plus perspicaces de la réalité sociale américaine ». Packard entreprend d'y étudier la compétition qui règne dans une société ayant adopté l'idéal d'égalité des chances, mais qui est désormais structurée par l'existence de grandes organisations bureaucratiques produisant une lutte de tous contre tous pour gravir les échelons et atteindre le haut de « la pyramide sociale ». Il se focalise alors sur la figure du cadre « bien conditionné » qui, outre le fait de posséder des caractéristiques physiques adéquates, doit penser et se comporter de manière totalement stéréotypée. Sur cet infortuné, soumis à la pression du conformisme, pèsent deux menaces sérieuses : la perte de toute individualité et la dépression. Car de fait, « nos candidats cadres (dont on se moque volontiers) sont les employés les plus brimés et les plus exploités dans ce pays[61] », explique l'auteur. L'exploitation des cadres se serait en quelque sorte, au pays du capitalisme triomphant, ajoutée à celle des ouvriers.

En 1965, « Liberté de l'esprit » publie ce qui sera le dernier livre de Packard dans son catalogue. Intitulé *Une société sans défense*, il porte sur l'extension de la

60. Georges Perec, *Les Choses. Une histoire des années soixante*, Paris, Julliard, 1965.

61. Vance Packard, *À l'assaut de la pyramide sociale*, Paris, Calmann-Lévy, 1962, p. 17.

surveillance au sein des sociétés modernes. Comme l'indique la 4e de couverture: «la méfiance, désormais généralisée, se traduit par des méthodes inquisitoriales qui mettent en question un des droits les plus fondamentaux de l'individu: celui de préserver le secret de sa vie privée». Dans ce livre, l'auteur nous révèle «les voies multiples du véritable réseau de surveillance qui s'est forgé à l'intérieur de la société américaine pour s'assurer de l'inocuité [*sic*] des citoyens», la société américaine étant ainsi devenue, en dépit de sa mise en exergue de la liberté, «une société en liberté surveillée»[62]. Le propos du livre est en effet de montrer que les Américains sont toujours davantage «des individus à découvert». Packard n'hésite d'ailleurs pas, dès l'ouverture de son ouvrage, à convoquer le spectre du totalitarisme[63]: il serait le point d'aboutissement de l'expansion des processus de contrôle, de surveillance, d'écoute et d'enquête qui réduit peu à peu à néant la notion de vie privée. Et l'auteur de convoquer Aldous Huxley et George Orwell pour affirmer que «le développement des méthodes de surveillance risque de transformer peu à peu notre régime en un totalitarisme assez proche de celui des États policiers[64]». Voici donc les États-Unis et l'URSS renvoyés dos à dos, les premiers étant privés de leur avantage sur la seconde et perdant leur statut de figure de proue du monde libre: le coup porté par Packard est rude et sa dénonciation converge avec les critiques radicales d'un Michel Foucault ou d'un Gilles Deleuze.

62. Vance Packard, *Une société sans défense*, Paris, Calmann-Lévy, 1965, 4e de couverture.
63. *Ibid.*, p. 12.
64. *Ibid.*, p. 23.

Durant les années 1960, Calmann-Lévy est parvenu à faire de Packard un auteur maison : elle publiera encore quatre livres de cet auteur en 1969 (*Le Sexe sauvage*), en 1973 (*Une société d'étrangers*), en 1979 (*L'Homme remodelé*) et en 1984 (*Nos enfants en danger*). Au total, ce sont donc huit livres en vingt-cinq ans qui sont publiés par la maison d'édition. La régularité avec laquelle « Liberté de l'esprit » publie Packard dans les années 1960 tient sans doute davantage aux ventes qu'il permet, ainsi qu'à la volonté de réorienter la collection, qu'au désir d'Aron. Dans un article publié en 1965, année de la publication du dernier livre de Packard dans sa collection, Aron évoque avec dédain cette littérature faite de « livres d'ordinaire considérés comme des livres de vulgarisation, dans lesquels sont dénoncées les irrationalités de la civilisation américaine », en la rapprochant des critiques radicales portées par Herbert Marcuse, qui perdent ainsi de leur originalité[65]. Aron est alors loin de se douter que trois ans plus tard tous ces éléments coaguleront dans les mouvements critiques de la fin de la décennie. Anticipons quelque peu sur les conséquences de ces événements sur la politique éditoriale de Calmann-Lévy. On se souvient de Robert Calmann-Lévy évoquant, en septembre 1968, l'existence d'une « nouvelle ligne[66] » : il s'agit du passage d'une critique de la société de consommation à une critique des critiques de la société de consommation. L'un des auteurs qui vont incarner cette nouvelle orientation,

65. Raymond Aron, « Société industrielle, idéologies, philosophie (III) », *Preuves*, mars 1965, p. 23-41.

66. Lettre de Robert Calmann-Lévy à Salvador de Madariaga, 4 septembre 1968, Archives Calmann-Lévy, cote CL c/c 97, boîte n° 4, dossier « Salvador de Madariaga ».

qui s'esquisse en amont de Mai 68, est le Bordelais Jacques Ellul.

Professeur d'histoire du droit à la faculté de droit de Bordeaux, théologien protestant, grand lecteur de Marx, Ellul est un peu plus jeune que Raymond Aron. Politiquement difficile à classer, bien que se positionnant lui-même à gauche, Ellul est déjà l'auteur de plusieurs ouvrages politiques remarqués, comme *La Technique ou l'enjeu du siècle* (1954) ou *L'Illusion politique* (1956). Il va publier pas moins de cinq livres en un peu plus d'une décennie dans la collection d'Aron, où l'on ne s'attendait pas forcément à le trouver. La chose ne va pas de soi en effet, car Ellul n'est pas un « libéral ». En outre, il s'est affirmé en critique de la technique, de la course à la croissance et en pionnier de la thématique écologique : cette tonalité n'est pas celle du théoricien des sociétés industrielles. Et pourtant, dès avant Mai 68, Ellul publie deux livres dans la collection d'Aron. Le premier, en 1965, s'intitule *Exégèse des nouveaux lieux communs* : il a été proposé par Ellul à Aron, en lui faisant miroiter, sur la base de ses ouvrages précédents, une vente de 3 000 à 4 000 exemplaires[67]. Ellul y examine, à la manière de Flaubert dans le *Dictionnaire des idées reçues*, les lieux communs des « sociétés techniciennes ».

Ellul peut trouver sa place chez Calmann-Lévy en raison de sa constante et sévère critique des intellectuels de gauche. C'est d'ailleurs ce qu'il affirme en ouverture de son livre : « assurément, le lecteur “de gauche” sera saisi de colère et d'indignation à la lecture de ces exégèses parce

67. Lettre de Jacques Ellul à Raymond Aron, 12 août 1965, Archives Calmann-Lévy, cote CL 4 c/c 19, boîte n° 3, dossier « Jacques Ellul ».

qu'il aura le sentiment d'une horrible injustice». Ellul s'attaque en effet à des lieux communs principalement véhiculés par la gauche et il conçoit ce travail comme une prophylaxie: il le fait parce qu'il partage ses valeurs et qu'il ne peut «tolérer l'absurdité de la gauche actuelle», «tolérer l'absurdité des lieux communs où la gauche exprime en fait ce qu'elle est devenue[68]». Cela fait-il de lui un homme de droite? Certainement pas: «Je n'ai rien à dire *de* la droite et *sur* la droite, parce que je n'ai pas de commune mesure avec elle, parce que je suis un étranger par rapport à elle, qui n'a pour moi ni sens ni contenu. Mais la gauche, c'est aussi mon affaire[69]», explique Ellul pour justifier sa position. La liste des lieux communs examinés et le style pamphlétaire de l'auteur interdisent de rendre compte de la substance de l'ouvrage. Tout au plus notera-t-on qu'il cherche à ridiculiser des formules comme «Il faut suivre le cours de l'histoire», «On ne peut agir sans avoir les mains sales», ou encore «Pas de liberté pour les ennemis de la liberté», sachant que celui qui utilise cette dernière n'est pour lui «rien de plus qu'un totalitaire[70]».

Dans la foulée de la publication de ce livre, Robert Calmann-Lévy examine plusieurs projets soumis par Ellul. L'éditeur retient un livre qui aura pour titre *Métamorphose du bourgeois*[71]. Son propos est difficile à cerner: Ellul décrit en effet un bourgeois vu positivement comme le fondateur des sociétés modernes, mais aussi négativement

68. Jacques Ellul, *Exégèse des nouveaux lieux communs*, Paris, Calmann-Lévy, 1966, p. 24-25.

69. *Ibid.*, p. 25. Souligné par l'auteur.

70. *Ibid.*, p. 169.

71. Lettre de Robert Calmann-Lévy à Jacques Ellul, 16 janvier 1967, Archives Calmann-Lévy, cote CL 4 c/c 19, boîte n° 3, dossier «Jacques Ellul».

comme arrogant et exploiteur[72]. Il le définit ensuite à l'aide de deux critères : le fait d'avoir inventé l'idéologie du bonheur et sa capacité à assimiler tout ce qui l'entoure. Il développe enfin le thème d'une disparition du bourgeois par sa généralisation, pour ensuite identifier la gauche à une bourgeoisie ayant transformé l'idéologie du bonheur en idéologie du néant. La fin du livre tourne en effet au réquisitoire contre la gauche : c'est sans doute cet aspect qui a le plus séduit Robert Calmann-Lévy – c'est bien lui qui est désormais à l'initiative concernant les ouvrages du polémiste bordelais. Paru quelques mois avant Mai 68, le livre est percuté par « les événements », qui enclenchent un nouveau cycle pour la collection et pour la maison d'édition. Il faut donc maintenant s'intéresser, au-delà du Mai 68 de Raymond Aron qui est bien connu, au Mai 68 de Calmann-Lévy.

3. LE MAI 68 DE CALMANN-LÉVY

« Les événements » de Mai 68 jouent un rôle décisif dans l'évolution de la ligne politique de Calmann-Lévy, en impulsant un tournant vers un libéralisme plus conservateur. On connaît la réaction très vive de Raymond Aron, qui a pris la tête de l'opposition au mouvement de contestation avec ses éditoriaux du *Figaro* et qui a même appelé à la formation d'un « comité de défense de l'Université[73] ». Par ailleurs, il a publié immédiatement après

72. Jacques Ellul, *Métamorphose du bourgeois*, Paris, Calmann-Lévy, 1967.

73. Cf. Serge Audier, *La Pensée anti-68. Essai sur les origines d'une restauration intellectuelle*, Paris, La Découverte, 2008. Cf. également

les événements un livre d'entretiens analysant en détail le déroulement des faits et cherchant à isoler les multiples causes pouvant permettre de les expliquer[74]. Le titre de ce livre, *La Révolution introuvable*, parle de lui-même : Aron cherche à discréditer ce qu'il considère comme une parodie de révolution. Au cœur de l'été 1968, alors qu'il élabore ce livre, il écrit à un interlocuteur ce propos éloquent : « la fragilité, révélée par la crise, de nos institutions a quelque chose de terrifiant[75] ». La position de Manès Sperber est similaire : bien que plus critique qu'Aron à l'égard du général de Gaulle – il reste un homme de gauche proche de la SFIO –, il considère que les troubles menacent directement la démocratie française[76].

De ces prises de position et de leurs effets, les archives Aron conservent de multiples traces. Parmi beaucoup d'autres, citons une lettre d'approbation du philosophe Raymond Ruyer qui date de septembre 1968 :

> Je viens de lire, avec beaucoup d'admiration et de satisfaction mentale, votre *Révolution introuvable*, à laquelle je souhaite le plus grand succès possible, contre la paranoïa collective qui sévit encore dans l'Université – et dans d'autres milieux dits « culturels ». Veuillez m'excuser de répondre si tard à votre lettre de juillet. Je l'ai transmise à XX [indéchiffrable], qui avaient pris la tête du

Gwendal Châton, *La Liberté retrouvée. Une histoire intellectuelle des revues aroniennes* Contrepoint *et* Commentaire, thèse pour le doctorat en science politique, Université Rennes 1, 2006.

74. Raymond Aron, *La Révolution introuvable. Réflexions sur les événements de mai*, Paris, Calmann-Lévy, 2018.

75. Lettre de Raymond Aron à Jean Bernard, 17 juillet 1968, Archives Raymond Aron, BNF, cote NAF 28060, boîte 210.

76. Entretien avec Dan Sperber, 4 octobre 2022.

> mouvement que vos articles du *Figaro* avaient lancé. La faculté des lettres de Nancy est, relativement, raisonnable, mais il est navrant d'avoir à constater la frivolité (pour ne pas dire plus) des intellectuels français, et leurs idées fausses sur tant de sujets, surtout économiques. J'avais commencé, il y a deux ans, un ouvrage dont le titre était *La Révolte contre la société économique*, et je l'ai terminé en avril dernier. C'était tout juste au moment où, si j'avais pu le donner à un éditeur, il aurait perdu toute sa valeur de prophétie. J'ai beaucoup apprécié vos rapprochements avec 1848 et aussi avec les socio-drames de Moreno. Balandier, de passage à Nancy en avril dernier, me disait qu'à Nanterre, une fois, il s'était cru devant une procession pour Lubumba [*sic*] ou Simon Kimbangu. Un autre « précédent » est aussi la « révolution culturelle » faite par Jean de Leyde à Münster, avec théâtre permanent et terreur. Mon fils aîné est maître-assistant à Nanterre et il voit sortir des productions (de professeurs, non d'étudiants) qui sont d'aliénés purs et simples (et pas au sens marxiste !)[77].

La situation des universités préoccupe, on s'en doute, tout particulièrement Aron. Ainsi écrit-il, quelques années plus tard, au sociologue Daniel Bell, ceci : « je suis tenté de croire à un déclin des vieilles universités, surtout en Europe[78] ». Ces événements constituent sans aucun doute un choc durable pour le directeur de « Liberté de l'esprit » et la ligne de sa collection va s'en trouver modifiée. Après Mai 68 en effet, Raymond Aron et Robert

77. Lettre de Raymond Ruyer à Raymond Aron, 20 septembre 1968, Archives Raymond Aron, BNF, cote NAF 28060, boîte 210.

78. Lettre de Raymond Aron à Daniel Bell, 15 juin 1971, Archives Raymond Aron, BNF, cote NAF 28060, boîte 211.

Calmann-Lévy publient des ouvrages qui s'inscrivent, certains explicitement, d'autres de manière plus implicite, dans la continuité de sa critique de la contestation. Au cœur de cette séquence, un livre apparaît comme particulièrement marquant : il s'agit des *Désillusions du progrès* qu'Aron sort dans sa collection en 1969. Ce livre méconnu, pourtant souvent considéré comme l'un de ses grands livres, est traversé par une interrogation sur les effets du progrès technique. En cherchant à comprendre la dynamique de la modernité, il est également conduit à mettre en évidence les déceptions que celle-ci ne manque pas de provoquer. En ce sens, c'est un libéralisme intrinsèquement fragile que dépeint Aron, puisque son succès entraîne perpétuellement l'apparition de critiques endogènes venant le déstabiliser.

Avec ce livre, Aron prend de la distance et de la hauteur à l'égard de l'événement pour envisager la modernité comme travaillée par une tension constitutive, ainsi que l'indique le sous-titre *Essai sur la dialectique de la modernité*. Cette dialectique – fort peu hégélienne, car il s'agit, comme toujours chez Aron, d'une dialectique sans terme – se déploie sous l'effet de trois contradictions entre les idéaux et la réalité. « La dialectique de l'égalité » naît tout d'abord de la tension entre la recherche passionnée de l'égalité et la constance de la hiérarchie aux niveaux politique, économique et social. « La dialectique de la socialisation », quant à elle, est le produit d'une quête toujours plus poussée de l'autonomie personnelle qui se heurte à la pérennité d'une aliénation prenant des formes multiples. « La dialectique de l'universalité » est enfin la conséquence d'une recherche de l'unité, qui s'incarne dans ce que l'on n'appelle pas encore la globalisation, quête qui bute sur la permanence de la division et des particularismes.

La modernité n'est donc pas une marche triomphale vers le progrès : elle donne lieu à des à-coups, à des ruptures, à des retours en arrière temporaires parfois, qui tiennent à sa nature même. Les mouvements contestataires de la fin des années 1960 attestent de la pertinence du cadre d'analyse proposé par Aron dans cet ouvrage. Comme l'explique Philippe Raynaud, ces mouvements sont tout sauf insignifiants : ils sont « les premières manifestations des contradictions qui vont déchirer la modernité au fur et à mesure que progresseront ces principes liés et contradictoires que sont l'égalité des conditions, l'individualisation et l'unification de l'espèce humaine dans une histoire universelle portée par l'accroissement des échanges et par la croissance économique[79] ».

C'est dans la préface des *Désillusions du progrès*, datée de mars 1969, qu'Aron donne son interprétation la plus élaborée de Mai 68, en faisant du cas français une expression singulière d'un phénomène inédit ayant sans doute une portée universelle. En analysant ces trois tensions, Aron entend mettre en perspective le renouveau et la convergence d'une critique marxiste insistant sur la persistance de la pauvreté et de l'inégalité, et d'une critique rousseauiste pointant du doigt la permanence de l'aliénation et les méfaits de l'industrialisation. Aron voit en Herbert Marcuse, dont la pensée est alors en vogue, celui qui opère la synthèse de ces deux critiques classiques. Aron avoue d'ailleurs partager le pessimisme qui s'exprime dans ses critiques : la société de consommation

79. Philippe Raynaud, « Préface », dans Raymond Aron, *La Révolution introuvable*, *op. cit.*, p. XXXII.

n'éteint pas une demande de sens dont les troubles de la fin des années 1960 témoignent, alors même que les succès économiques ont dépassé les attentes des plus optimistes. Comme le note Aron, le contraste entre le développement économique et le désarroi moral est patent. Ce qui le frappe néanmoins, c'est que les contestataires n'inventent rien au plan idéologique : à l'est, ils revendiquent les libertés que les marxistes appellent « formelles » ; à l'ouest, ils rêvent de la Chine de Mao ou du Cuba de Castro. Pour autant, ces révoltes nient toutes deux la société au sein de laquelle elles naissent : « dans l'Europe soviétisée, la révolte s'affirme humaniste et libérale, dans l'Occident libéral, elle devient inévitablement libertaire et antihumaniste[80] ».

La révolte libertaire qu'a connue l'Occident s'inscrit pour Aron au cœur de la dialectique de la modernité. Il existe en effet une contradiction entre « l'idée démocratique et la structure semi-autoritaire de maintes institutions[81] ». C'est un bouleversement culturel qui s'est produit avec l'arrivée à l'âge adulte d'une nouvelle génération qu'on appellera bientôt postmatérialiste : « Après l'obsession de la quantité des biens, le souci de la qualité de l'existence. Après la recherche à tout prix du rendement économique, la volonté d'assurer à tous une participation plus équitable au partage des bénéfices et à la gestion des entreprises. Après la croissance de la production – œuvre collective – l'angoisse de la masse "manipulée" ou de la rationalité tyrannique, dans lesquelles disparaîtrait la personne "irremplaçable"[82]. »

80. Raymond Aron, « Préface », dans *Les Désillusions du progrès : essai sur la dialectique de la modernité*, Paris, Calmann-Lévy, 1969, p. XIII.
81. *Ibid.*, p. XIV.
82. *Ibid.*, p. XVI.

Pour autant, Aron se montre opposé aux thèses mettant en avant l'avènement d'une société postindustrielle et il s'inquiète du fait que la violence, « au nom d'idées exactement opposées à celles du fascisme des années 1930, risque d'entraîner les sociétés libérales vers la même tragédie qu'il y a trente ans[83] ». Du constat des désordres sociaux et d'une crise morale, Aron ne conclut cependant pas à la fatalité d'une grande révolution. Et s'il se montre peu optimiste à l'égard d'une relance du réformisme, il y invite néanmoins dans un autre texte, publié à la même époque, qui propose aux libéraux une « récupération » de la critique libertaire[84].

L'année 1969, celle de la publication des *Désillusions du progrès*, sera marquée par la réorientation de la ligne de Calmann-Lévy autour du thème de « la crise de civilisation » : « Liberté de l'esprit » va y trouver, momentanément, un second souffle. Un éditeur de la maison, Christian Schmidt, qui dirige la toute récente collection « Perspectives de l'économique », a reçu un manuscrit du philosophe des sciences Raymond Ruyer[85] intitulé *Le Procès de la société économique* – il s'agit du livre évoqué dans le courrier cité précédemment. Le trouvant trop polémique pour sa collection, qui se présente comme un espace de publication de classiques « académiques » de cette discipline[86], il le transmet à Aron qui le retient immédiatement : sous l'effet du contexte, il est donc de retour

83. *Ibid.*, p. XVIII.

84. Raymond Aron, « Liberté, libérale ou libertaire ? » (1969), repris dans *Les Sociétés modernes*, Paris, PUF, 2006.

85. Pour une présentation de son itinéraire, cf. *infra*, chapitre 6.

86. Économiste de formation pluridisciplinaire, Christian Schmidt dirige cette collection créée en 1966. Très ouverte, elle publie à la fois des livres de fondateurs de l'économie, comme Turgot, Malthus, Ricardo et Quesnay, et des livres d'économie contemporaine de

aux affaires. Aron entreprend de suggérer un nouveau titre à l'auteur et il lui propose deux idées provocantes : « Éloge de la société de consommation » et « Défense et Illustration de la société de consommation[87] ».

Ces propositions révèlent un changement de pied : il ne s'agit plus de relayer les critiques de la société de consommation, comme dans les années précédentes, mais d'assumer, après Mai 68, le fait d'en délivrer un éloge. Une fois le livre accepté par Robert Calmann-Lévy, Raymond Ruyer écrit à Aron pour souligner leurs points d'accord politiques : « *L'Opium des intellectuels* était un des rares ouvrages de vous que je n'avais pas lus à leur parution. Je viens de le lire dans la réédition "Idées". Il était, en 1955, tellement clairvoyant, et il est tellement actuel que je me félicite de ne l'avoir pas lu plus tôt, car j'aurais pu estimer inutile de redire tant de choses que vous aviez dites si bien et si tôt[88]. » Par la suite, Ruyer va devenir un auteur maison pendant quelques années. Car son *Éloge de la société de consommation* se vend bien : il propose alors rapidement un deuxième manuscrit, qu'il pense intituler *Les Nuisances idéologiques*[89]. Aron lui répond que, compte tenu du succès du livre précédent, ce nouveau manuscrit

---

Paul Samuelson, Simon Kuznets, Friedrich Hayek ou encore Milton Friedman.

87. Lettre de Raymond Aron à Raymond Ruyer, 19 février 1969, Archives Calmann-Lévy, cote CL4 c/c 5, boîte n° 2, dossier « Raymond Aron ».

88. Lettre de Raymond Ruyer à Raymond Aron, 29 mars 1969, Archives Calmann-Lévy, cote CL4 c/c 5, boîte n° 2, dossier « Raymond Aron ».

89. Lettre de Raymond Ruyer à Raymond Aron, 10 juin 1971, Archives Calmann-Lévy, cote CL4 c/c 5, boîte n° 2, dossier « Raymond Aron ».

sera probablement accepté, et que s'il y a hésitation, il demandera à le lire afin de pouvoir le soutenir[90]. Cela ne sera pas nécessaire, car Robert Calmann-Lévy s'empresse de lui donner une réponse positive[91].

Au même moment, Aron publie un troisième livre de Jacques Ellul intitulé *Autopsie de la révolution*. Les deux auteurs convergent sur l'interprétation de Mai 68, comme l'explique Ellul dans une lettre qui date du mois de septembre :

> Cher Monsieur, Je vous écris avec un certain sentiment de culpabilité, car je ne l'ai pas fait au moment de mai-juin, pour vous dire à quel point je me sentais proche de vous (une fois de plus) [...]. Pardonnez-moi de ne pas vous avoir apporté à un moment difficile le faible appui de mon approbation. Il est vrai que j'étais moi-même assez occupé par le dialogue permanent que j'ai soutenu avec les étudiants à Bordeaux pendant deux mois. J'ai beaucoup aimé, depuis, votre livre sur ces événements, tellement reposant après les kilos de délire que j'ai dû absorber. J'excuse d'ailleurs les étudiants, mais je ne puis excuser nos collègues[92].

Ellul s'est opposé à Mai 68 et rapproché des aroniens : il publiera bientôt dans la petite revue libérale *Contrepoint*

90. Lettre de Raymond Aron à Raymond Ruyer, 14 juin 1971, Archives Calmann-Lévy, cote CL4 c/c 5, boîte n° 2, dossier « Raymond Aron ».

91. Lettre de Raymond Aron à Raymond Ruyer, 11 octobre 1971, Archives Calmann-Lévy, cote CL4 c/c 5, boîte n° 2, dossier « Raymond Aron ».

92. Lettre de Jacques Ellul à Raymond Aron, 27 septembre 1968, Archives Calmann-Lévy, cote CL4 c/c 5, boîte n° 2, dossier « Raymond Aron ».

qui est l'ancêtre de *Commentaire*[93]. L'élaboration de son livre a fait l'objet d'intenses discussions avec l'éditeur, qui a décidé de scinder le manuscrit en deux. Ellul commence par publier *De la révolution aux révoltes*, un livre très virulent à l'égard des «événements». Prenons un seul exemple, révélateur de son caractère excessivement polémique: Ellul ne recule pas devant les facilités de la *reductio ad hitlerum*. Ainsi, il explique que Marcuse, l'un des principaux idéologues des révoltés de Mai, ne prépare rien de moins qu'un nouveau national-socialisme: «c'est pourquoi lorsque j'entends aujourd'hui l'appel à l'irrationnel, à la mystique révolutionnaire, je suis saisi de terreur. Car il n'y a pas d'autre issue finale que celle qui a été démontrée par l'hitlérisme. Il est fatal que le déchaînement de l'irrationnel débouche sur ces conséquences précises, et sur rien d'autre. [...] Ce que Marcuse prépare, c'est un nouveau nazisme[94].»

Ajoutons ici, pour terminer sur cette décennie, que Calmann-Lévy continue à accompagner la construction de l'œuvre de Léon Poliakov, qui est aussi en creux une défense des sociétés ouvertes. La maison d'édition publie les différents volumes de son histoire de l'antisémitisme de l'Antiquité à nos jours[95], dans lesquels il déploie la méthode généalogique qui le caractérise et qu'il étendra

93. Gwendal Châton, «Désaccord parfait. Le *Contrepoint* libéral dans la configuration intellectuelle des années 1970», dans Jean Baudouin et François Hourmant (dir.), *Les Revues et la dynamique des ruptures*, Rennes, Presses universitaires de Rennes, 2007, p. 131-164.

94. Jacques Ellul, *Autopsie de la révolution*, Paris, Calmann-Lévy, 1969, p. 339.

95. *Histoire de l'antisémitisme*, tome II: *De Mahomet aux Marranes*, en 1961; tome III: *De Voltaire à Wagner*, en 1968, et enfin tome IV: *L'Europe suicidaire, 1870-1933*, en 1977.

ensuite « à l'étude comparative des persécutions, toujours en privilégiant leurs "origines[96]" ». Durant les années consacrées à ce chantier ambitieux, Poliakov publie également chez Calmann-Lévy – cette fois hors collection – un livre sur le procès Eichmann (1963)[97], il soutient une thèse de 3e cycle en histoire (1964), publie *Les Banquiers juifs et le Saint-Siège* dans « Liberté de l'esprit » (1967) et enfin achève, sous la direction de Raymond Aron, une thèse de doctorat ès lettres (1968). En 1969, Poliakov publie le très polémique *De l'antisionisme à l'antisémitisme*, qui s'en prend à la critique du sionisme dominante à gauche, sous l'influence de l'antisémitisme propagé par Moscou et le Parti communiste depuis 1945 : le livre n'est pas publié dans « Liberté de l'esprit », mais hors collection[98]. Le thème est novateur et il va innerver une critique, vouée à un certain succès, de ce qui est décrit comme un antisémitisme de gauche. En cette fin des années 1960, c'est donc bien « la Nouvelle Gauche » libertaire qui est désormais au cœur de l'engagement politique de Calmann-Lévy.

---

96. Pierre-André Taguieff, « Préface », Léon Poliakov, *La Causalité diabolique*, Paris, Calmann-Lévy, 2006.

97. Léon Poliakov, *Le Procès de Jérusalem*, Paris, Calmann-Lévy, 1963. Dans ce livre, Poliakov s'oppose à la thèse arendtienne de « la banalité du mal », construite sur l'image d'un Eichmann simple exécutant. Pour plus de détails sur ce dossier, cf. Isabelle Delpla, *Retour sur le procès Eichmann. Critique de « la banalité du mal »*, Paris, Hermann, 2011.

98. Léon Poliakov, *De l'antisionisme à l'antisémitisme*, Paris, Calmann-Lévy, 1969.

VI

LES ANNÉES 1970 : À LA RECHERCHE D'UNE NOUVELLE IDENTITÉ

En ce début des années 1970, après le tournant qu'ont constitué « les événements » de Mai 68, Robert Calmann-Lévy est confronté à un double problème. Il lui faut redynamiser la collection « Liberté de l'esprit » et aussi enrichir son catalogue, tout en préparant une nouvelle génération, apte à prendre la relève, au métier d'éditeur. Comme dans toute maison d'édition familiale, ses dirigeants doivent en effet anticiper le passage de relais qui doit permettre de conserver l'âme de l'entreprise. Former des héritiers est donc, pour la famille Calmann-Lévy, le premier enjeu de cette décennie. Mais il leur faut aussi s'adapter au contexte politique et idéologique, qui n'est plus ni celui des premières années de la guerre froide, ni celui des années prospères et pleines d'optimisme de la Détente. Après « les événements » de Mai 68, abondamment disséqués par les ouvrages qu'a fait paraître Calmann-Lévy, les sociétés libérales subissent en effet une double critique : la critique communiste reprend de la vigueur, à la fois relancée et concurrencée par celle de la Nouvelle Gauche libertaire. Il faut donc, dorénavant, mener le combat sur deux fronts.

Pour ce faire, Calmann-Lévy entend impulser une nouvelle dynamique à «Liberté de l'esprit», et plus largement à l'ensemble de sa production. Il s'agit d'enrichir son catalogue à la fois en prolongeant l'orientation prise après Mai 68 et surtout en le renouvelant, notamment par le biais de traduction de livres étrangers, principalement de langue anglaise. Les années 1970 sont ainsi, pour la collection d'Aron comme pour la maison d'édition, celles de la recherche d'une nouvelle identité. Pour rendre compte de ce mouvement, on peut dégager ici trois dynamiques structurantes. La première est la tentative de relance d'une collection qui, en dépit d'un réveil au tournant des années 1960 et 1970, semble s'être à nouveau assoupie. La deuxième, qui révèle une certaine hésitation quant à la ligne suivie, est la poursuite d'une critique libérale assumant, depuis Mai 68, une coloration conservatrice. La troisième dynamique enfin, c'est une orientation nouvelle qui porte davantage sur la science politique, et plus largement les sciences humaines et sociales, que sur le débat idéologique et politique *stricto sensu*. Le sursaut que connaît, grâce à cette dernière dynamique, la maison Calmann-Lévy n'est pourtant que de courte durée et elle connaît, à partir du milieu des années 1970, une traversée du désert.

1. LA TENTATIVE DE RELANCE D'UNE COLLECTION ENDORMIE

En 1971, alors que Calmann-Lévy publie les «mélanges» en l'honneur de Raymond Aron sous le titre *Science et Conscience de la société*[1], la collection «Liberté

1. *Mélanges en l'honneur de Raymond Aron. Science et Conscience de la société*, Paris, Calmann-Lévy, 1971, 2 vol.

de l'esprit » publie deux livres dont l'un est signé par un politiste américain promis à un bel avenir : Zbigniew Brzezinski. Si comme l'indique sa correspondance Aron connaît le futur conseiller à la sécurité nationale du président Carter depuis la décennie précédente[2], ce livre lui a été proposé par un collaborateur qui a intégré la maison d'édition quelques années auparavant et qui va jouer un rôle essentiel dans les années suivantes pour la vie de la collection, comme plus généralement pour Calmann-Lévy, dont il devient rapidement le numéro 2 : il s'agit d'Alain Oulman. Mais qui est cet éditeur, qui dirigera dix ans plus tard cette maison ? Ingénieur de formation, longtemps installé au Portugal, Alain Oulman est le neveu de Robert Calmann-Lévy, qui le fait entrer dans le métier, faute d'héritier, afin de préparer sa succession[3]. Polyglotte passionné de poésie, d'art et de musique, il est le parolier de la chanteuse de fado Amália Rodrigues. Il n'a pas les mêmes idées politiques que son oncle : un temps communiste puis maoïste convaincu, installé au Portugal, proche de Mario Soares[4], il est passé par les pri-

2. Les deux hommes se sont rencontrés chez l'historien du communisme Merle Fainsod. De passage à Paris en 1963, Brzezinski écrit à Aron pour lui demander un rendez-vous : il travaille alors à un livre menant une étude comparée des systèmes politiques américain et soviétique. Lettre de Zbigniew Brzezinski à Raymond Aron, 16 avril 1963, Archives Raymond Aron, BNF, cote NAF 28060, boîte 210. Rappelons également que Brzezinski avait codirigé avec Carl J. Friedrich le classique *Totalitarian Dictatorship and Autocracy* paru en 1956.

3. Alain Oulman est le fils de Nicole, la sœur aînée de Robert et Pierre Calmann-Lévy. Son frère, José, s'était engagé dans la France libre avec ses oncles : devenu pilote de la RAF, il a été abattu en vol en 1945.

4. Calmann-Lévy publiera deux livres du leader socialiste portugais : *Le Portugal bâillonné. Un témoignage*, en 1972, et *Portugal : quelle révolution ?* en 1976.

sons de la dictature salazariste en raison de ses opinions politiques. Raymond Aron a d'ailleurs joué un rôle non négligeable dans sa libération en intervenant directement, à la suite de son arrestation, en 1966, et à la demande de Robert Calmann-Lévy qui était déjà intervenu à l'ambassade du Portugal à Paris, auprès de Salazar[5]. Voici ce qu'il raconte dans ses *Mémoires* : « Les autorités françaises avaient multiplié les démarches en faveur du jeune Oulman, dont le père vivait au Portugal depuis des années et y dirigeait une entreprise. L'ambassadeur du Portugal à Paris me suggéra que peut-être une lettre de moi influerait sur la décision de Salazar ; lui seul pouvait interrompre l'action intentée contre Alain Oulman qui aboutirait inévitablement à quelques années de prison[6]. » Salazar répond à Aron que, bien que le gouvernement dispose de preuves contre lui, il a décidé de l'expulser du pays, ce qu'il faut prendre comme « une preuve de générosité et en même temps de compréhension envers nos amis français[7] ».

Une fois revenu à Paris, Alain Oulman commence à travailler comme éditeur, sans chercher à donner à la maison d'édition familiale une coloration politique différente de ce qu'elle est depuis 1945. Devenu l'adjoint de son oncle Robert, il est notamment chargé de redynamiser « Liberté de l'esprit » tout en lui donnant une nouvelle identité plus tournée vers la science politique

5. Lettre d'Albert Oulman à Raymond Aron, 5 mars 1966, Archives Raymond Aron, BNF, cote NAF 28060, boîte 210.

6. Raymond Aron, *Mémoires. 50 ans de réflexion politique*, *op. cit.*, p. 769.

7. Lettre d'Antonio de Oliveira Salazar à Raymond Aron, 22 mars 1966, Archives Raymond Aron, BNF, cote NAF 28060, boîte 210.

que vers la polémique idéologique. Dès 1970, il apparaît comme le chaînon dynamique du processus de fabrication de son catalogue : il joue un rôle décisif en proposant régulièrement à Raymond Aron des livres étrangers qui pourraient être traduits. Notons ici que certains transitent aussi par Jean Baechler, un doctorant d'Aron, venu de l'histoire et converti à la sociologie, devenu conseiller éditorial de la maison d'édition. Les débuts du nouveau quatuor formé par Oulman, Aron, Sperber et Baechler révèlent un temps de mise en place, Oulman écrivant par exemple en 1971 à Aron pour lui demander son avis sur un livre pourtant conseillé par Jean Baechler : « nous ne mettons pas en cause le jugement de Jean Baechler, mais nous craignons toujours que les livres qu'il cherche à nous faire prendre ne soient difficilement vendables, étant donné qu'il n'est pas encore rodé aux exigences de l'édition[8] ».

Au début de l'année 1971, Oulman envoie à Aron une brochure présentant la liste des ouvrages publiés aux États-Unis dans une collection nommée « *Key Concepts in Political Science* ». On y trouve des livres de John Plamenatz, de Karl Deutsch, de Carl J. Friedrich ou de Leonard Schapiro. Et Oulman demande à Aron s'il pense que certains pourraient être étudiés en vue d'une traduction. Aron lui répond le 25 février qu'il souhaite notamment regarder le livre *Ideology* de Plamenatz. C'est là le début d'un nouveau fonctionnement, la confection du catalogue de la collection reposant désormais en grande partie sur des propositions d'Alain Oulman. La

8. Lettre d'Alain Oulman à Raymond Aron, 23 novembre 1971, Archives Calmann-Lévy, cote CL4 c/c 5, boîte n° 2, dossier « Raymond Aron ».

liste est longue, mais on peut prendre quelques exemples significatifs, même si tous ces ouvrages n'ont pas été retenus par Aron : outre *Between Two Ages*, de Zbigniew Brzezinski, en 1970, il propose notamment *The Alienation of Reason*, de Leszek Kolakowski, et *Surviving the Future*, d'Arnold Toynbee, en 1971, *Theorie des Gessellschaft oder Sozialtechnologie*, de Jürgen Habermas et Niklas Luhmann, en 1972, *Socialism*, de Michael Harrington la même année. Oulman déploie une énergie considérable pour revitaliser la collection *via* des traductions : d'après les archives, il a soumis au moins 14 livres étrangers à Aron pour avis durant la seule année 1972, année faste d'ailleurs pour la collection qui publie 7 titres, nombre sans équivalent dans son histoire. Et il prospecte également, en parallèle, la traduction ou la réédition d'auteurs classiques comme Theodor Adorno ou Daniel Halévy, ainsi que la republication de classiques du libéralisme comme *La France nouvelle* de Prévost-Paradol[9].

À cette époque, outre son travail sur Clausewitz, Aron est occupé à rédiger *La République impériale*, livre sur la politique étrangère américaine qui sera publié hors collection en 1973 chez Calmann-Lévy : peut-être faut-il voir dans ce fait une confirmation de la volonté de l'éditeur de transformer l'identité d'une collection soumise aux mutations du contexte politique et intellectuel. Elle semble en effet, sous la houlette d'Alain Oulman, être en train d'entamer une mue : naguère collection d'*essais politiques*, anticommuniste et libérale, elle prend désormais les traits d'une collection de *science politique*, principalement axée sur la traduction d'ouvrages importants

9. Lettre du secrétariat, 8 mars 1971, Archives Calmann-Lévy, cote CL4 c/c 5, boîte n° 2, dossier « Raymond Aron ».

issus de la politologie américaine et européenne. C'est là l'une des dimensions de l'« ouverture du compas » évoquée par le philosophe Pierre Manent, qui a connu cette période de la vie de la collection en tant qu'assistant d'Aron au Collège de France[10]. Jadis vecteur d'un combat antitotalitaire transnational, « Liberté de l'esprit » semble dorénavant se concevoir comme une entreprise au service de la circulation internationale des idées politologiques.

Encadré n° 10 – Part des ouvrages traduits dans les titres publiés par « Liberté de l'esprit » (1947-1983)

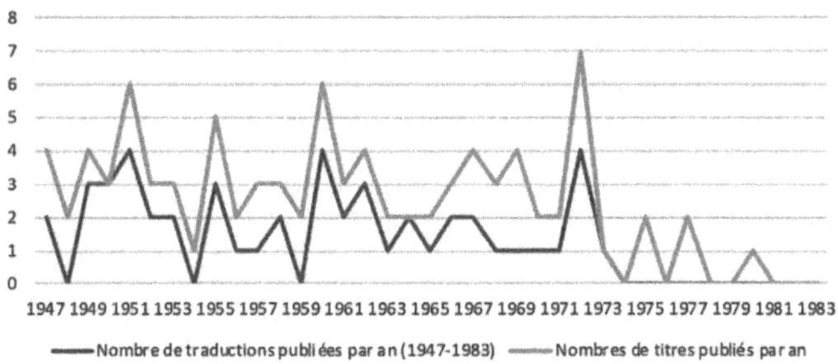

N.B. : sur 91 titres, 49 (53,8 %) sont des traductions. La majeure partie est traduite de l'anglais

---

10. Propos cité dans Florent Georgesco, « "Liberté de l'esprit", la collection de Raymond Aron, voit s'ouvrir une nouvelle ère », *Le Monde des livres*, 9 décembre 2018.

Cette redéfinition apparente du projet et ce nouveau fonctionnement produisent un sursaut. En 1971, «Liberté de l'esprit» publie *Le Mythe aryen*, de Léon Poliakov, mais aussi *La Révolution technétronique*, de Zbigniew Brzezinski. L'année 1972 est particulièrement faste: la collection accueille des livres de Robert Dahl, Raymond Ruyer, George Lichtheim et Jacques Ellul, ainsi que *Du mensonge à la violence*, d'Hannah Arendt, et *La Notion de politique*, de Carl Schmitt. L'orientation vers la traduction d'ouvrages étrangers, dont certains auteurs sont appelés à devenir des classiques de la théorie politique, semble alors prometteuse. Mais en 1973 la collection ne publie qu'un seul livre: il s'agit d'une traduction d'un défenseur de l'isolationnisme américain, Robert Tucker[11], suggérée par Pierre Hassner[12]. Une telle situation ne s'était présentée qu'une fois depuis la création de la collection, en 1954, mais avant que son catalogue ne s'enrichisse de cinq livres supplémentaires l'année suivante, dont *L'Opium des intellectuels*. Et la publication d'un promoteur de l'isolationnisme tranche singulièrement avec les options de Raymond Aron en politique étrangère qui ne cessera, à partir du milieu des années 1970, d'attirer l'attention sur la relance de l'impérialisme soviétique.

La maison d'édition tente d'opérer un passage de relais vers de nouvelles collections chargées de renforcer cet investissement dans les sciences sociales, alors pourvoyeuses de best-sellers: l'historien Emmanuel Le Roy Ladurie vendra 250000 exemplaires de son

11. Robert W. Tucker, *De l'isolationnisme américain. Menace ou espoir?*, Paris, Calmann-Lévy, 1973, p. 26.

12. Entretien avec Jean-Claude Casanova, 15 septembre 2022.

Montaillou, village occitan de 1294 à 1324, publié chez Gallimard en 1975.

Calmann-Lévy a entrepris ce mouvement avec le lancement en 1967 de la collection «Les grandes vagues révolutionnaires», que Robert Calmann-Lévy voulait initialement confier à Raymond Aron[13]. Ce dernier refusa l'offre, bien qu'il ait assisté Robert Calmann-Lévy durant sa création et que le service de presse l'ait présenté comme son directeur à son lancement, ce qui a provoqué des frictions entre les deux hommes[14]. La collection va publier 7 titres en trois ans, surfant sur la vague d'une réactivation, à l'ouest, de l'horizon révolutionnaire, mais tout en délivrant de ce phénomène une analyse qui valorise uniquement les révolutions libérales. On y trouve ainsi des livres sur les révolutions chinoises, sur les révoltes paysannes, sur le Japon, sur «le printemps des peuples» de 1848, sur 1789, mais aussi sur les révolutions fascistes analysées par un historien allemand qui fera bientôt parler de lui : Ernst Nolte[15]. En 1970, cette collection s'interrompt et

13. Lettre de Robert Calmann-Lévy à Raymond Aron, 24 juillet 1967, Archives Calmann-Lévy, cote CL4 c/c 5, boîte n° 2, dossier «Raymond Aron».

14. Lettre de Raymond Aron à Robert Calmann-Lévy, 29 juillet 1967, Archives Calmann-Lévy, cote CL4 c/c 5, boîte n° 2, dossier «Raymond Aron».

15. Charles P. Fitzgerald, *Des Mandchous à Mao Tsé-toung. Les révolutions chinoises du XXe siècle*, Paris, Calmann-Lévy, 1968 ; Roland Mousnier, *Fureurs paysannes. Les paysans dans les révoltes du XVIIe siècle (France, Russie, Chine)*, Paris, Calmann-Lévy, 1967 ; Paul Akamatsu, *Meiji-1868. Révolution et contre-révolution au Japon*, Paris, Calmann-Lévy, 1968 ; Jean Sigmann, *1848. Les révolutions romantiques et démocratiques de l'Europe*, Paris, Calmann-Lévy, 1970 ; Robert R. Palmer, *1789. Les révolutions de la liberté et de l'égalité*, Paris, Calmann-Lévy, 1968 ; Ernst Nolte, *Les Mouvements fascistes.*

Calmann-Lévy commence à travailler à la création d'une autre collection non plus thématique, mais dédiée plus largement aux sciences humaines et sociales.

Calmann-Lévy semble ainsi vouloir intégrer une nouvelle génération d'aroniens dans son fonctionnement. Elle propose en effet cette nouvelle collection à Jean-Claude Casanova, un élève d'Aron qui vient d'obtenir une chaire d'économie à l'Institut d'études politiques de Paris[16]. Son refus conduit la maison d'édition à solliciter Jean Baechler, qui travaille alors à une thèse de sociologie sous la direction d'Aron. C'est lui qui dirigera, à partir de 1972, la collection « Archives des sciences sociales », dont le nom rappelle celui de la revue *Archives européennes de sociologie*, fondée par Aron une décennie plus tôt. En quelques années d'existence, elle publiera 24 titres dont beaucoup sur la violence politique, les phénomènes révolutionnaires et les totalitarismes[17] : ainsi d'*Hitler idéologue*, d'Eberhard Jäckel, qui est un classique de l'approche intentionnaliste du nazisme[18]. Mais elle est surtout connue pour avoir publié *La Civilisation des mœurs*, *La Société de cour* et *La Dynamique de l'Occident*, de Norbert Elias, trois ouvrages appelés à devenir des classiques de la sociologie[19]. En créant cette collection, Calmann-Lévy exprime bien sa

L'Europe de 1919 à 1945, Paris, Calmann-Lévy, 1969 ; Michel Mollat et Philippe Wolff, *Ongles bleus, Jacques et Ciompi. Les révolutions populaires en Europe aux XIVe-XVe siècles*, Paris, Calmann-Lévy, 1968.

16. Entretien avec Jean-Claude Casanova, 15 septembre 2022.

17. Cf. par exemple Anthony Storr, *L'Instinct de destruction*, en 1972, ou encore Henry Victor Dicks, *Les Meurtres collectifs : une analyse psychologique de criminels SS*, en 1973.

18. Eberhardt Jäckel, *Hitler idéologue*, Paris, Calmann-Lévy, 1973.

19. Ces trois livres sont publiés respectivement en 1973, 1974 et 1976.

volonté d'opposer au structuralisme, alors en perte de vitesse, des sciences sociales donnant une place centrale à l'histoire et aux acteurs qui la font[20].

Dans « Archives des sciences sociales », on trouve des livres de Jean Baechler – notamment sa thèse sur les suicides construite comme une réfutation de celle de Durkheim[21] –, ainsi que de deux historiens très à droite de l'échiquier politique : Alain Besançon et Pierre Chaunu[22]. La note de présentation de la collection la positionne comme le socle d'un vaste projet transdisciplinaire : « nous proposons dans "Archives des sciences sociales" de dépasser les divisions surannées et administratives entre histoire, sociologie, science politique, psychologie... Une science sociale mérite ce nom dès lors qu'elle met une construction conceptuelle cohérente au service de la recherche empirique des faits et que l'analyse des cas permet de corriger et d'affiner la théorie », explique alors son directeur[23]. Ce passage de relais de « Liberté de l'esprit » à « Archives des sciences sociales » témoigne de l'intérêt de Calmann-Lévy pour les sciences sociales et de sa volonté, prenant acte de l'éloignement d'Aron, de recruter des personnalités plus jeunes pour animer ce

20. Sur ce point, cf. Marc Joly, *Devenir Norbert Elias*, Paris, Fayard, 2012.

21. Jean Baechler, *Les Suicides*, préface de Raymond Aron, Paris, Calmann-Lévy, 1975 et *Le Pouvoir pur*, Paris, Calmann-Lévy, 1978.

22. Alain Besançon, *Les Origines intellectuelles du léninisme*, Paris, Calmann-Lévy, 1977 et *La Confusion des langues : la crise idéologique de l'Église*, Paris, Calmann-Lévy, 1978. Pierre Chaunu, *Le Refus de la vie : analyse historique du présent*, Paris, Calmann-Lévy, 1975, *La Mémoire et le Sacré*, Paris, Calmann-Lévy, 1978 et *Un futur sans avenir : histoire et population*, Paris Calmann-Lévy, 1979.

23. Cité dans Marc Joly, *Devenir Norbert Elias*, *op. cit.*, p. 261.

secteur éditorial. En cela, la maison d'édition s'inspire de la politique éditoriale très dynamique des trois moteurs de l'édition en sciences humaines : Gallimard, le Seuil et Fayard. Mais au bout de sept années d'existence, la collection disparaît pour des raisons inconnues.

Une autre collection créée à la même époque va aussi connaître un beau succès, beaucoup plus durable : il s'agit de « Diaspora », apparue en 1971 et dirigée par un énarque et conseiller d'État, Roger Errera[24]. Cette collection est dédiée au « fait juif », compris dans toutes ses dimensions, et elle prolonge ainsi « Liberté de l'esprit » qui a donné tant de place aux travaux de Léon Poliakov sur l'antisémitisme. Elle publiera 34 titres et on trouve dans son catalogue des noms prestigieux comme ceux du sociologue Nathan Glazer, de l'historien Walter Laqueur, d'Hannah Arendt, du philosophe politique libéral Isaiah Berlin ou encore d'un jeune théoricien politique promis à un bel avenir : Michael Walzer[25]. Le livre le plus connu édité par Errera demeure celui de Michael Marrus et Robert Paxton, *Vichy et les Juifs*, qui produit une déflagration en France à sa parution[26] : il

24. Sur cette collection, cf. Bruno Karsenti, « Roger Errera : le regard de la diaspora », 8 décembre 2021, https://k-larevue.com/roger-errera-le-regard-de-la-diaspora/. Voir également *Hommage à Roger Errera (1933-2014). Autour de la collection Diaspora*, Paris, Éditions Calmann-Lévy/Musée d'Art et d'Histoire du judaïsme, 2016.

25. Nathan Glazer, *Les Juifs américains, du XVII*e *siècle à nos jours*, Paris, Calmann-Lévy, 1972 ; Walter Laqueur, *Histoire du sionisme*, Paris, Calmann-Lévy, 1973 ; Hannah Arendt, *Sur l'antisémitisme*, Paris, Calmann-Lévy, 1973 ; Isaiah Berlin, *Trois Essais sur la condition juive*, Paris, Calmann-Lévy, 1973 ; Michael Walzer, *De l'Exode à la liberté : essai sur la sortie d'Égypte*, Paris, Calmann-Lévy, 1986.

26. Michael Marrus et Robert Paxton, *Vichy et les Juifs*, Paris, Calmann-Lévy, 1981.

établit, sur la base d'un travail d'archives mené par les deux historiens américains, la responsabilité de l'État français dans la persécution des Juifs, soulignant ainsi le rôle actif du régime de Vichy dans la collaboration. Le fait est fondamental, tant ce rôle était méconnu du grand public et nié par beaucoup d'historiens installés. Calmann-Lévy en vendra 25 000 exemplaires. On peut noter ici que Roger Errera tente désespérément d'obtenir de Raymond Aron un livre d'entretiens sur Israël: l'idée court du milieu des années 1970 à 1982, sans qu'Aron donne suite à ce projet. Cela fait maintenant bien longtemps qu'il s'est éloigné de «Liberté de l'esprit», et plus généralement de la maison d'édition qui l'a accueilli après-guerre. Sauf il est vrai pour y publier des auteurs critiques des mouvements contestataires de la fin des années 1960, donnant ainsi une voix à un libéralisme que d'aucuns diront conservateur.

2. UN LIBÉRALISME CONSERVATEUR

Dans la décennie 1970, Raymond Aron devient plus critique sur l'égalitarisme, les «effets pervers» de la redistribution ou les «excès» du syndicalisme[27]. Après avoir insisté sur les inévitables «désillusions du progrès», il utilisera «Liberté de l'esprit» pour défendre une société de consommation que la collection avait pourtant sévèrement critiquée dans la décennie précédente. C'est là qu'un nouvel auteur fait son apparition: il s'agit de Georges Elgozy, qui va y publier deux pamphlets dont le

27. Pour saisir ce tournant, on peut se reporter à la postface de 1976 à son *Essai sur les libertés*, Paris, Hachette littératures, 1998.

style et le ton font écho à ceux de Jacques Ellul[28]. Elgozy en est d'ailleurs parfaitement conscient, et à leur sortie il envoie un exemplaire de chaque volume à Ellul, assorti de dédicaces flatteuses : *Automation et Humanisme* est dédié « À Jacques Ellul, dont j'aime les écrits et que je pille et cite, cet ouvrage sur l'automation qu'il voudra bien considérer avec humanisme. Hommages confraternels de vive sympathie » ; *Les Damnés de l'opulence* est dédié « À Jacques Ellul, dont j'admire l'œuvre, ce damné bouquin où il est – à plusieurs reprises – fait mention de ses travaux. En hommages confraternels et cordiaux[29] ».

À peu près du même âge qu'Aron, Georges Elgozy est un haut fonctionnaire passé par le Plan et alors en poste à l'Inspection générale de l'économie nationale – un service aujourd'hui disparu, chargé jadis de l'élaboration de la réglementation et des décisions du gouvernement dans le domaine économique, ainsi que des travaux de planification et de programmation. Elgozy est aussi passé par les cabinets ministériels, ayant appartenu à ceux d'Edgar Faure, d'André Malraux et de Michel Debré : il en a conservé une sévère allergie aux énarques qui commencent à les (dé)peupler. Fervent européen, il est président du Comité européen de coopération économique et culturelle. Il est également un critique de théâtre en vue, exerçant ses talents à la revue *Réalités*. Sa contribution au renouvellement du catalogue de la collection est double et encadre les

28. Il publiera par la suite, hors collection, quatre livres chez Calmann-Lévy, devenant ainsi un auteur maison : *Le Désordinateur : le péril informatique*, en 1972 ; *Le Bluff du futur : demain n'aura pas lieu*, en 1974 ; *L'Entreprise en péril*, en 1975, et enfin *Le Bourgeois socialiste ou Pour un post-libéralisme*, en 1977.

29. Ces deux exemplaires sont conservés dans le fonds Ellul déposé à Sciences Po Bordeaux.

événements de Mai 68. Avec *Automation et Humanisme*, qui a été publié au début de l'année 1968, il a introduit dans le catalogue de « Liberté de l'esprit » un nouveau thème : celui de l'automation, notamment traité sous l'angle de la diffusion de l'informatique. Le rabat intérieur de présentation de ce livre attire l'attention du lecteur potentiel sur ce qui constitue, à n'en pas douter, « le premier ouvrage général sur le sujet dominant de notre temps[30] ».

Le propos de l'auteur est triple. Il entend tout d'abord démythifier le phénomène et en analyser les conséquences négatives, mais aussi et surtout les potentialités. Nul doute, à ses yeux, que l'automation bouleverse l'humanité davantage que les révolutions technologiques précédentes : il faut donc chercher à en tirer le meilleur parti. Il cherche ensuite à mener une comparaison internationale, qui tourne à la défaveur d'une Europe « en voie de sous-développement », mais aussi de la France. Aussi l'auteur milite-t-il pour un engagement des États *via* la stimulation de la recherche fondamentale, ainsi que pour la mise sur pied d'une « Europe de l'informatique[31] ». Il veut enfin démontrer qu'un État stratège devrait faire porter l'effort sur cette question, afin d'améliorer le bien-être de sa population et de s'assurer les premières places dans la compétition économique : « les puissances qui s'évaderont de la phase de la mécanisation pour aborder celle d'une automation aussi étendue que possible, s'assureront des positions dominantes[32] ». Cet essai de prospective est porté par une plume alerte, un ton vif et un humour

30. Georges Elgozy, *Automation et Humanisme*, Paris, Calmann-Lévy, 1968, rabat intérieur droit.

31. *Ibid.*, p. 108.

32. *Ibid.*, p. 27.

caustique : ce livre, très différent des publications des deux décennies précédentes, réunit toutes les conditions d'un succès de librairie.

Elgozy récidive deux ans plus tard avec un livre au titre éloquent : *Les Damnés de l'opulence*. Il y tourne en dérision les critiques les plus acerbes des sociétés modernes, car « l'industrialisation accouche de neurasthénie[33] ». Mais plus profondément il s'interroge sur une société qui démultiplie les moyens à disposition des individus, tout en rendant les fins imperceptibles. Ainsi résume-t-il le problème posé par l'époque : « tant que les humains n'auront pas défini les finalités d'une société idéale, leur avenir ne sera que par hasard ce qu'ils souhaiteraient qu'il fût[34] ». Il appelle alors de ses vœux un Vieux Continent qui s'affranchira du matérialisme, américain comme soviétique, et « improvisera sa propre démarche » en développant une « Europe de la spiritualité[35] ». Le livre trouve donc parfaitement sa place dans la collection en défendant une société industrielle contre ses critiques, tout en pointant ses faiblesses et la nécessité d'articuler l'effort productif à l'élaboration d'un sens. En outre, il correspond à la « nouvelle ligne » consistant, depuis Mai 68, à contester la contestation : un chapitre entier, intitulé « Contestation et consommation », est consacré à la critique de la Nouvelle Gauche. Ce qui singularise cet ouvrage, c'est l'éloge de la justice sociale et de la lutte contre les inégalités qui le clôt : la fin du livre exhale en effet un parfum très « nouvelle société », semblable à celui

33. Georges Elgozy, *Les Damnés de l'opulence*, Paris, Calmann-Lévy, 1972, p. 8.
34. *Ibid.*, p. 12.
35. *Ibid.*, p. 16 et 17.

de la réponse à Mai 68 proposée par le Premier ministre de l'époque, Jacques Chaban-Delmas.

Entre ces deux livres, Robert Calmann-Lévy est revenu vers Jacques Ellul pour évoquer la suite qu'il pourrait donner à *Autopsie de la révolution*[36] et Ellul s'est engagé à lui livrer un manuscrit au printemps 1971[37]. La thèse qu'il entend démontrer est qu'« on peut conclure que partout il y a des tendances à la révolte, une très forte volonté de révolte, mais que l'ère des révolutions est achevée[38] ». Ce faisant, bien sûr, il s'agit aussi de ramener les contestations de l'époque à ce qu'elles sont à ses yeux : des simulacres de révolution. Le manuscrit est livré à la mi-juin 1971 avec pour titre provisoire *Mort de la vieille taupe*. L'éditeur demande à l'auteur, à la suite d'un rapport de lecture de Jean Baechler, d'opérer des coupes pour réduire le volume du manuscrit, et parce que certains passages répètent le livre précédent. Le manuscrit, qui s'intitule alors *La Révolution impossible*, est repris par Ellul. Une discussion sur le titre s'engage : l'éditeur aime *La Révolution impossible*, mais l'auteur préfère *La Révolution bloquée*[39]. Après avoir envisagé *Ingrate*

36. Lettre de Robert Calmann-Lévy à Jacques Ellul, 1er septembre 1970, Archives Calmann-Lévy, cote CL 4 c/c 19, boîte n° 3, dossier « Jacques Ellul ».

37. Lettre de Jacques Ellul à Robert Calmann-Lévy, 16 septembre 1970, Archives Calmann-Lévy, cote CL 4 c/c 19, boîte n° 3, dossier « Jacques Ellul ».

38. Lettre de Jacques Ellul à Robert Calmann-Lévy, 1er octobre 1970, Archives Calmann-Lévy, cote CL 4 c/c 19, boîte n° 3, dossier « Jacques Ellul ».

39. Lettre de Jacques Ellul à Robert Calmann-Lévy, 17 novembre 1970, Archives Calmann-Lévy, cote CL 4 c/c 19, boîte n° 3, dossier « Jacques Ellul ».

Révolution, *Naissance de la révolte*, *Révoltes sans issue*, *La Voie de garage*, *Renaissance des révoltes*, l'éditeur finit par choisir *De la révolution aux révoltes* dans les différentes propositions d'Ellul. Le livre est publié en 1972 : il développe effectivement la thèse, très aronienne, selon laquelle dans une « société technicienne », la révolution est devenue impossible et seules des révoltes tentant d'inverser le processus historique sur la base d'un sursaut violent peuvent se produire.

Calmann-Lévy publiera encore un livre d'Ellul dans « Liberté de l'esprit » : *Le Système technicien*, qui sort en 1977 avec un tirage élevé de 6600 exemplaires[40]. Le projet de ce livre, le sixième d'Ellul chez cet éditeur, est de donner un prolongement à *La Technique ou l'enjeu du siècle* plus de vingt ans après sa publication. L'idée est d'étudier la technique en tant que système, la technique constituant « l'événement le plus important de notre société, qui détermine l'avenir de notre monde tout entier », et son étude ouvrant sur « une compréhension en profondeur de tous les faits qui caractérisent notre vie moderne[41] ». Comme Ellul l'indique en introduction, son propos est assez proche de celui développé plusieurs années auparavant, dans la même collection, par le politiste américain Zbigniew Brzezinski. Ce dernier a en effet publié en 1971 *La Révolution technétronique*, ouvrage

40. Un autre livre d'Ellul, *Trahison de l'Occident*, est publié par Calmann-Lévy en 1975, mais hors collection : il s'agit d'un choix de Robert Calmann-Lévy, qui le justifie par la possibilité de lui confectionner une couverture particulière : cf. Lettre de Robert Calmann-Lévy à Jacques Ellul, 6 juin 1975, Archives Calmann-Lévy, cote CL 4 c/c 19, boîte n° 3, dossier « Jacques Ellul ».

41. Jacques Ellul, *Le Système technicien*, Paris, Calmann-Lévy, 1977, rabat intérieur.

dans lequel il insistait sur les conséquences de l'évolution technique, notamment les progrès de l'électronique[42]. Mais Ellul entend décrire autre chose que «la société technicienne» isolée dans son livre des années 1950: il fait de la technique un «système» qui «existe dans la société, vivant à la fois en elle, d'elle, et greffé sur elle[43]». Le problème posé par ce système, c'est qu'il n'a ni finalité ni sens[44], et qu'il réduit la liberté humaine: «les choix qui nous sont proposés sont en réalité imposés par les moyens techniques et la mentalité technicienne[45]». Car si l'homme se sert de la technique, il est aussi «*celui* qui la sert[46]».

Concernant ce manuscrit, c'est Alain Oulman qui est à la manœuvre dans un processus qui commence en 1973: il propose initialement de le publier dans la collection «Archives des sciences sociales» qui vient d'être lancée et qui commence à se développer sous la houlette de Jean Baechler. En outre, Ellul accepte de confier le manuscrit, pourtant en discussion avec Gallimard, à la maison d'édition, mais seulement si elle assure au volume un gros tirage[47]. Robert Calmann-Lévy le rassure en lui indiquant que *La République impériale* a atteint en trois mois la barre des 22000 exemplaires, ce qui montre que la maison est capable de soutenir des ventes considérables: il faut dire qu'elle dispose de son propre réseau de représentants, couvrant toute la France, et qu'elle investit beaucoup dans la

42. Zbigniew Brzezinski, *La Révolution technétronique*, Paris, Calmann-Lévy, 1971.

43. Jacques Ellul, *Le Système technicien*, *op. cit.*, p. 25.

44. *Ibid.*, p. 310.

45. *Ibid.*, p. 358.

46. *Ibid.*, p. 360. Souligné par l'auteur.

47. Lettre de Jacques Ellul à Alain Oulman, 16 mars 1973, Archives Calmann-Lévy, cote CL 4 c/c 19, boîte n° 3, dossier «Jacques Ellul».

publicité dans les journaux. C'est ensuite Jean Baechler qui accompagne ce projet au long cours, puisque l'ouvrage est prévu pour sa collection. Néanmoins, pour des raisons obscures, le manuscrit finalisé paraîtra dans « Liberté de l'esprit », et cela alors qu'« Archives des sciences sociales » existe jusqu'en 1979. Il faut rappeler ici que depuis que Calmann-Lévy publie Jacques Ellul dans la collection de Raymond Aron, ce dernier paraît tout à fait en dehors des processus de décision le concernant : son éloignement de la collection est patent. Mais il a néanmoins été actif dans l'adoubement par Robert Calmann-Lévy du dernier auteur incarnant la volonté de poursuivre le combat idéologique au cœur de l'ADN de la collection : il s'agit de Raymond Ruyer.

Raymond Ruyer a en effet publié trois livres dans « Liberté de l'esprit » au lendemain de Mai 68. Normalien, de quelques années l'aîné d'Aron, auteur en 1930 d'une thèse intitulée *Esquisse d'une philosophie de la structure*, Ruyer est un philosophe des sciences qui a fait toute sa carrière à Nancy[48]. À côté de son œuvre de philosophie des sciences, il a publié quelques ouvrages plus politiques, comme *Le Monde des valeurs* (1947) et *L'Utopie et les Utopies* (1950). Mais c'est à la fin des années 1960 que ce pan de sa production va s'étoffer[49]. On se souvient qu'il a publié en 1969 un *Éloge de la société de consommation* qui avait beaucoup plu à Aron et à Robert Calmann-Lévy. Dans ce livre, Ruyer développe un propos dont la teneur est révélée par le titre, il est vrai sans ambiguïté. L'ennemi qu'il se donne est en fait double. Au plan intellectuel, il s'agit du marxisme qui trompe les contestataires en

48. Fabrice Colonna, *Ruyer*, Paris, Les Belles Lettres, 2007.
49. Pour plus de détails, cf. Jacques Carbou, *La Critique sociale de Raymond Ruyer*, Nancy, Éditions du Verbe haut, 2021.

pointant du doigt le capitalisme, alors que le grand spoliateur de l'époque n'est plus la bourgeoisie, mais l'État. Et derrière lui c'est une nouvelle classe sociale qui est l'ennemi numéro un de Ruyer: «un "tertiaire social" improductif, pédant, impatient de remplacer les équilibres économiques par des constructions idéologiques, se sert de l'État politique pour prélever de plus en plus lourdement sur "la société de consommation", qu'il ne cesse de dénoncer, tout en la parasitant[50]».

Le propos est assez clairement libéral, mais il s'agit d'un libéralisme désormais conservateur. Raymond Ruyer entend en effet montrer que la révolte contre la société de consommation, menée par une nouvelle classe culturelle, masque en fait l'appauvrissement des classes populaires par un État tentaculaire au service de ce tertiaire parasitaire. En outre, Ruyer cherche à démontrer l'inanité des mouvements contestataires des années 1960: ce qu'il appelle «la société économique» lui paraît irrésistible et «si cette révolution a apporté beaucoup de maux, l'espoir est non dans l'abolition, mais dans le perfectionnement de la société industrielle[51]». Dans *Le Monde diplomatique*, Yves Florenne ne s'y est pas trompé: il explique que ce livre «– et on l'entendra au sens objectif d'une loi physique ou biologique – est réactionnaire, avec une force, un poids, une densité, un désintéressement, cela va sans dire, une pureté même auxquels le lecteur, dans un sens ou dans l'autre, voire contradictoirement, ne pourra pas, à son tour, ne pas réagir[52]».

50. Raymond Ruyer, *Éloge de la société de consommation*, Paris, Calmann-Lévy, 1969, rabat intérieur droit.

51. *Ibid.*, p. 328.

52. Yves Florenne, «Éloge de la société de consommation, Raymond Ruyer», *Le Monde diplomatique*, décembre 1969, p. 15.

Encadré n° 11 – Nuances de libéralisme dans « Liberté de l'esprit » (1947-1983)

Période	1947-1956	1956-1962	1962-1968	1968-1983
Contexte	La guerre froide	La coexistence pacifique	La Détente	La déstabilisation, puis la « nouvelle guerre froide »
Adversaire(s)	Le communisme	Le communisme	La Nouvelle Gauche	La Nouvelle Gauche et le communisme
Type de libéralisme dominant	Libéralisme conservateur à l'européenne (ancienne génération)	Libéralisme progressiste à l'américaine	Libéralisme progressiste à l'européenne	Libéralisme conservateur à l'européenne (nouvelle génération)
Ouvrages principaux	Madariaga, *De l'angoisse à la liberté. Profession de foi d'un libéral révolutionnaire* (1954)	Galbraith, *L'Ère de l'opulence* (1961) + Packard, *L'Art du gaspillage* (1962)	Aron, *Essai sur les libertés* (1965)	Ruyer, *Éloge de la société de consommation* (1969) + Aron, Postface de l'*Essai sur les libertés* (1976)

Avec cet auteur, Calmann-Lévy poursuit son combat contre la Nouvelle Gauche et l'éditeur se positionne alors clairement à droite de l'échiquier politique, tout en continuant, il est vrai, à publier parallèlement des livres destinés à un lectorat de gauche, comme *Portugal : quelle révolution ?* de Mario Soares en 1976 par exemple. Les transformations du socialisme, comme le phénomène de l'eurocommunisme, continuent d'attirer son attention. L'ouverture des années 1960, qui n'a pas totalement disparu, est notamment incarnée par Alain Oulman.

Raymond Ruyer publiera deux autres livres dans la collection. En juin 1971, il propose un nouvel ouvrage à Aron : il appuie alors sa proposition sur le succès rencontré par le précédent[53]. Le contrat est signé en octobre et Ruyer se félicite auprès de Robert Calmann-Lévy de publier « dans l'excellente collection "Liberté de l'esprit" qui est en train de progresser, je crois, dans l'esprit du public[54] ». Son livre sort en librairie à la fin de l'année 1972 sous le titre *Les Nuisances idéologiques*. Il s'agit d'une charge vive contre les idéologies de l'époque, conçues comme des poisons de l'esprit. La deuxième partie cible notamment les idéologies racistes, antiracistes et nationalistes ; le virilisme, le jeunisme et le sexualisme ; les idéologies religieuses ; le post-industrialisme, le technologisme, le mac-luhanisme ; le pédagogisme et bien d'autres encore. En conclusion, Ruyer propose l'instauration, afin de satisfaire ceux qu'il décrit comme des idéologues égalitaires, d'un salaire unifié inter-fonctionnaire (SUIF) « fort près de ce que sont aujourd'hui les plus petits traitements[55] ». Car si les enfants de ce que Ruyer appelait, dans son livre précédent, « la nouvelle classe bourgeoise antibourgeoise », ne pouvaient plus être choqués par le train de vie de leurs parents, « l'effectif des idéologues

53. Lettre de Raymond Ruyer à Robert Calmann-Lévy, 25 juin 1971, Archives Calmann-Lévy, dossier « Raymond Ruyer ».

54. Lettre de Raymond Ruyer à Robert Calmann-Lévy, 1er octobre 1971, Archives Calmann-Lévy, dossier « Raymond Ruyer ».

55. Raymond Ruyer, *Les Nuisances idéologiques*, Paris, Calmann-Lévy, 1972, p. 332.

diminuerait d'une bonne moitié[56] », explique-t-il avec provocation. Par ailleurs, si les idéologues invoquent souvent le sens de l'Histoire, Ruyer considère que « les "conservateurs" ont pour eux des lois encore bien plus puissantes que le sens momentané de l'histoire : lois sur-historiques, qui condamnent à mort les idéologues, les tricheurs du principe de réalité, les inventeurs de mouvement perpétuel, les zélateurs de la transgression, de la subversion, de l'inversion, des antivaleurs ». Aussi faut-il s'en remettre à « un optimisme du long terme[57] ».

En juin 1975, Robert Calmann-Lévy accepte un troisième livre de Ruyer. L'avance est doublée par rapport au contrat du livre précédent : tout indique, une nouvelle fois, que les livres du philosophe nancéien se vendent bien[58]. Sous le titre *Les Nourritures psychiques*, Ruyer délivre cette fois une charge contre le matérialisme historique au nom d'une sorte de « psychologisme historique » : son idée est que les individus ne vivent pas seulement de pain et d'idées, mais aussi d'émotions. Il distingue alors les nourritures du corps de celles de l'esprit (les nourritures spirituelles) et de celles des instincts (les nourritures psychiques). Ces dernières, dont les jeux du cirque sont l'exemple paradigmatique, doivent calmer notre appétit de « spectacles toniques ou violents[59] ». L'ouvrage révèle à nouveau le conservatisme de Ruyer, qui défend la nécessité de recourir à « une nourriture psychique saine » qui est « à

56. *Ibid.*, p. 334.

57. *Ibid.*, p. 337.

58. Lettre de Robert Calmann-Lévy à Raymond Ruyer, 27 juin 1975, Archives Calmann-Lévy, dossier « Raymond Ruyer ».

59. Raymond Ruyer, *Les Nourritures psychiques : la politique du bonheur*, Paris, Calmann-Lévy, 1975, rabat intérieur droit.

base de traditions et d'habitudes», même si ces traditions doivent demeurer «vivantes et non fossilisées[60]». Aussi peut-il affirmer que «contrairement à ce que croient la plupart des politiciens et des démagogues, on peut penser que les hommes ont aujourd'hui plus besoin de stabilité, de respiration sur un palier, que de changement[61]». Distinguant la jeunesse de l'enfance, il fait de la seconde l'exemple à suivre dans la poursuite du bonheur et de la première l'ennemi à combattre: l'enfance est en effet pour lui le temps du bonheur par l'enracinement dans la famille, la jeunesse celui du malheur par manque de fixation du désir sur un objet défini. Et la société industrielle ne l'aide pas: la jeunesse est en effet parquée «dans les établissements universitaires, qui la politisent sans l'éduquer[62]».

Ainsi, «une saine politique du bonheur devrait prendre le contre-pied des démagogies juvénilistes»: elle délivrerait alors «les jeunes d'études interminables où ils ne peuvent absorber que des vocabulaires plus creux que des biftecks de carton[63]». Près de dix ans après Mai 68, «Liberté de l'esprit» continue à s'en prendre à l'esprit du temps: le marxisme et le freudisme sont sévèrement critiqués dans le livre, tout autant que le libertarisme de la dernière décennie et les nouvelles mœurs qu'il informe, une «contre-culture diffuse, larvée, à base d'une volonté sournoise de destruction, de souillure, de "démystification" ricanante des mœurs et des institutions» étant «incompatible avec la santé psychique[64]». Et l'auteur

60. *Ibid.*, p. 264.
61. *Ibid.*, p. 265.
62. *Idem.*
63. *Ibid.*, p. 266.
64. *Ibid.*, p. 219.

d'affirmer sans complexe que «la nutrition psychique demande plutôt l'inégalité sociale» que la justice[65]. À la lecture de ce livre, son rapprochement avec la Nouvelle Droite – Ruyer rejoindra bientôt ses rangs en intégrant en 1978 le comité de patronage de la revue *Nouvelle École* – ne surprend guère.

Retenons ces trois noms: Elgozy, Ellul, Ruyer. Grâce à eux, «Liberté de l'esprit» publie durant les années 1965-1977 des analyses qui tranchent avec l'humeur contestataire du moment. En délivrant une «critique de la critique» des sociétés modernes, la collection d'Aron participe à la défense d'une société qui si elle ne donne certes pas un sens à l'existence, possède au moins aux yeux des libéraux le mérite de produire un niveau de richesse jusque-là inconnu et ainsi d'ouvrir des perspectives de mobilité sociale et de redistribution. Pour la collection, il n'est plus temps de souligner les errements de la société de consommation. Tout au plus doit-on prendre conscience de l'entrée dans des sociétés techniciennes, mais qu'il s'agit plutôt de défendre que de discréditer. *Éloge de la société de consommation*: ce titre, choisi par Aron pour le premier livre de Raymond Ruyer, révèle parfaitement ce qui est alors l'intention du directeur de «Liberté de l'esprit» comme de son éditeur, Calmann-Lévy s'affirmant, sur la place parisienne, comme l'un des opposants les plus farouches au camp de la contestation.

65. *Ibid.*, p. 221.

3. DU SURSAUT À LA TRAVERSÉE DU DÉSERT

Parallèlement à la poursuite de ce libéralisme conservateur, Alain Oulman continue en coulisse son déploiement d'énergie en vue de la nouvelle orientation « politologique » et il confirme son tropisme américanophile : il soumet par exemple à Raymond Aron des livres de Daniel Bell (*The Coming of Post-Industrial Society*), de Bernard Brodie (*War and Politics*), de Robert Dahl (*Regimes and Oppositions*) ou encore de Christopher Lasch (*The World of Nations*). Et ses efforts produisent des effets : comme on l'a vu précédemment, 1972 est une année faste pour la collection, puisque son catalogue augmente de 7 titres qui révèlent la volonté d'Oulman de la réorienter vers la science politique.

« Liberté de l'esprit » publie tout d'abord le premier livre d'un jeune « aronien », Éric Werner, un philosophe diplômé de l'Institut d'études politiques de Paris d'origine suisse[66]. Dans *De la violence au totalitarisme*, il analyse les pensées de Sartre et de Camus : ce faisant, il anticipe ce que développera Aron dans un livre publié l'année suivante chez Gallimard sous le titre *Histoire et dialectique de la violence*, dans lequel il déploie une discussion serrée de la *Critique de la raison dialectique* de Sartre. La thèse centrale d'Aron est que Sartre a développé une philosophie qui culmine en une apologie de la violence[67].

66. Si cet auteur commence sa carrière dans la nébuleuse libérale, il faut noter qu'il rejoint lui aussi rapidement les rangs de la très illibérale « Nouvelle Droite ».

67. Raymond Aron, *Histoire et dialectique de la violence*, Paris, Gallimard, 1973.

Vingt ans après la brouille de Sartre et de Camus consécutive à la parution de *L'Homme révolté*, Werner entend démontrer que ce désaccord politique est le produit de deux philosophies premières opposées : celle de Sartre relevant d'un pessimisme anthropologique qui le conduit à soutenir le despotisme ; celle de Camus relevant d'un optimisme humaniste qui l'amène à adhérer à la démocratie. Le hobbesien Sartre est ainsi opposé au rousseauiste Camus, l'opposition étant d'une certaine manière arbitrée par Raymond Aron, dont l'influence parcourt tout l'ouvrage[68]. On retrouvera bientôt ce thème de la violence, qui indique ce que sont les préoccupations des libéraux à cette époque, dans un autre titre.

La même année, Calmann-Lévy publie la traduction de plusieurs « essais de politique contemporaine » d'Hannah Arendt réunis sous le titre *Du mensonge à la violence* : elle est désormais présentée sur le rabat intérieur comme « l'un des grands penseurs politiques de notre temps[69] ». Ce volume est composé de quatre essais, teintés d'un jugement plus sombre que l'image initiale, radieuse, que se faisait Arendt des États-Unis : le premier porte sur le scandale des *Pentagone Papers*, qui ébranla profondément ce pays bien avant le Watergate ; le second s'intéresse à la désobéissance civile comme forme d'action politique ; le troisième à la violence en politique ; le dernier est un entretien qui prolonge le texte précédent. Le plus important des quatre est sans doute *Sur la violence* : Arendt y soutient qu'il faut distinguer le pouvoir de la violence

68. Éric Werner, *De la violence au totalitarisme. Essai sur la pensée de Camus et de Sartre*, Paris, Calmann-Lévy, 1972, p. 243-244.
69. Hannah Arendt, *Du mensonge à la violence : essais de politique contemporaine*, Paris, Calmann-Lévy, 1972.

et que la croissance de la seconde correspond à la décadence du premier. Elle explique en particulier que la violence n'a d'efficacité qu'à très court terme : elle est « incapable de soutenir des causes, de conduire la marche de l'histoire, de promouvoir la révolution, de défendre le progrès ou la réaction[70] ». La violence n'est donc pas, comme le disent les révolutionnaires, Sartre au premier chef, l'accoucheuse de l'Histoire. Et en cette année 1972, Calmann-Lévy entend le rappeler en publiant une autrice désormais consacrée[71].

En 1972, « Liberté de l'esprit » publie également un ouvrage appelé à devenir un classique, bien que controversé : il s'agit du livre du juriste allemand Carl Schmitt intitulé *La Notion de politique*. À cette date, l'œuvre de Schmitt n'est quasiment pas traduite en français : outre une traduction partielle de son *Romantisme politique*, il existe seulement deux livres disponibles (*Légalité et Légitimité* et *Considérations politiques*). C'est donc l'initiative de « Liberté de l'esprit » qui ouvre la période durant laquelle Schmitt va être importé en France. Raymond Aron est un lecteur attentif de ce juriste atypique, dont il a connu les travaux dès les années 1930 et dont il a fait connaissance à Tübingen en 1953[72]. On sait qu'Aron a cherché, dans ses *Mémoires*, à disculper Schmitt de tout engagement nazi : « Carl Schmitt n'appartint jamais au parti national-socialiste. Homme de haute culture, il ne

70. *Ibid.*, p. 190.

71. L'année suivante, mais cette fois dans la collection « Diaspora » de Roger Errera, Calmann-Lévy publie *Sur l'antisémitisme*, l'une des trois parties des *Origines du totalitarisme*, livre alors toujours non traduit deux décennies après sa parution aux États-Unis.

72. Raymond Aron, *Mémoires. 50 ans de réflexion politique*, *op. cit.*, p. 837.

pouvait pas être hitlérien et il ne le fut jamais», même s'il fut un «doctrinaire de droite, nationaliste, plein de mépris à l'égard de la République de Weimar dont il analysa impitoyablement les contradictions et l'agonie». Aron reconnaît certes que Schmitt a présenté Hitler comme «le juge suprême» après la Nuit des longs couteaux et que cela «pouvait passer à l'époque pour une approbation», mais il explique aussitôt que, après 1945, Schmitt a «reconnu ses erreurs»[73]. Ce jugement, excessivement généreux, voire naïf lui a souvent été reproché.

C'est cette image policée que donne également le rabat intérieur du livre qu'il fait paraître en 1972: il présente l'auteur comme «l'une des personnalités les plus influentes de l'université allemande», ayant certes participé à la vie politique durant «les premières années du régime hitlérien», mais ayant été rapidement menacée par le journal des SS et ayant renoncé à «toute activité autre que professorale» en 1936. Preuve qu'il n'a pas été nazi, «il bénéficia d'un non-lieu» en 1945[74]. Précisons ici certaines raisons qui expliquent l'intérêt d'Aron pour Schmitt. Tout d'abord, le lien entre les deux hommes est entretenu par un doctorant d'Aron, Julien Freund, qui a rendu possible une correspondance épisodique fondée sur l'envoi de leurs ouvrages respectifs. Ensuite, il est clair qu'Aron prend au sérieux la pensée du juriste allemand: il voit Schmitt comme l'un des représentants de «la grande école des savants allemands, qui dépassent leur spécialité, embrassent tous les problèmes de la société et de la politique et peuvent être dits philosophes – comme

73. *Idem.*

74. Carl Schmitt, *La Notion de politique. Théorie du partisan*, Paris, Calmann-Lévy, 1972, rabat intérieur gauche.

Max Weber le fut à sa manière[75] ». Enfin, Aron trouve dans l'œuvre de Schmitt deux choses qui le séduisent : des développements étourdissants sur les questions internationales, et surtout une conception du politique construite sur un décisionnisme qui prolonge celui de Weber. Ce n'est donc pas un hasard si le livre choisi par Aron pour sa collection est *La Notion de politique*[76]. Il n'y a par ailleurs aucun mystère à ce que le préfacier soit Julien Freund, qui a soutenu en 1965 une thèse intitulée *L'Essence du politique* et dont la démarche et l'argument ont été inspirés à la fois par Aron et par Schmitt[77].

Le rabat intérieur qui présente le livre insiste sur les apports de Schmitt à la pensée politique du XXe siècle : la mise en avant du critère ami-ennemi, le caractère irréductible de l'hostilité, la nécessité de la lutte, la décadence de l'État libéral, l'ascension des mouvements idéologiques, le glissement vers la guerre absolue, la centralité du partisan dans les guerres modernes. Il n'est pas ici question de discuter le contenu du livre, mais plutôt d'insister sur les enjeux posés par sa publication. On peut en retenir deux. Le premier, c'est qu'elle vient s'insérer dans un combat théorique contre les différentes formes de négation de l'autonomie du politique : Schmitt fait partie de ces penseurs, comme Arendt ou Jouvenel, qui le remettent au premier plan. Il est vrai, pour le juriste allemand, au prix du sacrifice du libéralisme : Schmitt veut défendre

75. Raymond Aron, *Mémoires*, *op. cit.*, p. 837.

76. Les archives conservées sous la cote CL4 c/c 145, boîte n° 1, dossier « Carl Schmitt », indiquent très clairement que c'est Aron qui est à l'origine du projet de traduction des deux essais de Schmitt qui composeront le volume : *La Notion de politique*, qui date de 1932, et *Théorie du partisan*, qui date de 1962.

77. Julien Freund, *L'Essence du politique*, Paris, Dalloz, 2004.

le politique contre plusieurs tendances libérales qui l'assaillent, ainsi de la technique, du droit et de l'économie. Le second enjeu, c'est qu'avec le recul du temps la préface écrite par Freund, qui s'efforce d'édulcorer la pensée de Schmitt comme son itinéraire, ressemble aujourd'hui, après les avancées des travaux récents et la publication de son journal intime, à une entreprise de réhabilitation coupable. Ajoutons enfin que Calmann-Lévy a envisagé en 1973 de traduire *Der Nomos der Erde* dans la collection de Jean Baechler[78], avant que ce dernier ne se ravise, sans doute pour des raisons commerciales[79].

En 1972 toujours, Calmann-Lévy publie un livre du politiste Robert Dahl, porte-drapeau de la science politique américaine, intitulé *Après la révolution*. On sait que Dahl a forgé un modèle pluraliste autour du concept, qu'il substitue à celui de démocratie, de polyarchie. Mais dans le livre qui a été choisi par Aron, il étudie l'évolution de l'idée de démocratie en tant qu'elle peut s'appliquer à de multiples domaines. Notons ici que *Political Oppositions in Western Democracies* a été traduit en 1966 par la SEDEIS et *Who Governs?* en 1971 par Armand Colin : l'auteur n'est donc pas totalement inconnu en France. Le livre publié par « Liberté de l'esprit » peut retenir l'attention sur plusieurs points. Tout d'abord, Dahl fait de la démocratie une doctrine révolutionnaire venant bousculer les formes traditionnelles de l'autorité. Ensuite, il distingue cinq formes de démocratie : la démocratie représentative

78. Lettre de l'éditeur allemand à Thérèse Scaroni, Archives Calmann-Lévy, cote CL4 c/c 145, boîte n° 1, dossier « Carl Schmitt ».

79. *La Notion de politique* a en effet connu des ventes médiocres : 582 exemplaires en 1972, 335 en 1973, 131 en 1974 et seulement 30 en 1975.

(ou polyarchie), la démocratie de commissions, la démocratie directe, la démocratie référendaire et la démocratie par délégation de pouvoir. Enfin, il intègre à sa réflexion les exigences de participation portées par les mouvements contestataires des années 1960 : s'il est fermement opposé à la démocratie directe, Rousseau faisant figure dans son livre d'ennemi numéro un, Dahl propose d'instaurer le tirage au sort afin de pourvoir des « conseils consultatifs qui seconderaient tous les élus de la polyarchie géante », au niveau local comme national[80]. Ajoutons qu'il plaide pour une redistribution plus forte passant par les revenus, ainsi que pour l'autogestion au sein des entreprises. Tout cela est fort peu aronien, mais conforme au projet de transformation de la collection porté par Alain Oulman.

Le sursaut que représente l'année 1972 ne sera cependant qu'un feu de paille. En 1973, la collection ne publie qu'un titre et en 1974 un premier signal d'alerte est émis : « Liberté de l'esprit » ne publie pas un seul volume. Il s'agit là d'un fait inédit depuis sa création, près de trente ans plus tôt. Le fait est d'autant plus significatif qu'il se répète à cinq reprises dans les années suivantes, en 1976, 1978, 1979, 1981 et 1982. Cette « série noire » indique que le sursaut impulsé par l'arrivée d'Alain Oulman aura été de courte durée : « Liberté de l'esprit » connaît alors une traversée du désert, la maison Calmann-Lévy étant quant à elle dans une santé financière très relative. Il faut dire qu'en 1975, à l'initiative de l'éditeur Bernard de Fallois qui travaille alors au Livre de Poche, le contrat établi vingt ans plus tôt, si favorable à Calmann-Lévy, est révisé d'une manière beaucoup moins avantageuse.

80. Robert Dahl, *Après la révolution*, Paris, Calmann-Lévy, 1972, p. 213.

La maison d'édition perd alors sa confortable rente, qui donnait à Robert Calmann-Lévy une certaine liberté dans ses choix : ce séisme l'oblige dorénavant à faire attention à ses dépenses et à revoir son fonctionnement général[81].

Encadré n° 12 – Nombre de titres publiés dans « Liberté de l'esprit » par an (1970-1983)

La collection « Liberté de l'esprit » connaît donc plusieurs « années blanches » sans aucun livre publié. À la fin des années 1970, on ne retient d'importants que les livres de Raymond Ruyer et Jacques Ellul, ainsi que deux ouvrages de Léon Poliakov. Après avoir accueilli en 1971 *Le Mythe aryen*, dans lequel Poliakov étudie cet élément fondateur de l'idéologie nazie[82], « Liberté de l'esprit »

81. Entretien avec Jean-Étienne Cohen-Séat, 8 avril 2024.

82. Léon Poliakov, *Le Mythe aryen : essai sur les sources du racisme et des nationalismes*, Paris, Calmann-Lévy, 1971. Ce livre connaît une réception internationale, comme en témoigne la recension élogieuse publiée dans *The American Historical Review* : Robert A. Pois,

publie en 1980 le premier volume de *La Causalité diabolique*, dans lequel il étend son étude des mythes alimentant la passion antisémite, notamment au « complot juif mondial[83] ». Raymond Aron pourra se réjouir de la sortie de ce livre, le dernier publié de son vivant dans la collection. Il n'assistera pas, en revanche, à la sortie du second volume de cet ouvrage qui paraît en librairie en 1985[84]. Entre 1951, date de parution du *Bréviaire de la haine*, et 1980, date de parution de *La Causalité diabolique*, Léon Poliakov a été au sein de la maison d'édition le principal artisan d'une historiographie des multiples formes de « judéophobie », terme qu'il préférait à celui d'antisémitisme.

Après « le moment Oulman », « Liberté de l'esprit » est revenu aux fondamentaux : Poliakov est un auteur maison, comme le sont devenus Ellul et, plus récemment, Ruyer. Le projet de refonte de l'identité de la collection semble avoir échoué. La prise de distance de Raymond Aron n'y est pas pour rien : il faut dire que durant ces années, il s'est fortement investi dans la politique française. En 1977, il démissionne du *Figaro* et rejoint bientôt *L'Express*, puis il subit une attaque cérébrale qui l'oblige à limiter ses activités. Il participe pourtant à différentes initiatives qui tentent d'endiguer la montée en puissance de l'Union de la gauche : en 1978, il publie une critique en

The American Historical Review, vol. 80, n° 5, décembre 1975, p. 1321-1323. La réception française est tout aussi excellente : *Le Nouvel Observateur* le considère comme « l'un des meilleurs et des plus riches essais du célèbre historien de l'antisémitisme ».

83. Léon Poliakov, *La Causalité diabolique I : Essai sur l'origine des persécutions*, Paris, Calmann-Lévy, 1980.

84. Léon Poliakov, *La Causalité diabolique II : Du joug mongol à la victoire de Lénine*, Paris, Calmann-Lévy, 1985.

règle du Programme commun[85], tout en accompagnant le lancement d'une revue aronienne baptisée *Commentaire*. Son directeur, Jean-Claude Casanova, explique d'ailleurs que la revue s'est appelée pendant quelque temps «Liberté de l'esprit[86]». La perspective d'une arrivée de la gauche, unie aux communistes, aux affaires justifie aux yeux d'Aron de concentrer son activité sur le soutien au pouvoir giscardien. Jusqu'à sa disparition brutale, en octobre 1983, il ne réinvestira pas son activité de directeur de collection.

---

85. Raymond Aron, *Les Élections de mars et la Ve République*, Paris, Julliard, 1978.
86. Entretien avec Jean-Claude Casanova, 15 septembre 2022.

CONCLUSION

SORTIR DE LA GUERRE FROIDE DES IDÉES

Avant la disparition de Raymond Aron, en 1983, la maison d'édition a été durement frappée par celle de Robert Calmann-Lévy, en 1982 – son frère, Pierre, est décédé l'année précédente. Calmann-Lévy connaît alors une période de transition, son nouveau directeur, Alain Oulman, devant désormais endosser le rôle du commandeur. Raymond Aron le juge d'abord avec prudence : « La mort de Robert Calmann-Lévy, qui ne me semble pas bien remplacé par son neveu, m'attriste d'autant plus qu'il devenait de plus en plus gentil[1] », explique-t-il à une interlocutrice. Mais quelques jours plus tard, il nuance quelque peu son jugement : « je ne connais pas assez bien Alain pour juger de ses capacités[2] ».

Durant l'année 1982, le philosophe François Georges, qui fut dans le passé proche de Sartre et des *Temps Modernes*, lance une revue baptisée *Liberté de l'esprit*. Il

1. Lettre de Raymond Aron à Mme Mendel Mann, 3 novembre 1982, Archives Calmann-Lévy, cote CL4 c/c 5, boîte n° 2, dossier « Raymond Aron ».

2. Lettre de Raymond Aron, 17 novembre 1982, Archives Calmann-Lévy, cote CL4 c/c 5, boîte n° 2, dossier « Raymond Aron ».

en informe Raymond Aron par courrier, mais sans toutefois lui demander la permission[3]. Calmann-Lévy réagit vivement, sans surprise, en demandant à l'intéressé de changer le nom de sa revue, ce qu'il refuse catégoriquement : l'affaire se termine devant les tribunaux en novembre 1983. Raymond Aron ne connaîtra pas l'issue de cette procédure, favorable à la maison d'édition : il est mort un mois auparavant, un an presque jour pour jour après Robert Calmann-Lévy. Dans cette situation, que va devenir « Liberté de l'esprit », désormais orpheline de ses deux fondateurs et alors en pleine traversée du désert ?

La collection, qui reste un fleuron de la maison en ce qu'elle constitue une vitrine la reliant à l'histoire intellectuelle et politique française d'après 1945, ne peut pas être purement et simplement abandonnée. Et cela quand bien même son catalogue est, depuis quelques années, quasiment figé ; quand bien même la tentative de relance menée par celui qui est désormais directeur de la maison d'édition a échoué, quand bien même le contexte ouvert par l'arrivée de la gauche au pouvoir peut donner le sentiment qu'elle a rempli la mission historique qui était la sienne. « Liberté de l'esprit » va donc perdurer, sous perfusion de quelques nouveaux titres. Un accord a en effet été trouvé avec la femme de Raymond Aron, Suzanne, et sa fille, Dominique Schnapper. L'idée est la suivante : Alain Oulman leur transmet les titres qu'il souhaiterait y publier, charge à elles de valider ou non ses choix. La couverture des ouvrages retenus porte

3. Une correspondance et des documents relatifs à cette « affaire » se trouvent dans le dossier non déposé aux archives Aron et conservé à l'EHESS.

désormais la mention «Collection Liberté de l'esprit», mais le nom de Raymond Aron n'y apparaît plus. Cet accord ne dure cependant qu'un temps et, au milieu des années 1980, la collection passe dans l'orbite de la Fondation Saint-Simon, évoluant ainsi d'une orientation «deuxième droite» – la droite centriste et libérale – à une orientation «deuxième gauche» – la gauche non marxiste personnifiée par Michel Rocard.

En 1982, l'historien François Furet et l'industriel Roger Fauroux ont mis sur pied cette fondation, dans le but de regrouper les sociaux-démocrates et les libéraux modérés opposés à la stratégie d'union de la gauche menée par François Mitterrand, puis à la politique suivie par la gauche victorieuse en 1981. Le nouveau président a en effet permis, après avoir poursuivi une stratégie d'union avec le PCF, l'entrée de ministres communistes au gouvernement. C'est cette fondation, dont l'un des administrateurs est le disciple le plus proche d'Aron, Jean-Claude Casanova, qui reprend la collection. Ajoutons qu'en 1984 François Furet met également en place à l'École des hautes études en sciences sociales, dans le sillage d'un séminaire qu'il animait et qui regroupait les principales figures du renouveau de la pensée politique[4], un «Institut Raymond Aron» dont le but premier est d'abriter ses archives personnelles qui doivent faire l'objet d'un inventaire et d'un classement. En 1992, l'Institut fusionne avec le laboratoire de Claude Lefort et Pierre Rosanvallon pour former le Centre de recherches politiques Raymond Aron, dont le but est de développer, au sein de la science politique française, le point de vue d'une théorie politique

4. On peut citer Cornélius Castoriadis, Claude Lefort, Pierre Manent, Marcel Gauchet, Pierre Rosanvallon ou Philippe Raynaud.

d'inspiration aronienne, différente de celle qui repose sur les influences allemandes – *via* Jürgen Habermas – ou américaine – *via* John Rawls.

Le passage de la collection sous l'égide de la Fondation Saint-Simon, surprenant de prime abord, s'explique en fait aisément. Calmann-Lévy est en effet dirigée à partir de 1985 par l'éditeur Jean-Étienne Cohen-Séat: c'est la première fois depuis sa création que cette maison n'est pas pilotée par un membre de la famille Calmann-Lévy. Ce nouveau directeur, ancien cadre d'Hachette qui a pu acquérir une partie du capital de l'entreprise grâce à des dissensions au sein de la famille Calmann-Lévy, est un ami proche de François Furet. Il fait d'ailleurs entrer ce dernier, ainsi que Jacques Rigaud, président de RTL et ancien directeur de cabinet de Jacques Duhamel au ministère de la Culture, au conseil d'administration de la maison d'édition. La ligne politique de la collection «Liberté de l'esprit», mais plus généralement de la maison Calmann-Lévy, va ainsi évoluer sous l'influence de ces trois personnages. Selon Jean-Étienne Cohen-Séat, le livre de Furet *Le Passé d'une illusion*, publié en 1995, «reflète alors parfaitement les tendances de la maison[5]». À partir de la fin des années 1980, sous l'égide de cet éditeur, elle s'inscrit dans une ligne «deuxième gauche» très rocardienne, bien que, comme la Fondation Saint-Simon, ouverte aux bonnes volontés venues du centre droit.

À la suite de cette réorientation, la collection va connaître un incontestable renouveau grâce à des auteurs sociaux-démocrates et libéraux, appartenant à deux générations successives, et que l'on peut considérer comme «aroniens». Ainsi de François Bourricaud (*Le Retour*

5. Entretien avec Jean-Étienne Cohen-Séat, 8 avril 2024.

de la droite, en 1986), de Pierre Manent (*Histoire intellectuelle du libéralisme*, en 1987) ou, dans une moindre mesure, de Pierre Rosanvallon (*La Question syndicale*, en 1988). Évolution significative : à partir de 1988, le logo de la Fondation Saint-Simon apparaît à côté de celui de Calmann-Lévy sur la couverture de la plupart des ouvrages. Et parallèlement, des titres de son catalogue sont repris en poche par la collection « Pluriel », dirigée par l'éditeur Georges Liébert chez Hachette, qui prolonge l'aventure de la revue aronienne *Contrepoint*, collection conçue comme le vecteur d'une critique du communisme, mais aussi du socialisme de gouvernement. Précisons ici que Calmann-Lévy est codirigée par Alain Oulman jusqu'à son décès, en 1990, bientôt suivi par l'arrivée en 1993 du groupe Hachette comme actionnaire majoritaire aux côtés de la famille Calmann-Lévy.

L'un des ouvrages qui révèlent la nouvelle ligne de Calmann-Lévy est *La République du centre : la fin de l'exception française*, publié en 1988 par François Furet, Jacques Julliard et Pierre Rosanvallon. Il paraît d'ailleurs avec un nouveau bandeau en couverture – « Fondation Saint-Simon/Liberté de l'esprit » – qui fusionne symboliquement les deux entreprises. Dans les années 1990, Calmann-Lévy va publier sous cette bannière une pléiade de nouveaux auteurs, parmi lesquels Élie Cohen en économie, Anne-Marie Le Gloannec et Dominique Moisï en politique internationale, Jean Baechler en sociologie ou encore Patrick Weil en histoire politique. Mais le gros de la troupe relève clairement de la théorie politique : ainsi de Claude Lefort, Marcel Gauchet, Philippe Raynaud, Jean-Pierre Dupuy, Alain Renaut, Jean-Marc Ferry ou Bernard Manin (notamment son *Principes du gouvernement représentatif*, en 1995), tous clairement engagés à gauche. La collection continue par ailleurs à publier des ouvrages d'auteurs étrangers, qu'ils soient contemporains (Ernst Nolte, Judith Shklar, Bruce Ackerman) ou plus anciens (Isaiah Berlin, Karl Löwith ou Stanley Milgram, dont le livre sur la soumission à l'autorité est un des long-sellers de la maison). À ce stade, la maison Calmann-Lévy a réussi à se relever tout en renouvelant son identité et en faisant plus que l'ouvrir sur sa gauche : elle est devenue un éditeur résolument social-démocrate, désormais émancipé des enjeux de la guerre froide des idées. Une autre époque s'est ouverte avec l'implosion de l'Empire soviétique : il faut désormais penser l'extension mondiale de la référence démocratique.

La Fondation Saint-Simon est dissoute en 1999, Pierre Rosanvallon estimant qu'elle a rempli sa mission en assurant l'empire d'une « République du centre » réunissant la gauche et la droite modérées. « Liberté de l'esprit » disparaît avec elle, et seuls quelques nostalgiques et érudits s'en souviennent durant les décennies 2000 et 2010. La collection n'existe plus que dans le narratif de la maison d'édition, qui rappelle grâce à elle son identité « engagée » en s'appuyant sur le prestige intellectuel d'Aron et sur son copieux catalogue[6]. Il faudra attendre 2018 pour que Philippe Robinet, qui dirige désormais Calmann-Lévy, décide, en accord avec Dominique Schnapper, la fille de Raymond Aron, de relancer « Liberté de l'esprit »[7]. C'est l'éditeur Gilles Achache qui porte la collection depuis

6. Voir la présentation actuelle de la collection sur le site de l'éditeur : https://www.calmann-levy.fr/livres-liberte-de-lesprit/

7. Et 2024 pour que la maison d'édition relance la collection « Diaspora », aujourd'hui dirigée par le jeune philosophe Emmanuel Lévine.

cette date en s'appuyant sur l'identité libérale de la collection et en l'adaptant au contexte du début du XXIe siècle, avec des titres tels que *La Mort des démocraties*, de Steven Levitsky et Daniel Ziblatt, qui étudie les tentations illibérales contemporaines, ou encore *Une éthique de la personnalité*, de la philosophe antitotalitaire hongroise Ágnes Heller[8]. Car la question de l'avenir des démocraties se pose à nouveau, bien que dans des termes différents de ceux des années de guerre froide ou des années 1990, marquées par l'illusion d'une « mondialisation heureuse ». Dans « le moment aronien[9] » actuel, caractérisé par « les désillusions de la démocratie[10] », la crise du libéralisme, la montée des extrêmes et le retour de la guerre, Calmann-Lévy tente à nouveau, grâce à cette collection, de s'engager dans les débats de son temps afin d'aider les libéraux à s'orienter dans « le gros temps politique » de la décennie en cours.

8. On trouvera en annexe 3 le catalogue de cette nouvelle série. Notons ici que la maison d'édition a également mis sur pied une « Bibliothèque Raymond Aron » qui édite en format numérique de nombreux livres d'Aron.

9. J'emprunte cette expression à Jean-Vincent Holeindre, cf. « Avec le conflit en Ukraine, nous vivons un moment aronien », *La Libre Belgique*, 4-5 février 2023, p. 48-49.

10. Dominique Schnapper, *Les Désillusions de la démocratie*, Paris, Gallimard, 2024.

BIBLIOGRAPHIE

SOURCES PRIMAIRES

N.B. : Il faut ajouter à ces sources primaires l'ensemble du catalogue de la collection « Liberté de l'esprit », soit 91 titres listés en annexe 1.

Sources primaires : archives

- Archives Raymond Aron, Bibliothèque nationale de France, cote NAF 28060, boîtes 209, 210 et 211
- Archives Raymond Aron, dossier « Directeur de collection », conservé au Centre d'études sociologiques et politiques Raymond Aron (CESPRA) de l'École des hautes études en sciences sociales
- Archives Calmann-Lévy : dossiers « Maurice Allais », « Raymond Aron », « Aneurin Bevan », « Crane Brinton », « Zbigniew Brzezinski », « James Burnham », « Vannevar Bush », « Robert Dahl », « Milovan Djilas », « Jacques Ellul », « John K. Galbraith », « Bertrand de Jouvenel », « Herman Kahn », « George Kennan », « Arthur Koestler », « Basil Liddell Hart », « Richard Löwenthal », « Herbert Lüthy »,

«Salvador de Madariaga», «Vance Packard», «Léon Poliakov», «Raymond Ruyer», «Carl Schmitt», «Manès Sperber», «Jacob L. Talmon», «Robert Tucker», «Bertram D. Wolfe»

- Catalogues Calmann-Lévy: années 1949, 1958, 1971, 1975, 1988 et 1999
- Archives Friedrich Hayek, Stanford University

Sources primaires: entretiens

- Pierre Hassner, 26 octobre 2004
- Jean-Claude Casanova, 15 septembre 2022
- Dan Sperber 4 octobre 2022
- Pierre Birnbaum, 13 septembre 2023
- Dominique Schnapper, 26 octobre 2023
- Jean-Étienne Cohen-Séat, 8 avril 2024

Sources primaires: ouvrages

Paul Akamatsu, *Meiji-1868. Révolution et contre-révolution au Japon*, Paris, Calmann-Lévy, 1968

Hannah Arendt, *The Origins of Totalitarianism*, New York, Harcourt Brace and Co, 1951

Hannah Arendt, *Sur l'antisémitisme*, Paris, Calmann-Lévy, 1973

Raymond Aron, *Introduction à la philosophie de l'histoire*, Paris, Gallimard, 1938

Raymond Aron, *Le Grand Schisme*, Paris, Gallimard, 1948

Raymond Aron, *Les Guerres en chaîne*, Paris, Gallimard, 1951

Raymond Aron, *Démocratie et Totalitarisme*, Paris, Gallimard, 1965

Raymond Aron, *Essai sur les libertés* (1965), Paris, Hachette littératures, 1998

BIBLIOGRAPHIE

Raymond Aron, *Le Grand Débat. Initiation à la stratégie atomique*, Paris, Calmann-Lévy, 1965

Raymond Aron, *Histoire et dialectique de la violence*, Paris, Gallimard, 1973

Raymond Aron, *République impériale. Les États-Unis dans le monde (1945-1972)*, Paris, Calmann-Lévy, 1973

Raymond Aron, *Les Élections de mars et la Ve République*, Paris, Julliard, 1978

Raymond Aron, *Chroniques de guerre. La France libre, 1940-1945*, Paris, Gallimard, 1990

Raymond Aron, *Introduction à la philosophie politique. Démocratie et révolution*, Paris, Le Livre de Poche, 1997

Raymond Aron, *Mémoires. 50 ans de réflexion politique*, Paris, R. Laffont, 2010

Raymond Aron, *Liberté et Égalité. Cours au Collège de France*, Paris, Éditions de l'EHESS, 2013

Raymond Aron, *La Révolution introuvable. Réflexions sur les événements de mai*, Paris, Calmann-Lévy, 2018

Jean Baechler, *Les Suicides*, Paris, Calmann-Lévy, 1975

Julien Benda, *La Trahison des clercs*, Paris, Grasset, 1927

Isaiah Berlin, *Trois Essais sur la condition juive*, Paris, Calmann-Lévy, 1977

Alain Besançon, *Les Origines intellectuelles du léninisme*, Paris, Calmann-Lévy, 1977

Alain Besançon, *La Confusion des langues : la crise idéologique de l'Église*, Paris, Calmann-Lévy, 1978

François Bourricaud, *Le Retour de la droite*, Paris, Calmann-Lévy, 1986

Pierre Chaunu, *Le Refus de la vie : analyse historique du présent*, Paris, Calmann-Lévy, 1975

Pierre Chaunu, *La Mémoire et le Sacré*, Paris, Calmann-Lévy, 1978 et *Un futur sans avenir : histoire et population*, Paris Calmann-Lévy, 1979

Henry Victor Dicks, *Les Meurtres collectifs : une analyse psychologique de criminels SS*, Paris Calmann-Lévy, 1973
Georges Elgozy, *Le Désordinateur : le péril informatique*, Paris Calmann-Lévy, 1972
Georges Elgozy, *Le Bluff du futur : demain n'aura pas lieu*, Paris Calmann-Lévy, 1974
Georges Elgozy, *L'Entreprise en péril*, Paris Calmann-Lévy, 1975
Georges Elgozy, *Le Bourgeois socialiste ou Pour un post-libéralisme*, Paris Calmann-Lévy, 1977
Norbert Elias, *La Civilisation des mœurs*, Paris Calmann-Lévy, 1973
Norbert Elias, *La Société de cour*, Paris Calmann-Lévy, 1974
Norbert Elias, *La Dynamique de l'Occident*, Paris Calmann-Lévy, 1976
Jacques Ellul, *Trahison de l'Occident*, Paris, Calmann-Lévy, 1975
Charles P. Fitzgerald, *Des Mandchous à Mao Tsé-toung. Les révolutions chinoises du XXe siècle*, Paris, Calmann-Lévy, 1968
Julien Freund, *L'Essence du politique*, Paris, Dalloz, 2004
Carl J. Friedrich et Zbigniew Brzezinski (dir.), *Totalitarian Dictatorship and Autocracy*, New York, Praeger, 1956
François Furet, Jacques Julliard, Pierre Rosanvallon, *La République du centre. La fin de l'exception française*, Paris, Calmann-Lévy, 1988
François Furet, *Le Passé d'une illusion. Essai sur l'idée communiste au XXe siècle*, Paris, Calmann-Lévy, 1995
Nathan Glazer, *Les Juifs américains, du XVIIe siècle à nos jours*, Paris, Calmann-Lévy, 1972
Eberhard Jäckel, *Hitler idéologue*, Paris, Calmann-Lévy, 1973

Bertrand de Jouvenel, *Du pouvoir. Histoire naturelle de sa croissance*, Genève, Constant Bourquin, 1945
Bertrand de Jouvenel, *De la souveraineté. À la recherche du bien politique*, Paris, Éditions Génin, 1955
Walter Laqueur, *Histoire du sionisme*, Paris, Calmann-Lévy, 1973
Salvador de Madariaga, *Anarchie ou Hiérarchie. La crise de la démocratie. Ébauche d'une solution*, Paris, Gallimard, 1935
Pierre Manent, *Histoire intellectuelle du libéralisme*, Paris, Calmann-Lévy, 1987
Bernard Manin, *Principes du gouvernement représentatif*, Paris, Calmann-Lévy, 1995
Michael Marrus et Robert Paxton, *Vichy et les Juifs*, Paris, Calmann-Lévy, 1981
Michel Mollat et Philippe Wolff, *Ongles bleus, Jacques et Ciompi. Les révolutions populaires en Europe aux XIVe-XVe siècles*, Paris, Calmann-Lévy, 1968
Roland Mousnier, *Fureurs paysannes. Les paysans dans les révoltes du XVIIe siècle (France, Russie, Chine)*, Paris, Calmann-Lévy, 1967
Ernst Nolte, *Les Mouvements fascistes. L'Europe de 1919 à 1945*, Paris, Calmann-Lévy, 1969
José Ortega y Gasset, *La Révolte des masses* (1929), Paris, Les Belles Lettres, 2010
Vance Packard, *Le Sexe sauvage*, Paris, Calmann-Lévy, 1969
Vance Packard, *Une société d'étrangers*, Paris, Calmann-Lévy, 1973
Vance Packard, *L'Homme remodelé*, Paris, Calmann-Lévy, 1979
Vance Packard, *Nos enfants en danger*, Paris, Calmann-Lévy, 1984

Robert R. Palmer, *1789. Les révolutions de la liberté et de l'égalité*, Paris, Calmann-Lévy, 1968
Georges Perec, *Les Choses. Une histoire des années soixante*, Paris, Julliard, 1965
Léon Poliakov, *Le Procès de Jérusalem*, Paris, Calmann-Lévy, 1963
Léon Poliakov, *De l'antisionisme à l'antisémitisme*, Paris, Calmann-Lévy, 1969
Léon Poliakov, *L'Auberge des musiciens. Mémoires*, Paris, Mazarine, 1981
Pierre Rosanvallon, *La Question syndicale*, Paris, Calmann-Lévy, 1988
Jean Sigmann, *1848. Les révolutions romantiques et démocratiques de l'Europe*, Paris, Calmann-Lévy, 1970
Mario Soares, *Le Portugal bâillonné. Un témoignage*, Paris, Calmann-Lévy, 1972
Mario Soares, *Portugal : quelle révolution ?*, entretiens avec D. Pouchin, Paris, Calmann-Lévy, 1972
Boris Souvarine, *Staline. Aperçu historique du bolchevisme*, Paris, Plon, 1935
Anthony Storr, *L'Instinct de destruction*, Paris Calmann-Lévy, 1972
Michael Walzer, *De l'Exode à la liberté* : essai sur la sortie d'Égypte, Paris, Calmann-Lévy, 1986
L'Europe selon Aron, textes choisis et préfacés par Joël Mouric, Paris, Calmann-Lévy, 2024

Sources primaires : articles et chapitres d'ouvrage

Jane Albert-Hesse, « Les livres et les hommes », *Franc-Tireur*, 2 septembre 1954
Hannah Arendt, « The history of the great crime (Review) », *Commentary*, mars 1952

Raymond Aron, « Une révolution antiprolétarienne. Idéologie et réalité du national-socialisme » (1936), repris dans *Machiavel et les tyrannies modernes*, Paris, Le Livre de Poche, 1993

Raymond Aron, « L'ombre des Bonaparte » (1943), repris dans *Chroniques de guerres : « La France libre », 1940-1945*, Paris, Gallimard, 1990

Raymond Aron, « Du pessimisme historique », repris dans *L'Homme contre les tyrans*, New York, Éditions de la Maison française, 1944

Raymond Aron, « Lettre de Raymond Aron », *Liberté de l'esprit*, février 1949

Raymond Aron, « Réponse à Jean-Paul Sartre », *Liberté de l'esprit*, juin 1949

Raymond Aron, « Discours aux étudiants allemands sur l'Europe et l'unité de l'Allemagne » (1952), repris dans *Commentaire*, n° 28-29, 1985

Raymond Aron, « En quête d'une stratégie. II. Les fausses alternatives », *Liberté de l'esprit*, avril 1952

Raymond Aron, « James Burnham et la politique de libération », *Liberté de l'esprit*, mai 1953

Raymond Aron, « L'essence du totalitarisme » (1954), *Critique*, n° 80, repris dans *Machiavel et les tyrannies modernes*, Paris, Le Livre de Poche, 1993

Raymond Aron, « Mme de Beauvoir et la pensée de droite », *Le Figaro littéraire*, 21 janvier 1956

Raymond Aron, « André Siegfried et les trois Républiques. Le problème du régime », *Le Figaro littéraire*, 23 avril 1959

Raymond Aron, « Société industrielle, idéologies, philosophie (III) », *Preuves*, mars 1965

Raymond Aron, « Liberté, libérale ou libertaire ? » (1969), repris dans *Les Sociétés modernes*, Paris, PUF, 2006

Raymond Aron, «Postface» (1976), dans *Essai sur les libertés*, Paris, Hachette littératures, 1998

Raymond Aron, «En marge des combats douteux», *Politique étrangère*, 1979, 44-2

Georges Bataille, «Du sens d'une neutralité morale dans la guerre russo-américaine», *Critique*, n° 28, septembre 1948

Georges Bataille, «Notes. Vue d'ensemble. La civilisation et la guerre», *Critique*, n° 48, mai 1951

Emmanuel Beau de Loménie, «L'opium – ou les opiums – des intellectuels», *Combat*, 2 janvier 1956

Simone de Beauvoir, «La pensée de droite aujourd'hui», *Les Temps Modernes*, mai 1955

Norman Bentwich, «*Harvest of Hate*, by Léon Poliakov», *International Affairs*, vol. 32, n° 2, avril 1956

Roland Caillois, «La pensée politique de R. Aron», *Critique*, n° 5, octobre 1946

Edmond Delage, «Comment Liddell Hart défendrait l'Europe», *Le Monde*, 24 avril 1951

Claude Delmas, «L'opium des intellectuels», *Combat*, 12 mai 1955

Maurice Duverger, «L'humanité peut-elle choisir ?», *Le Monde*, 17 août 1949

Maurice Duverger, «Opium des intellectuels ou trahison des clercs ?», *Le Monde*, 27 août 1955

Yves Florenne, «Éloge de la société de consommation, Raymond Ruyer», *Le Monde diplomatique*, décembre 1969

Claude de Fréminville, «Une bible pour McCarthy, Mac Arthur and Co : *Contenir ou libérer* de James Burnham», *Le Populaire*, 27 juillet 1953

Florent Georgesco, « “Liberté de l’esprit”, la collection de Raymond Aron, voit s’ouvrir une nouvelle ère », *Le Monde des livres*, 9 décembre 2018

Roger Giron, « Les Livres et la politique. Portrait de l’Europe… », *Le Figaro*, 9 septembre 1952

Roger Giron, « Défense du libéralisme », *Le Figaro*, 31 août 1954

Marie Granet, « Poliakov (Léon), *Bréviaire de la haine* », *Revue d’histoire de la Deuxième Guerre mondiale*, n° 7, juillet 1952

Lucien Guissard, « Sagesse et liberté », *La Croix*, 23 août 1954

Robert Kemp, « Un historien touriste », *Les Nouvelles littéraires*, 4 septembre 1952

Robert Kemp, « La vie des livres. Libertés », *Les Nouvelles littéraires*, 1954

René Lalou, « Le dilemme européen », *Preuves*, août/septembre 1952

Gabriel Marcel, « Vraie et fausse rigueur », *Le Figaro*, 9 juin 1955

Robert Pelloux, « Un nouveau Machiavel : James Burnham et ses idées sur la domination du monde », dans André Allix, Raymond Guillien, Jacque Lambert et Robert Pelloux, *Les Fondements de la politique extérieure des États-Unis*, Cahiers de la Fondation nationale des sciences politiques, n° 8, Paris, A. Colin, 1949

François Perroux, « Salvador de Madariaga fait un portrait de l’Europe », *Le Monde*, 19 juin 1952

François Perroux, « Libéralisme et liberté selon don Salvador de Madariaga », *Combat*, 19 avril 1956

Robert A. Pois, *The American Historical Review*, vol. 80, n° 5, décembre 1975, p. 1321-1323

E. L. Quatantelli, « *Harvest of Hate*, by Léon Poliakov », *American Journal of Sociology*, vol. 61, nº 5, mars 1956

André Rousseaux, « Madariaga, poète de l'Europe », *Le Figaro littéraire*, 22 novembre 1952

Claude Roy, « Désenchantés désenchanteurs », *Libération*, 14 septembre 1955

Jan Ulatowski, « Correspondance. À propos de “James Burnham et la politique de libération” », *Preuves*, juillet 1953

Éric Weil, « Machiavel aujourd'hui », *Critique*, nº 46, mars 1951

« En causant avec James Burnham », *Le Figaro littéraire*, 10 janvier 1948

« Évolution des salaires et des traitements en 1947 », *Économie et statistique*, 1948

« Un appel de la Commission pour la vérité sur les crimes de Staline », *Le Monde*, 10 février 1962

SOURCES SECONDAIRES

Sources secondaires : ouvrages

Bastien Amiel, *La Tentation partisane. Engagements intellectuels au seuil de la guerre froide*, Paris, CNRS Éditions, 2023

Catherine Audard, *Qu'est-ce que le libéralisme ? Éthique, politique, société*, Paris, Gallimard, 2009

Serge Audier, *Le Socialisme libéral*, Paris, La Découverte, 2006

Serge Audier, *Le Colloque Lippmann. Aux origines du néo-libéralisme*, Lormont, Le Bord de l'eau, 2008

Serge Audier, *La Pensée anti-68. Essai sur les origines d'une restauration intellectuelle*, Paris, La Découverte, 2008

Serge Audier, *L'Invention du néolibéralisme: histoire, concepts, controverses*, vol. 1 : *Devant la crise du libéralisme : du colloque Lippmann à la Société du Mont-Pèlerin*, Lormont, Le Bord de l'eau, 2022

Serge Audier, *L'Invention du néolibéralisme. Histoire, concepts, controverses*, vol II : *Quel néolibéralisme ? Les «pèlerins» en quête d'hégémonie*, Lormont, Le Bord de l'eau, 2023

Pierre Birnbaum, *L'Affaire Dreyfus. La République en péril*, Paris, Gallimard, 1994

Pierre Birnbaum, *Les Désarrois d'un fou de l'État*, entretiens avec Jean Baumgarten et Yves Déloye, Paris, A. Michel, 2015

Pierre Birnbaum, *Léon Blum. Un portrait*, Paris, Seuil, 2016

Anna Boschetti, *Sartre et* Les Temps Modernes. *Une entreprise intellectuelle*, Paris, Éditions de Minuit, 1985

Goulven Boudic, Esprit, *1944-1982. Métamorphoses d'une revue*, Paris, Éditions de l'IMEC, 2005

Jacques Carbou, *La Critique sociale de Raymond Ruyer*, Nancy, Éditions du Verbe haut, 2021

Gwendal Châton, *La Liberté retrouvée. Une histoire intellectuelle des revues aroniennes* Contrepoint *et* Commentaire, thèse pour le doctorat en science politique, Université Rennes 1, 2006

Gwendal Châton, *Introduction à Raymond Aron*, Paris, La Découverte, 2023

Fabrice Colonna, *Ruyer*, Paris, Les Belles Lettres, 2007

Anne-Marie Corbin-Schuffels, *Manès Sperber : un combat contre la tyrannie (1934-1960)*, Berne, Peter Lang, 2001

Robert Dahl, *Polyarchie : participation et opposition* (1971), Bruxelles, Presses de l'université de Bruxelles, 2016

Olivier Dard, *Bertrand de Jouvenel*, Paris, Perrin, 2008

Jean-Louis Loubet Del Bayle, *Les Non-Conformistes des années 1930. Une tentative de renouvellement de la pensée politique française*, Paris Seuil, 2001

François Dosse, *La Saga des intellectuels français, 1944-1989.* Tome I. *À l'épreuve de l'histoire (1944-1968)*, tome II : *L'Avenir en miettes (1968-1989)*, Paris, Gallimard, 2018

Romain Ducoulombier, *Histoire du communisme au XXe siècle*, Paris, PUF, 2022

Pascal Fouché (dir.), *Histoire de l'édition française sous l'Occupation 1940-1944*, Paris, Éditions de l'IMEC, 2005

François Furet, *Le Passé d'une illusion. Essai sur l'idée communiste au XXe siècle*, Paris, R. Laffont, 1995

Brigitte Gaïti, *De Gaulle, prophète de la Ve République (1946-1962)*, Paris, Presses de Sciences Po, 1998

Pierre Grémion, *Intelligence de l'anticommunisme. Le Congrès pour la liberté de la culture à Paris, 1950-1975*, Paris, Fayard, 1995

Pierre Hassner et Justin Vaïsse, *Washington et le monde. Dilemmes d'une superpuissance*, Paris, Autrement, 2003

Mathieu Hauchecorne, *La Gauche américaine en France. La réception de John Rawls et des théories de la justice, 1971-2010*, Paris, CNRS Éditions, 2019

Johan Heilbron, *La Sociologie française. Sociogenèse d'une tradition nationale*, Paris, CNRS Éditions, 2020

Éric J. Hobsbawm, *L'Âge des extrêmes. Histoire du court XXe siècle*, Bruxelles, Complexe, 1999

Daniel Horowitz, *Vance Packard and American Social Criticism*, Oakland, The University of North California Press, 2011

Marc Joly, *Devenir Norbert Elias*, Paris, Fayard, 2012

André Kaspi, *Jules Isaac ou la passion de la vérité*, Paris, Plon, 2002

Olivier Mannoni, *Manès Sperber, l'espoir tragique*, Paris, A. Michel, 2004

Frédérique Matonti, *Intellectuels communistes. Essai sur l'obéissance politique. La Nouvelle Critique (1967-1980)*, Paris, La Découverte, 2005

Florian Michel et Yann Raison du Cleuziou (dir.), *À la droite du père : les catholiques et les droites de 1945 à nos jours*, Paris, Seuil, 2022

Sarah Miller Harris, *The CIA and the Congress for Cultural Freedom in the Early Cold War. The Limits of Making Common Cause*, New York, Routledge, 2017

Jean-Yves Mollier, *Michel & Calmann Lévy ou la naissance de l'édition moderne, 1836-1891*, Paris, Calmann-Lévy, 1984

Jean-Yves Mollier, *Édition, presse et pouvoir en France au XXe siècle*, Paris, Fayard, 2008

Jean-Yves Mollier, *Une autre histoire de l'édition*, Paris, La Fabrique, 2015

Jean-Yves Mollier, *Les Éditions Calmann Lévy de la Belle Époque à la Seconde Guerre mondiale. Un demi-siècle au service de la littérature*, Paris, Calmann-Lévy, 2023

Isabelle Olivero, *L'Invention de la collection. De la diffusion de la littérature et des savoirs à la formation du citoyen au XIXe siècle*, Paris, Éditions de l'IMEC/Éditions de la MSH, 1999

Michel Pigenet, *Au cœur de l'activisme communiste des années de guerre froide. La manifestation Ridgway*, Paris, L'Harmattan, 1992

René Rémond, *Les Droites aujourd'hui*, Paris, Aubier-Montaigne, 2005

Philippe Roger, *L'Ennemi américain. Généalogie de l'antiaméricanisme français*, Paris, Seuil, 2002

Dominique Schnapper, *Les Désillusions de la démocratie*, Paris, Gallimard, 2024

Giles Scott-Smith, *The Politics of Apolitical Culture. The Congress for Cultural Freedom, the CIA and post-war American Hegemony*, London and New York, Routledge, 2002

Quentin Skinner, *Hobbes et la conception républicaine de la liberté*, Paris, A. Michel, 2009

Mirjana Stancic, *Manès Sperber, Leben und Werk*, Stroemfelf Verlag, 2003

Zeev Sternhell, *Ni droite ni gauche. L'idéologie fasciste en France*, Paris, Seuil, 1983

Paul Veyne, *Comment on écrit l'histoire*, Paris, Seuil, 1971

Manès Sperber. Un parcours dans le siècle, Paris, Éditions du Nadir, 1998

Mélanges en l'honneur de Raymond Aron. Science et conscience de la société, 2 vol. Paris, Calmann-Lévy, 1971

Preuves. Une revue européenne à Paris, présentation, choix de textes et notes de Pierre Grémion, postface de François Bondy, Paris, Julliard, 1989

Sources secondaires : articles et chapitres d'ouvrages

Christophe Bouillaud, « Grémion (Pierre), *Intelligence de l'anticommunisme* », *Politix*, vol. 9, n° 36, 1996, p. 195-198

Pierre Bourdieu, « Les conditions sociales de la circulation internationale des idées », *Actes de la recherche en sciences sociales*, 2002, n° 145, p. 3-8

Bernard Bruneteau, « L'interprétation du totalitarisme en tant qu'extrémisme du mythe de la volonté générale », *Jus Politicum. Revue de droit politique*, n° 10, mars 2014

Gwendal Châton, « Désaccord parfait. Le *Contrepoint* libéral dans la configuration intellectuelle des années 1970 », dans Jean Baudouin et François Hourmant (dir.), *Les Revues et la dynamique des ruptures*, Rennes, Presses universitaires de Rennes, 2007, p. 131-164

Gwendal Châton, « Libéralisme ou démocratie ? Raymond Aron lecteur de Friedrich Hayek », *Revue de philosophie économique*, vol. XVII, n° 1, juin 2016, p. 103-134

François Chaubet, « La fondation du Congrès pour la liberté de la culture (juin 1950) et les luttes idéologiques de guerre froide entre libéralisme et communisme », *Parlement(s). Revue d'histoire politique*, 2019/1, n° 29, p. 13-29

Alexandre Chirat, « La société industrielle d'Aron et Galbraith : des regards croisés pour une vision convergente ? », *Cahiers d'économie politique*, 2019/1, n° 76, p. 47-87

Isabelle Delpla, *Retour sur le procès Eichmann. Critique de « la banalité du mal »*, Paris, Hermann, 2011

Delphine Dulong, « La technocratie (au) miroir des sciences sociales. La réflexion technocratique en France (1945-1960) » dans Vincent Dubois et Delphine Dulong (dir.), *La Question technocratique. De l'invention d'une figure aux transformations de l'action publique*, Strasbourg, Presses universitaires de Strasbourg, 1999

Samuel Francis, *Power and History. The Political Thought of James Burnham*, Lanham, University Press of America, 1984

Samuel Francis, *James Burnham: Thinkers of Our Time*, London, Claridge Press, 1999

Bastien François, « Maurice Duverger, la gloire avant l'oubli (en France) », *Revue internationale de politique comparée*, 2010/1, vol. 17, p. 23-28

Laurent Gardinier, « Liberté de l'esprit », dans Jacques Julliard et Michel Winock (dir.), *Dictionnaire des intellectuels français*, Seuil, 1996

Jeanyves Guérin, « *Liberté de l'esprit* : un mensuel gaulliste », *La Revue des revues*, 2017/1, nº 57, p. 79-94

Jean-Vincent Holeindre, « Avec le conflit en Ukraine, nous vivons un moment aronien », *La Libre Belgique*, 4-5 février 2023, p.48-49

Liora Israël, « Un procès du goulag au temps du goulag. L'affaire Kravchenko (1949) », *Critique internationale*, 2007/3, n° 36, p. 85-101

Binoy Kampmark, « The first neo-conservative: James Burnham and the origins of a movement », *Review of International Studies*, 37 (4), octobre 2011, p. 1885-1902

Bruno Karsenti, « Roger Errera : le regard de la diaspora », 8 décembre 2021, https://k-larevue.com/roger-errera-le-regard-de-la-diaspora/

Daniel Kelly, *James Burnham and the Struggle for the World: A Life*, Wilmington, Del., ISI Books, 2002

Judith Lindenberg, « Léon Poliakov, historien », *Archives juives*, 2016/1, vol. 49, p. 134-137

Daniel J. Mahoney, *Bertrand de Jouvenel: The Conservative Liberal and the Illusions of Modernity*, ISI Books, 2005

Jean-Yves Mollier, « La maisons Calmann-Lévy sous l'Occupation », *Revue Alarmer*, juin 2023, disponible à l'adresse suivante : https://revue.alarmer.org/la-maison-calmann-levy-sous-loccupation-retour-sur-un-processus-daryanisation/

Jan-Werner Müller, «Fear and freedom. On "cold war liberalism"», *European Journal of Political Theory*, 7/1, 2008, p. 45-64

R. B. Reaves, «Orwell's "second thoughts on James Burnham" and 1984», *College Literature*, 1984, vol. 11, n° 1, p. 13-21

Didier Renard, «Technocracy, ou la science contre l'économie. Un mouvement américain des années trente», dans Vincent Dubois et Delphine Dulong (dir.), *La Question technocratique. De l'invention d'une figure aux transformations de l'action publique*, Strasbourg, Presses universitaires de Strasbourg, 1999

Joseph Romano, «James Burnham en France: l'import-export de "la révolution managériale" après 1945», *Revue française de science politique*, vol. 53, n° 2, avril 2003, p. 257-275

Gisèle Sapiro, «Les traductions littéraires. Entre démocratisation et inégalités», dans Olivier Bessard-Banquy (dir.), *Splendeurs et Misères de la littérature*, Paris, A. Colin, 2022

Nicolas Stenger, «The difficult emergence of an "anti-totalitarian" journal in post-war France: *Preuves* and the Congress for Cultural Freedom», *in* Giles Scott-Smith and Charlotte Lerg (dir.), *Campaigning Culture and the Global Cold War*, Londres, Palgrave Macmillan, 2017

Olivier Zajec, «Basil Henry Liddell Hart: illuminations, manipulations et paradoxes d'une carrière intellectuelle», dans Jean Baechler et Jean-Vincent Holeindre (dir.), *Penseurs de la stratégie*, Paris, Hermann, 2014, p. 193-208

Jack Zipes, «Manès Sperber's legacy for peace in *Wie eine Träne im Ozean*», *The German Quarterly*, Spring, 1988, vol. 61, n° 2, p. 249-263

Sources secondaires : préfaces

Jean-Claude Casanova, « De Gaulle et Aron », préface à *Aron et de Gaulle*, textes réunis et préfacés, Paris, Calmann-Lévy, 2022

Philippe Raynaud, « Préface », dans Raymond Aron, *La Révolution introuvable*, Paris, Calmann-Lévy, 2018

Paul Veyne, « Préface », dans Nicolas Machiavel, *Le Prince*, Paris, Gallimard, 1980

Sources secondaires : numéros de revue

Hommage à Roger Errera (1933-2014). Autour de la collection Diaspora, Paris, Éditions Calmann-Lévy/Musée d'Art de d'Histoire du judaïsme, 2016

« Raconter la Shoah. 40 ans d'écrits personnels dans *Le Monde juif* », *Revue d'histoire de la Shoah*, n° 211, mars 2020

LISTE DES ENCADRÉS

ANNEXES

ANNEXE 1

PRÉSENTATION DE LA COLLECTION « LIBERTÉ DE L'ESPRIT » PAR RAYMOND ARON

La liberté est un de ces mots qu'aucun parti n'abandonne volontiers à ses adversaires. Aussi sait-on moins que jamais ce qu'est la liberté, dont tout le monde se réclame et que chacun revendique.

Que tous les citoyens aient le droit de voter pour les candidats de leur choix, que les journaux expriment des opinions contradictoires, que les chefs soient critiqués et non acclamés, voilà des faits simples, difficilement discutables, qui permettent, semble-t-il, de reconnaître les régimes politiques de liberté. Illusion, vous répondront de profonds penseurs. Il s'agit là de libertés formelles, plus apparentes que réelles, dont ne profitent que les privilégiés. Qu'importe au chômeur la multiplicité des opinions, des journaux, des partis ? Qu'importe à l'ouvrier le droit d'exprimer sans danger ses désirs et ses jugements ? Le prolétaire est esclave du capitaliste, quel que soit le camouflage sous lequel le capitaliste essaie de dissimuler cet esclavage.

Les hommes profitent inégalement des libertés que laissent les démocraties bourgeoises, on le reconnaîtra avec regret, mais sans réticences. On ne nie pas l'insuffisance des libertés formelles, on met en doute que l'on puisse parler de liberté réelle lorsque ces libertés formelles ont disparu. On dira que les sociétés ne sont pas libres qui interdisent de discuter l'essence de la liberté. Une classe, un parti, un pays qui prétend au monopole de la liberté et entend que la définition de ce mot soit soustraite à toute controverse est certainement exclu du camp de la liberté.

L'esprit libre refuse les marchands de sommeil, pour reprendre l'expression d'Alain, comme les sociétés libres refusent une orthodoxie imposée par l'État. L'esprit libre n'est pas celui qui promène sur les choses et sur les êtres un regard indifférent. Il avoue franchement les valeurs qu'il respecte, il ne fait pas mystère de ses préférences, de ses affections et de son hostilité, mais il ne soumet pas les événements à une interprétation toute faite à l'avance. Il est assez sûr de sa volonté pour ne pas avoir besoin que le monde la confirme chaque jour. Il n'attend pas que l'Histoire ou quelque autre idole ancienne ou nouvelle lui donne raison.

On a reproché à la collection d'être « orientée ». À coup sûr, elle est orientée si l'on entend par là que tous les auteurs appartiennent à une famille. Je ne songe pas, sous prétexte de libéralisme, à accueillir ceux qui refuseraient la discussion ou qui déformeraient les faits pour les plier à leur système. Le fanatisme aveugle, mais le scepticisme n'est pas une condition de la liberté. Auguste Comte disait qu'il n'y a pas de grande intelligence sans générosité. Peut-être la suprême vertu, en notre siècle, serait-elle de regarder en face l'inhumanité sans perdre la foi dans les hommes.

ANNEXE 2

CATALOGUE DE LA COLLECTION « LIBERTÉ DE L'ESPRIT » (1947-1983)

1947

1. *L'Ère des organisateurs*, James Burnham (préface de Léon Blum)
2. *Pour la domination mondiale*, James Burnham
3. *Vers l'empire du monde*, Lucien Morice
4. *L'Autre*, Charles-Jean Odic

1948

5. *Dialogue aux enfers entre Machiavel et Montesquieu : ou la politique de Machiavel au* XIX*e siècle par un contemporain*, Maurice Joly
6. *La Tragédie du marxisme : du manifeste communiste à la stratégie totalitaire*, Michel Collinet

1949

7. *La Colonisation française : du pacte colonial à l'Union française*, Henri Brunschwig
8. *Les Machiavéliens, défenseurs de la liberté*, James Burnham

9. *Les Américains, étude d'un caractère national*, Geoffrey Gorer
10. *L'Humanité doit choisir,* Eugène-Marie Friedwald

1950

11. *Les Armes d'aujourd'hui et de demain*, Vannevar Bush (préface d'André Maurois)
12. *Le Dieu des ténèbres*, par Arthur Koestler, Ignazio Silone, Richard Wright, André Gide, Louis Fischer, Stephen Spender (introduction de Richard Crossman, postface de Raymond Aron)
13. *Pour vaincre l'impérialisme soviétique*, James Burnham

1951

14. *Bréviaire de la haine : le IIIe Reich et les Juifs*, Léon Poliakov (préface de François Mauriac)
15. *Défense de l'Europe : quelques problèmes de la guerre et de la paix*, Basil Henry Liddell Hart
16. *Essai sur les trahisons*, André Thérive (préface de Raymond Aron)
17. *La Jeunesse de Lénine*, Bertram D. Wolfe
18. *Lénine et Trotsky*, Bertram D. Wolfe
19. *Lénine, Trotsky, Staline*, Bertram D. Wolfe

1952

20. *Portrait de l'Europe*, Salvador de Madariaga (préface d'André Maurois)
21. *Pour vaincre la peur,* Aneurin Bevan

22. *La Diplomatie américaine, 1900-1950*, George Kennan (préface de Raymond Aron)

1953

23. *Contenir ou libérer*, James Burnham (postface de Raymond Aron)
24. *Le Prix de la révolution*, Denis William Brogan
25. *La Tyrannie ou la Paix*, Jean de Fabrègues (préface de Michel Riquet)

1954

26. *De l'angoisse à la liberté : profession de foi d'un libéral révolutionnaire*, Salvador de Madariaga

1955

27. *L'Opium des intellectuels*, Raymond Aron
28. *À l'heure de son clocher : essai sur la France*, Herbert Lüthy
29. *Bandoeng, 1 500 000 000 d'hommes*, Richard Wright
30. *Visite aux Européens*, Crane Brinton (suivi d'un dialogue entre R. Aron et l'auteur)
31. *Histoire de l'antisémitisme*, tome I : *Du Christ aux Juifs de cour*, Léon Poliakov

1956

32. *Genèse de l'antisémitisme : essai historique*, Jules Isaac
33. *L'Ombre du dinosaure,* Arthur Koestler

1957

34. *Espoir et peur du siècle. Essais non partisans*, Raymond Aron
35. *Réflexions sur la peine capitale*, Albert Camus, Arthur Koestler
36. *Le Talon d'Achille : essais*, Manès Sperber

1958

37. *La Persuasion clandestine*, Vance Packard (préface de Maurice Bleustein-Blanchet)
38. *L'Avenir prévisible*, sir George Paget Thomson
39. *Problèmes de la vie*, Max Aron

1959

40. *Immuable et changeante : de la IVe à la Ve République*, Raymond Aron
41. *Les Esséniens*, Henri Sérouya

1960

42. *Les Somnambules*, Arthur Koestler
43. *Les Artistes de la faim*, Claude Vigée
44. *La Démocratie à l'épreuve du XXe siècle*, Colloque de Berlin du Congrès pour la liberté de la culture
45. *L'Europe unie : route de la prospérité*, Maurice Allais
46. *Les Obsédés du standing*, Vance Packard
47. *Colloques de Rheinfelden*, Raymond Aron, George Kennan, Robert Oppenheimer *et alii*

1961

48. *L'Ère de l'opulence*, John K. Galbraith
49. *Condition de l'homme moderne*, Hannah Arendt
50. *Histoire de l'antisémitisme*, tome II : *De Mahomet aux Marranes*, Léon Poliakov

1962

51. *Paix et Guerre entre les nations*, Raymond Aron
52. *L'Art du gaspillage*, Vance Packard
53. *À l'assaut de la pyramide sociale*, Vance Packard
54. *La Russie soviétique et l'Occident, quarante années d'histoire*, George Kennan

1963

55. *La Voie du hassidisme*, Arnold Mandel
56. *De la politique pure*, Bertrand de Jouvenel

1964

57. *Khrouchtchev et la désagrégation du bloc communiste*, Richard Löwenthal
58. *Suicide d'une nation ? La Grande-Bretagne face à son destin*, enquête présentée par Arthur Koestler

1965

59. *Une société sans défense*, Vance Packard
60. *Essai sur les libertés*, Raymond Aron

1966

61. *Les Origines de la démocratie totalitaire*, Jacob Leib Talmon
62. *Exégèse des nouveaux lieux communs*, Jacques Ellul
63. *De l'escalade, métaphores et scénarios*, Herman Kahn (préface du général Paul Stehlin)

1967

64. *Les Banquiers juifs et le Saint-Siège du* XIIIe *au* XVIIe *siècle*, Léon Poliakov
65. *De Marx à Mao Tsé-toung, Un siècle d'internationale marxiste*, colloque organisé par la Hoover Institution on War les 5, 6 et 7 octobre 1964 à Stanford University
66. *Métamorphose du bourgeois*, Jacques Ellul
67. *Destin d'Israël, l'unique et l'universel*, Jacob Leib Talmon

1968

68. *Automation et Humanisme*, Georges Elgozy
69. *Histoire de l'antisémitisme*, tome III : *De Voltaire à Wagner*, Léon Poliakov
70. *Nouvelles Perspectives de la politique économique*, Walter W. Heller (préface de Pierre Uri)

1969

71. *Autopsie de la révolution*, Jacques Ellul
72. *Les Désillusions du progrès : essai sur la dialectique de la modernité*, Raymond Aron
73. *Éloge de la société de consommation*, Raymond Ruyer

74. *Une société imparfaite: le communisme désintégré*, Milovan Djilas

1970

75. *Les Damnés de l'opulence*, Georges Elgozy
76. *Incertitudes américaines*, colloque de Princeton organisé par l'Association internationale pour la liberté de la culture, Jean-Jacques Servan-Schreiber, Carl Kaysen (introduction de François Duchêne)

1971

77. *Le Mythe aryen: essai sur les sources du racisme et des nationalismes*, Léon Poliakov
78. *La Révolution technétronique*, Zbigniew Brzezinski

1972

79. *Les Nuisances idéologiques*, Raymond Ruyer
80. *Après la révolution: l'autorité dans une société modèle*, Robert Dahl
81. *De l'impérialisme*, George Lichtheim
82. *De la révolution aux révoltes*, Jacques Ellul
83. *De la violence au totalitarisme: essai sur la pensée de Camus et de Sartre*, Éric Werner
84. *Du mensonge à la violence: essais de politique contemporaine*, Hannah Arendt
85. *La Notion de politique*, suivi de *Théorie du partisan*, Carl Schmitt

1973

86. *De l'isolationnisme américain : menace ou espoir*, Robert W. Tucker

1975

87. *Métaphores biologiques*, Jonas Salk
88. *Les Nourritures psychiques : la politique du bonheur*, Raymond Ruyer

1977

89. *Le Système technicien*, Jacques Ellul
90. *Histoire de l'antisémitisme*, tome IV : *L'Europe suicidaire, 1870-1933*, Léon Poliakov

1980

91. *La Causalité diabolique : essai sur l'origine des persécutions*, Léon Poliakov

ANNEXE 3

CATALOGUE DE LA COLLECTION « LIBERTÉ DE L'ESPRIT » (NOUVELLE SÉRIE, 2018-)

2018

1. *Condition de l'homme moderne*, Hannah Arendt
2. *La Révolution introuvable*, Raymond Aron (préface de Philippe Raynaud)

2019

3. *La Pensée mauvaise*, Bettina Stangneth
4. *La Mort des démocraties*, Steven Levitsky et Daniel Ziblatt
5. *Du labeur à l'ouvrage. L'artisanat est l'avenir du travail*, Laëtitia Vitaud
6. *De la souveraineté*, Bertrand de Jouvenel (préface de Vincent Descombes)

2020

7. *Pouvoir de la non-violence. Pourquoi la résistance civile est efficace*, Erica Chenoweth et Maria J. Stephan
8. *Comment peut-on être européen ? Eléments pour une philosophie de l'Europe*, Jean-Marc Ferry

2021

9. *Parti et Démocratie. Histoire d'une légitimité fragile*, Piero Ignazi
10. *Le Commerce et la Force. Comprendre le nouvel ordre commercial international*, Maxence Brischoux

2022

11. *La République et les Sauveurs. La France a-t-elle encore besoin d'un homme providentiel ?*, Gérard Grunberg
12. *Le Business de la haine. Internet, la démocratie et les réseaux sociaux*, Henri Verdier et Jean-Louis Missika

2023

13. *Comment naissent les valeurs*, Hans Joas
14. *Une éthique de la personnalité*, Ágnes Heller

2024

15. *La Guerre permanente. L'ultime stratégie du Kremlin*, Marie Mendras
16. *L'Accord du peuple. Réinitialiser la démocratie*, Pierre-Charles Pradier et Mike O'Sullivan
17. *Les Aventures de l'inflation. Changement de régime*, Pascal Blanqué
18. *Les Nationalismes russes*, Jules Sergei Fediunin

REMERCIEMENTS

Je tiens à remercier ici plusieurs personnes sans lesquelles ce livre n'aurait pas été possible. Philippe Robinet et Gilles Achache tout d'abord, qui sont à l'origine de ce projet et qui ont été d'un enthousiasme contagieux, ainsi que Jean-Yves Mollier, qui a relu avec générosité mon manuscrit. Yves Déloye ensuite qui, ayant imprudemment accepté d'être le garant de l'habilitation à diriger des recherches en science politique dans laquelle a été élaborée la version académique, beaucoup plus longue, de ce travail, m'a suivi avec une disponibilité, une pertinence et un professionnalisme qui font honneur à l'Université française : ces remerciements sont très en deçà de la gratitude que je voudrais lui témoigner. À cet égard, je tiens aussi à remercier les membres du jury qui ont lu (avec charité) et critiqué (avec perspicacité) une première version de ce texte : Serge Audier, Dario Battistella, Justine Faure, Jean-Vincent Holeindre et Perrine Simon-Nahum. De vifs remerciements doivent également être adressés à Dominique Schnapper, qui m'a offert l'accès aux archives de son père à la Bibliothèque nationale de France, ainsi qu'au dossier relatif à la collection « Liberté de l'esprit » conservé à l'École des hautes études en sciences sociales par la très dévouée Elisabeth Dutartre. Je songe aussi à Maximilien Girard et à tout le personnel de la Bibliothèque nationale de France, qui permettent de consulter des fonds d'archives fabuleux dans un lieu magnifique. Je tiens également à remercier Rosa Escriva-Couturier, des éditions Calmann-Lévy, qui m'a aidé à accéder aux archives de cette maison avec dévouement, faisant acheminer les cartons de leur lieu de conservation jusqu'à un bureau où je pouvais les consulter, confortablement installé près d'une machine à café. Ainsi que Marine Montegut et Marie Merveilleux, qui m'ont permis d'accéder aux catalogues de la maison d'édition et ont assuré la confection de ce livre. Au moment de l'achever, j'ai une pensée pour Pierre Grémion, qui m'a encouragé, il y a près de vingt ans, à continuer mon travail – et à prolonger le sien – sur l'histoire de l'anticommunisme libéral. Je remercie aussi tous ceux qui ont accepté de m'accorder un entretien et de me consacrer du temps pour échanger sur ce projet. Je réserve enfin une mention spéciale à Sébastien Caré et Gildas Renou, qui ont commenté avec enthousiasme certaines parties du manuscrit. Merci encore au tandem énergisant formé par Alexandra Goujon et Myriam Aït-Aoudia. Et bien sûr à toute «l'école rennaise» – Jean, Bernard et Frédéric – qui m'a fidèlement accompagné depuis le début de mon parcours universitaire. *Last but not least*, merci à Pauline, Ninon, Marin et Luce pour leur patience au quotidien. C'est à eux, ainsi qu'à mes parents, Martine et André, que je dédie ce livre.

Photocomposition Soft Office

Achevé d'imprimer en octobre 2024
par CPI BUSSIÈRE (18200 Saint-Amand-Montrond)
pour le compte des Éditions Calmann-Lévy
21, rue du Montparnasse, 75006 Paris

PAPIER CERTIFIÉ

CALMANN LÉVY s'engage pour l'environnement en réduisant l'empreinte carbone de ses livres. Celle de cet exemplaire est de :
650 g éq. CO_2
Rendez-vous sur www.calmann-levy-durable.fr

N° d'éditeur : 8556932/01
N° d'imprimeur : 2079112
Dépôt légal : octobre 2024
Imprimé en France.